本书为国家社科基金重大研究项目"西方与近代中国沿海的图绘及地缘政治、贸易交流丛考"研究成果

丝路瓷缘

弗里德里希·奥古斯特一世与清代中国外销瓷

黄忠杰◎著

SILK ROAD CERAMIC CONNECTIONS :

Friedrich August I and
Chinese Export Porcelain of the Qing Dynasty

人民出版社

责任编辑：洪　琼

图书在版编目（CIP）数据

丝路瓷缘：弗里德里希·奥古斯特一世与清代中国
外销瓷 / 黄忠杰著 . -- 北京：人民出版社，2025. 4.
ISBN 978 - 7 - 01 - 026731 - 9

I. F724. 787；K876. 34

中国国家版本馆 CIP 数据核字第 2024L0Q544 号

丝路瓷缘
SILU CIYUAN

——弗里德里希·奥古斯特一世与清代中国外销瓷

黄忠杰　著

人民出版社 出版发行
（100706　北京市东城区隆福寺街 99 号）

北京华联印刷有限公司印刷　新华书店经销

2025 年 4 月第 1 版　2025 年 4 月北京第 1 次印刷
开本：710 毫米 × 1000 毫米 1/16　印张：21
字数：340 千字

ISBN 978 - 7 - 01 - 026731 - 9　定价：148.00 元

邮购地址 100706　北京市东城区隆福寺街 99 号
人民东方图书销售中心　电话（010）65250042　65289539

序

德累斯顿，乃德国萨克森州之首府，素有"北方佛罗伦萨"之美誉。

17—18世纪，萨克森国王弗里德里希·奥古斯特一世及其子奥古斯特二世怀理想国之愿，励精图治于中欧大地。是以二君谋以意大利与法国匠人、艺师之力，盛揽巴洛克风华，风劲而澜，荡漾于城中每隅。德累斯顿遂成欧洲艺坛之沃土，激荡群贤之思。无数建筑杰作皆应时而兴，蔚为壮观，造就今时德累斯顿之风物如画，建筑伟丽。

德累斯顿所珍藏之瑰宝无与伦比，尤以茨温格尔宫最盛。然，世人皆知茨温格尔宫赫赫乃德国三大博物馆之一，且为世界最大瓷器博物馆，却不知曩昔此处是为奥古斯特家族行宫与艺术陈列馆，此地珍藏瓷器多为奥古斯特一世私人所藏，仅17—18世纪中国外销瓷即逾17000余件，于游廊之中尽显时光辉煌，游者行其间如穿时光之隧道，徜徉于艺术殿堂。其间瓷器涵盖景德镇窑、德化窑、漳州窑、潮州窑、汕头窑、龙泉窑及宜兴窑之精品，堪称近代早期欧洲皇室收藏东亚艺术品之奇葩。此等珍稀中国外销瓷器，乃清代初期中欧商贸、文化交流与社会活动的真实见证，深刻映射启蒙运动前后，中国陶瓷之图绘、技艺与文化对欧洲社会之深远影响。尤以其对晚期巴洛克艺术之启发和引导，成为研究中西文化交融史之不可或缺之史料与凭证。

清初，数以千万计之中国瓷器经荷船远销欧洲。每当商船抵达阿姆斯特丹、海牙或鹿特丹诸港，欧洲内地之瓷器采购商与分销商便蜂拥而至，此景为时人津津乐道，从中国沿海起航，至荷兰港口，再经由荷兰口岸抵达萨克森宫廷，奥古斯特一世之巨量瓷器珍藏所揭示的是近代中国沿海与欧洲各国间庞杂之贸易网络。

本书前后历经十余载，作者不辞劳苦，遍历欧洲诸多博物馆与图书馆，细致考证各类史料，深入探索其精微。而其步履不仅止于书斋，亦曾多次奔赴德累斯顿及周边腹地，游历诸国，广泛开展文献调查，以谨慎验证并充实资料的准确性与完整性，务求从实地调研中汲取灵感与获取第一手资料。正因作者此等严谨与执着的研究态度，使得此书既具卓越学术价值，亦能为读者呈现一幅图文并茂的历史画卷，令人身临其境，回味悠长。

作为序言撰者，我深受感动。此书对奥古斯特一世之中国收藏的深究不仅让我们更为透彻地了解到东西方文化间历史的交融，亦引起我们对当今全球化进程中东西方文化交流与碰撞的深思，我以为有以下几点值得关注：首先，20 世纪 80 年代初，我国史学家吴于廑先生提出了"整体世界史观"。他将人类历史分为"纵向发展"和"横向发展"，指出世界史研究侧重于后者，即人类历史从分散到整体的发展。具体说来，迄今为止的历史研究主要根据不同的国家或地区，以时间为轴来展开研究，这就是所谓"纵向研究"的方法。但是，针对同一时代不同国家或地区的历史，通过横切的方式来叙述世界整体过去所发生的历史，也就是所谓"横向历史"的研究方法，至少在本书中我们看到了这种方法之应用。其次，陶瓷艺术终归属于物质文化，对其的解读不囿于拉坯、塑造、装饰、烧造等方面，还应包含诸如远洋贸易、殖民掠夺及生活方式、审美趣味等。更甚，人们还好奇是谁最早向欧洲人介绍中国陶瓷？相较于青花与五彩，单色瓷为何成为欧陆皇家青甲一时的珍爱？最后，纵观德累斯顿所藏中国陶瓷种类繁多、琳琅满目，其多数造型规制沿用中国之制式，然而，仔细观察这部分瓷器，无论是瓷器造型、装饰纹样上都出现了明显的变化，其中涉及特殊定制和迎合客户需求的考量等。

综上，如同瓷器图册记录时间流逝，此书亦如桥梁，连接久远之过去与当下，是故瓷者，中西联系之媒也；器者，古今遥想之径也。白璧无瑕，韫明珠于幽壑；瓷器凝辉，藏异彩于欧邦。奥古斯特一世所藏中国瓷，如珠闪耀，犹沐晨光，于无垠时空中，交汇成文明间的启蒙，于瓷间，于殿堂，于东西，继续荡漾成贯通古今，联结寰宇的律动篇章，铺陈出人类文明交融共生之辉彩奇观。

目 录

绪　论

德国萨克森州（原萨克森公国）的首府——德累斯顿，是一座有着800余年历史的美丽迷人的城市，素有"北方佛罗伦萨"的美誉。2004年，德累斯顿易北河谷被联合国教科文组织列入世界文化遗产名录。

17—18世纪，萨克森公国显赫一时的弗里德里希·奥古斯特一世（Friedrich August I）① 及其子弗里德里希·奥古斯特二世（Friedrich August II），把这个中欧的小公国带入到大规模的巴洛克风格兴建中。他们一心想把这里建成理想中的城市，于是花重金招募意大利及法国的建筑家、艺术家为其梦想进行设计和创作。一时间这里成了欧洲艺术家创作的乐园，涌现出众多的建筑艺术精品。

今天的德累斯顿风景如画，建筑美轮美奂，并收藏展示着大量无与伦比的艺术瑰宝。尤其是德累斯顿的茨温格尔宫，这里曾经是弗里德里希·奥古斯特家族的行宫和艺术陈列馆，收藏着各个门类的艺术珍品，人们来到这里就如同穿越时空的隧道，看到往昔的辉煌，徜徉在艺术殿堂中。

然而，鲜为人知的是德累斯顿茨温格尔宫作为德国的三大博物馆之一，也是世界范围内规模最大的瓷器专项博物馆之一。茨温格尔宫的瓷

---

① 弗里德里希·奥古斯特一世（Friedrich August I，1670-1733），神圣罗马帝国萨克森公国选帝侯（Elector of Saxony），人称奥古斯特大力王（August the Strong）。1697—1706年及1709—1733年，两度出任波兰国王，并兼任立陶宛大公，史称强者奥古斯特和波兰王奥古斯特二世。

器馆前身是著名的奥古斯特一世的私人瓷器收藏地，仅17—18世纪的中国外销瓷就达17000余件，涵盖了景德镇窑、湖田窑、德化窑、漳州窑、广州窑、潮州窑、汕头窑、龙泉窑和宜兴窑的瓷器精品，是近代早期欧洲皇室收藏东亚艺术品中的一枝奇葩。这些弥足珍贵的中国外销瓷器是清代初期欧洲与中国沿海地区经商贸易、文化交流及社会活动的真实见证，它深刻反映了欧洲"启蒙运动"的前后，中国陶瓷的图绘、技艺与文化对于欧洲社会产生了深远影响，特别是对晚期巴洛克艺术的启发和引导，是研究中西文化交流史不可或缺的史料与佐证。

清代初期是荷兰东印度公司在华贸易的黄金时代，数以千万计的中国贸易瓷器通过荷兰商船运往欧洲，每当船队抵达阿姆斯特丹、海牙或吕伐登港口，来自欧洲内地的瓷器采购商和分销商便蜂拥而至，成为当时一道特殊的社会景观。从中国沿海到荷兰口岸，再从荷兰口岸到达萨克森宫廷，奥古斯特一世海量的瓷器收藏，其背后所织出的是一幅近代中国沿海与欧洲各国之间庞杂的贸易网络；这里有统一的代购，又有批量的分销；既有国与国之间的交易，也有国与国之间的馈赠；既有专门的中国瓷器代理，又有专业的中国瓷器顾问，它们共同构成了一张近代早期的全球化贸易网络。

在欧洲众多的皇家瓷器收藏中，选择奥古斯特一世的个案进行研究，主要有以下四点原因：

首先，奥古斯特一世拥有目前为止欧洲最大的明清中国外销瓷器收藏，它涵盖了当时中国外销瓷器的主要门类，具有较高代表性和精品性。研究奥古斯特一世的收藏既是在分析欧洲现存中国外销瓷的数量、种类与分布，也是在分析明清中国外销瓷器的工艺发展与技艺传承，具有一定的美术考古价值。

其次，中国美丽而奇异的瓷器制作工艺吸引了17世纪的欧洲的皇室与贵族，他们费尽心机，寻觅秘法，久嗜成瘾，从而拉开了欧洲仿制东方瓷器的热潮。奥古斯特一世长期痴迷于中国瓷器的收藏、研究与仿制，1710 年，在炼金术师波特格的帮助下成功仿制出中国的硬质白瓷，并成立了欧洲第一个瓷器生产机构——皇家迈森陶瓷制造厂。它的诞生宣告了西方制瓷技艺的开始，对欧洲本土的瓷器业发展作出了巨大的贡献。在奥古斯特一世的迈森厂的帮助和影响下，法国、意大利、英国、荷兰和葡萄牙等国也相继成立了皇家瓷器厂，18 世纪中后期中西方的瓷器艺术交流达到了空前繁荣。

再次，奥古斯特一世生活于 1670—1733 年，这个时期正是欧洲"中国风"盛行的年代，也是欧洲艺术史上由巴洛克风格向洛可可风格转变的重要时期；而奥古斯特一世收藏的中国瓷器、漆器和家具以及个人修建的茨温格尔宫、莫里茨堡宫、日本宫、荷兰宫等重要建筑群为我们研究东方文化及中国瓷器对洛可可艺术的影响提供了翔实的第一手材料和真实、具体的佐证。

最后，奥古斯特一世期间（1721—1727 年）制作的一份详细的中国外销瓷器收藏清单，上半部分至今仍保存完好，这为本书的瓷器研究提供了不可多得的文献佐证；它丰富了欧洲"中国风"和"中国热"研究的文化内涵，反映出 18 世纪启蒙运动时代的中西方工艺美术交流盛况，为 17—18 世纪的海上丝绸之路研究提供了可供借鉴的历史文本，具有较高的社会价值和历史意义。

第一章　中国外销瓷与近代早期的欧洲社会

第一节　圣洁与高贵——早期欧洲的中国外销瓷

"CHINA"一词的来源，在学术界历来争议颇多。《牛津英语词典》（The Oxford English Dictionary）中的解释共有两种，其一是泛指中国，其二意指中国瓷器。[①] 美国历史学者 L.S. 斯塔夫里阿诺斯著的《全球通史》中指出，中国的西方名字"CHINA"由秦（Ch'in）而来；汉代丝绸之路兴起，来自中国的瓷器随着骆驼商队销往欧洲，由于西方人对于硬质陶瓷一无所知，遂称其为"CHINA"。[②]

冯先铭先生在《中国陶瓷史》一书中指出，"CHINA"是汉语昌南（原景德镇名）的音译。16 世纪初，随着景德镇地区大量的精美白瓷流传到海外，使得"CHINA"成为中国和中国陶瓷的代名词。[③]

印度文僧苏曼殊（1884—1918），精通英、法、日、梵诸文，曾撰有《梵文典》。他认为"China"一词起源于古梵文"支那"，初作

---

① 《牛津英语大词典》（The Oxford English Dictionary，简称 OED），牛津大学出版社 1915 年版，第二卷第 35 页。

② ［美］斯塔夫里阿诺斯：《全球通史——从史前史到 21 世纪》A Global History: From Prehistory to the 21st Century, 7th edition，董书慧译，北京大学出版社 2005 年版，第 700 页。

③ 冯先铭等编，中国硅酸盐学会主编：《中国陶瓷史》，文物出版社 1982 年版，第 4 页。

Cina，用来指华夏。明代中期葡萄牙人贩瓷器到欧洲，称其商品名曰 Chinaware，后来省掉 ware，简称为"CHINA"，才获得瓷器之义。①

尽管以上三种解释各不相同，也都有各自的立论依据，但却都提到了"CHINA"与中国瓷器之间不可割舍的关系。唐代陆上丝绸之路兴起之后，中国瓷器随之传入欧洲，西方人一开始并不知道这玲珑剔透的洁白器皿是用什么东西做成的。起先作为一种来自东方的圣洁之物而被收藏，后来则成为欧洲商人暴利致富的主要手段。

17 世纪中叶，为了缓解欧洲贵族对瓷器的过量奢求，在清代初期迁界禁海的情况下，欧洲商人一方面到中国毗邻的日本进口相似的瓷器，另一方面竭力在欧洲本土仿制中国瓷器。对瓷器的渴望促成了欧洲"中国热"现象的出现，中国瓷器的细腻、精巧、温润慢慢成为欧洲社会广泛认同的美学风格之一，对 18 世纪欧洲盛极一时的洛可可艺术风格产生了深远的影响。

然而，中国瓷器对西方美学的影响不是直接的、一蹴而就的，而是一个漫长、曲折的历史进程。13 世纪末期，西方出版了著名的《马可·波罗游记》（又名《东方见闻录》，以下简称《游记》），在这本书中，意大利旅行家马可·波罗口述了他在东方的奇思逸闻，并详细地描绘了"泱泱东方大国"的富饶物产，也让西方人对东方产生了无比的向往。公元 1323 年初，当马可·波罗病危时，不少社会人士和他的亲友们认为，《马可·波罗游记》是对中国和东方国家故意的夸张与粉饰。因为当时的欧洲人认为，鞑靼人是野蛮而残忍的，而马可·波罗对威武不屈的元代皇帝、美轮美奂的宫殿、秀美的青花瓷器和人口众多的繁华

---

① 苏曼殊：《梵文典》，河南大学出版社 2000 年版，第 55 页。苏曼殊能诗善画，通晓日文、英文、梵文等多种文字，在诗歌、小说等多个领域皆取得了成就。20 世纪 80 年代末，有学者将其著作编成《曼殊全集》（共 5 卷）。作为革新派的文学团体南社的重要成员，苏曼殊曾在《民报》《新青年》等刊物上投稿，他的诗风"清艳明秀"，别具一格，在当时影响甚大。

城市等的描写，都是虚构的，因而是不可信的。① 所以，不少社会人士为了在马可 · 波罗临终前"拯救他的灵魂"，多次哀求他否定这部著作，或者至少否定他们认为是不可能的"虚构"部分。但是，奄奄一息的马可 · 波罗在临终前还是郑重声明，他不仅没有言过其实，而且"所见的异事，还没有说到一半"！这一部在人类历史上不朽的著作过了 500 年，即到 1824 年，才出版了法文译本。②

事实上，从历史学的角度分析，马可 · 波罗对中国的描述并没有太多的夸张与粉饰。当时的中国无论在人口还是在财富方面都超过了世界上的其他地区。在马可 · 波罗之前，意大利圣方济各会教士柏朗 · 嘉宾（John of Plano Carpini）、卢白鲁克（Guillaume de Rubrouk）、安德鲁 · 朗久木（AliasdeLon-jumau）就曾受罗马教皇的差遣出使蒙古，企图利用宗教的力量，通过蒙古大汗中信教的权贵，对蒙古汗国施加影响，因为当时蒙古军正在西征，欧洲世界极为震动。这几个人作为罗马教廷使者的先驱，在法国与蒙古之间奔走，并担当了基督教福音的传播者，对东西方文化交流作出了贡献。尤其是柏朗 · 嘉宾，他将自己的见闻写成《蒙古史录》，这部书和在他以后出使蒙古的卢白鲁克的《行纪》，被誉为《马可 · 波罗游记》之前有关东方的见闻录中的两部杰作。这两部著作首先被维森特 · 贝瓦伊（voncent Beaiais）的《世界史》（*Speculum-histoiale*）所摘录。

马可 · 波罗一行在中国的游历，为欧洲人对远东的知识开辟了一个新纪元。他给欧洲人带来了丰富的东方知识，使欧洲人不仅了解到中国人的生活，也了解到中国人那里有很多美好的珍贵物品，如马可 · 波罗描述的河道是"能把宝石卷滚到平原的"河道，这使得西方人按捺不住要到东方去大捞一把。马可 · 波罗的《游记》在叙述中国和东方

---

① 冯承钧：《马可波罗行记》，上海商务印书馆 1936 年版，后记。

② 魏易：《元代客卿马哥博罗游记》，北京正蒙印书局 1913 年版，第 12 页。

各国的神奇事物时，也描述了当时中国陶瓷生产的情况。① 在《游记》第一百五十四章里，马可·波罗叙述他从杭州出发，经衢州，到格里府，即今之福建建宁。他说：

> 这个城市甚广大，城中有三座石桥，"每桥长一哩，宽二十尺，皆用大理石建造，有柱，甚美丽"，是"世界最美之桥也"。而建宁是宋代著名的陶瓷——建盏的产地。②

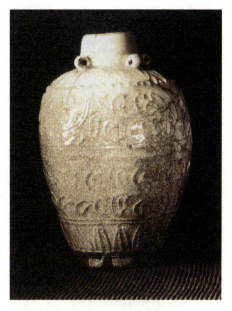

元代　《马可·波罗罐》　德化　意大利威尼斯圣马可大教堂藏

马可·波罗离开福州后，渡过河，骑行五天，到达了闻名世界的中国对外贸易商港——刺桐（Zaiton）港，即泉州城。他写道：

> 印度一切船舶运载香料及其他一切贵重货物，咸莅此港，……商货、宝石、珍珠输入之多，竟（多）至不可思议。③

马可·波罗在游记中还特别提到了泉州城附近有个生产瓷器的"迪云州"，即归德场、德化以及德化的瓷器。他是这样记载：

---

① 那时候大多数欧洲人对中国的了解都来自这本著名的游记。尽管人们对他的所见所闻半信半疑，但他的描述轻易抓住了根本无从知道真假的欧洲人的想象。虽然他的许多描述以事实为基础，但有些描述却牵强附会；中国的许多特殊的习俗，如缠足和饮茶，他并未提及。因此，其既有对个别事物的错误观察，例如他说中国人使用奇怪的外来材料制作瓷器，也有对中国社会性质的全盘误解。不过马可·波罗给欧洲人对世界的认识带来了新鲜而奇异的幻象。

② 张星烺：《马哥波罗游记》，上海商务印书馆1937年版，第46页。

③ 张星烺：《马哥波罗游记》，上海商务印书馆1937年版，第48页。

……这个城市"制造碗及瓷器，既美且多。除此港外，他港皆不制此物，购价甚贱"。

瓷器市场甚多，一枚威尼斯钱币可以购买八个瓷盘。

……制造瓷器的方法是"先在石矿取一种土，曝之风雨、太阳之下三四十年，其土在此时间内成为细土，然后可造上述器皿，上加以色，随意所欲，旋置窑中烧之"。①

元代 《玉壶春瓶 （盖涅—丰山瓶）》 景德镇 爱尔兰国家博物馆藏

马可·波罗去世以后20年，摩洛哥旅行家伊本·白图泰（1304—1377），经由海上来到中国。这位出生在非洲的旅行家，从1325年开始，足迹遍及世界五大洲，总行程长达12万公里。他也有一部《伊本·白图泰游记》，记录了他30年旅行生涯中积累的世界各地的资料，当然包括在中国的见闻。他到过泉州、广州，据说还见过元顺帝。伊本·白图泰在他的书中盛赞：

……这里的（景德镇）瓷器首屈一指，他们掌握了前所未有的先进技术。

……中国人是各民族中手艺最高明和富有艺术才华的人民。

近年来，英国和中国学者研究发现，在欧洲现存的中国古代外销瓷年代最早的共有两件，一件是元代德化窑的"马可·波罗瓶（Macro Polo Vase）"，另一件是元代景德镇窑的枢府"玉壶春瓶（Gagnieres

---

① 张星烺：《马哥波罗游记》，上海商务印书馆1937年版，第65页。

约 1710 年"盖涅—丰山瓶"改造执壶图　爱尔兰国家博物馆藏

Fonthill)"。① 前者有学者认为是意大利旅行家马可·波罗来华访问时在刺桐城（泉州）所购买，时间约为 13 世纪 90 年代。1324 年 1 月 9 日马可·波罗去世，波罗家族的三份遗嘱、德化窑瓷罐以及蒙古大汗赏赐的三块金牌一并保存在威尼斯圣·马可大教堂。② 后者时间稍迟，年代约为 1300 年，现藏爱尔兰国家博物馆。据文献记载，1381 年这件瓷器曾镶嵌了华贵的金属流、柄、托和盖，被改造为一把执壶。此后该瓶曾一度游历过许多欧洲的皇室和贵族，然而在 1882 年佳士得的拍卖会上，这只玉壶春瓶已被去掉了金属配件，并以 27 英镑 7 先令的低价在拍卖会上易主。

元代中国瓷器外销的路线，分为陆路和海路。陆路以大都为中心，有以下几条路线：第一条，由大都到辽阳路，南行可至高巧王京开城；东北行至开元路、上京故城（今黑龙江的阿城），北行至今俄罗斯。第二条，由大都北去至黑龙江上游，西沿克鲁伦藕达和宁（蒙古的哈尔和林）。第三条，自大都西北去，经宣德府（河北宣化），循木邻驿道抵达和宁，再西北行经今蒙古察干乌拉东南，穿过俄罗斯西伯利亚南部进入欧洲。

海上交通线路也分几条：第一条，从宁波、杭州、广州等港口至朝鲜和日本。第二条，从泉州、广州等港口起航西南行至占撼，过南海诸岛抵加里曼丹、文莱、沙捞越等地；沿加里曼丹北海岸东北行至菲律宾的苏禄群岛、麻逸和吕宋岛；沿西南海岸南行，抵达爪哇的泗水港。第三条，自泉州、广州向西南行，南航至吉兰丹、彭坑，过东、西竺（马

---

① 中国外销瓷是一个意思多少有点含糊的字眼，既泛指中国古代各窑坊所生产的陶瓷，先供应本土市场，随后也销往国外；也专指为国外市场定制生产的瓷器，如元代时为土耳其生产的大型青花瓷盘，以及 17—18 世纪根据指定欧洲式样和图案特制的瓷器。

② 林梅村：《威尼斯"马可波罗罐"调查记》，文物出版社 2011 年版，"丝绸之路上的考古宗教与历史"。2014 年笔者在威尼斯考察时在圣马可大教堂看到了这个欧洲最早的外销瓷罐，它与德化屈斗宫碗坪仑古窑址出土的残片样本完全一致，德化县顺美海丝陶瓷历史博物馆收藏有一件较为完整的"马可波罗罐"，该罐系 2008 年在德化家春岭古窑址出土。

来西亚奥尔岛），南至三佛齐和爪哇；自东、西竺向西航行，渡马六甲海峡，至苏木都剌的南巫里（苏门答腊的哥打拉夜）。这就是驰名世界的"陶瓷之路"。

泉州和广州以其优越的地理位置和悠久的历史，成为中国最重要的出海港口。通过这两个港口输出的瓷器数量最大。特别是泉州，为当时世界最大的商港之一。当然广州的商贸同样居重要地位，摩洛哥旅行家阿巴杜拉在游记中描述了他在广州的见闻：

> 市场优美，为世界各大城市所不及，其间最大者，莫过于陶器场。由此，商人转运瓷器至中国各省及印度、也门。

> 中国人将瓷器转运出口，至印度诸国，以达吾故乡摩洛哥。此种陶器真世界最佳者也。

中国著名的旅行家汪大渊，遍游南洋数十国，在他所著《岛夷志略·甘埋里》中也说：

> 甘埋里（印度商埠）与佛朗相近……所有木香、琥珀之类均产自佛朗国，商贩于西洋互易。去货：丁香、豆蔻……苏杭色缎、青白花器、瓷瓶、铁条，以胡椒载而返。

宋元时期由于海外贸易的繁荣，使许多国家有幸得到这些美丽的中国瓷器。现如今在东南亚国家，如菲律宾、马来西亚、新加坡、印度尼西亚，中亚的伊朗、土耳其、伊拉克，非洲的埃及等国，均保存许多精美的青瓷、白瓷、黑瓷、青花和釉里红瓷器。朝鲜和日本是中国的近邻，因而保存的中国瓷器数量更多，如 1977 年从韩国西南部的海底沉船上，打捞上来大批元代的龙泉青瓷、钧瓷、湖田窑的青白瓷、吉州窑的黑瓷和白瓷；日本福冈县地下铁路施工中发现了中国瓷器十多万片，绝大部分是宋元时期的产品，以龙泉青瓷和福建德化窑、磁灶窑、东门窑、同安窑系的划花篦纹青瓷（珠光青瓷）数量最多，还有建窑黑瓷、广东潮州窑和西村窑以及北方磁州窑的产品。

公元 14 世纪之前，欧洲人对于中国瓷器没有太多的认识，他们当中有人坚信，这是一种用贝壳、蛋壳或精细磨制过的石头制成的。在整个中世纪时期，欧洲人更多的是使用玻璃器皿和粗糙厚重的陶器来盛放液体。从现有的文献记载来看，海量的中国瓷器是在 16 世纪中期才开始抵达欧洲的。①

葡萄牙里斯本东方艺术博物馆藏明代中国外销瓷　作者摄 2011 年

　　葡萄牙是最早的殖民扩张国家之一，也是较早与中国开展瓷器贸易的国家。1511 年，葡萄牙将领阿方索·阿布奎基（Alfonso de Albuquerque）占领马六甲。1516 年，葡萄牙人首次经水路进入广州。1521 年明朝政府下令禁止与葡人通商，中葡贸易遂告终止。1525 年后，中国和葡萄牙商人常常违规在远离官府的海面上或小岛上进行瓷器交易。受葡萄牙商人所聘的意大利人安德雅·哥撒利（Andrea Corsali），于 1515

---

　　①　*Chinese Ceramics & The Maritime Trade Pre-1700*, Chapter 6, Brian McEleny, The Museum of East Asia.（爱尔兰国家博物馆藏）

年 1 月 15 日的书函中说："中国大陆的商人渡过暹罗湾来到马六甲购买香料，带来他们国家的瓷器。"① 葡萄牙里斯本的东方艺术博物馆里，至今仍珍藏着 16 世纪中期的中国青花纹章瓷，一些饰有葡萄牙纹章或写上献给某某人的青花瓷上都有明确的纪年，它们都代表了最早期的纹章瓷，是欧洲向中国订制瓷器的开始。

在欧洲，另外一本有关中国瓷器的历史文献是葡萄牙传教士加斯帕达·克罗兹（Gaspar da cruz）的著作，他在中西文化艺术交流史上最大的贡献就是向欧洲人系统介绍了中国瓷器的奥秘。1556 年冬季，他的商队访问了广州。1570 年 2 月，这位传教士去世了。就在去世前一年，他写的关于中国情况的传记文学作品《中国志》出版了。他在书中描述了广州（CANTON）的社会、人民的生活以及中国人节俭、勤劳、智慧的传统美德。值得注意的是，克罗兹在书中介绍了瓷土是由洁白而柔软的岩石和坚硬的黏土制成的（当然他没有明确地指出是高岭土），这一点对日后欧洲人掌握制瓷技术至关重要。克罗兹的著作在葡萄牙出版后，法国、意大利、西班牙等国都陆续出版了译本，一时几乎传遍了整个欧洲。此后，西方人对中国和中国瓷器的了解更进了一步。

16 世纪中期，葡萄牙的商船往来于里斯本、印度的果阿和中国的澳门、广州之间，船上运载的货物，除了瓷器外，还有茶叶、生丝、漆器和东南亚国家的香料。欧洲其他各国的商人成群结队地涌入里斯本，有些还在葡萄牙设立办事处，进行批发和商业金融活动。里斯本很快代替了中世纪时意大利的威尼斯，成为欧洲专门销售东方手工艺品的中心。不少专门经营中国瓷器和手工艺品的商店也蓬勃兴起。此外，还有很多售货亭和货摊。最吸引人的是里斯本的格尔明街，那里以销售中国瓷器著名。当时，诗人斯卡尔隆（Scalon）写道：

---

① 　Donald F. Lach, *China in the Eyes of Europe: The Sixteenth Century*, University of Chicago Press, Phoenix Edition, 1968, p. 731.（香港中文大学图书馆藏）

16 世纪晚期　葡萄牙里斯本法国总督宫天顶的中国瓷器装饰

请告诉我现在葡萄牙的售货亭，至少我们会看到一些新奇的事物。

所有的财富都来自中国，完美的瓷器是如此值得称赞和夸耀。

为了使中国的瓷器能够在欧洲适销对路，葡萄牙的商人们还对中国瓷器的造型、图案、釉彩、装饰等方面提出了一些独特的要求，以便符合欧洲的生活和艺术欣赏习惯。在当时，里斯本瓷器市场上最流行的就是有两个柄的大碗。在葡萄牙博物馆里珍藏的一只大碗，上面的铭记是公元 1541 年，这一年正是明嘉靖二十年，碗的外部描绘着欧洲的马夫，里面画着宗教图案。另有欧洲人戴的钢盔形状的带柄的水罐，高 23 厘米，上面的折枝花卉和蔓草图案用绿、红釉和描金装饰，也是中国人在 16 世纪末制作的，现珍藏于里斯本的安的加艺术博物馆。

16 世纪葡萄牙贵族所用的中国瓷器，都是委托商人来订制购买的。

因此，在中国出口的瓷器上就出现了葡萄牙王室的纹章，它的图案是双翼之下的王冠，它使葡萄牙的商人们获得了高额利润。根据1541年欧洲的文献记载，一件装饰着葡萄牙王室纹章的中国瓷器相当于几个奴隶的价格！在王后的财产清单中，中国瓷器也是重要的一项，甚至连王后和公主的手镯也是中国瓷器，为了避免破损，还在瓷器手镯上镶以金边。1578年，葡萄牙国王亨利赠给意大利国王一箱贵重的礼物，有四只"对虾"，它们是描金的中国瓷器。

在伊比利亚半岛，葡萄牙的邻国西班牙也在积极地筹措着前往东方贸易的新航线。1564年，西班牙船队首次占领菲律宾宿雾（Cebu），1570年又占领了马尼拉和吕宋，进而与当地的华商建立了贸易关系。

中国船只每年来到这个岛屿（菲律宾吕宋）的许多港口交易。可以肯定，中国大陆很靠近我们，不到两百里路。中国人一直来这里交易，我们到来以后，总是想方设法好好对待他们。……从他们开始和西班牙人做生意以后，每年都带来更好和花样更多的物品（丝绸、羊绒布、钟、瓷器、香水、铁器、锡器、有色棉布和其他小用品，带回去的是黄金、白银和蜡）。如果新西班牙（即墨西哥）的生意人能够来这里交易和开矿，他们可能会赚很多钱。①

16世纪末期，明朝的瓷器开始大量销往北美的新西班牙（即墨西哥），不仅有景德镇的青花瓷，还有福建德化的白瓷，西班牙帆船在加勒比海和太平洋两端来回穿行，担负起欧洲、美洲与亚洲的贸易与运输重任，从1565—1815年这250年间，围绕亚洲的航行，西班牙就有40多艘船只沉没在大洋深处，可想而知当年三大洲之间的海洋贸易已十分兴盛。

然而，在大航海时期西班牙和葡萄牙都碰到了同样的问题，在一个

---

① 西班牙驻菲律宾总督拉维扎里斯（Guido de Lavezaris），1573年6月29日写给西班牙国王菲利普二世的信，转引自汤锦台：《闽南人与闽南海洋文明的兴起》，（台北）大雁出版社2013年版，第153页。

通讯尚不发达的时代，难以管理一个横跨半个地球的帝国；17 世纪随着英国东印度公司和荷兰东印度公司的崛起，以及尼德兰独立运动的展开，种种不利因素的到来迫使西班牙与葡萄牙皇室放弃了垄断全球贸易的机会，与此同时，一种崭新的全球化贸易机制在英国和荷兰诞生。

第二节　奢华与时尚——中国外销瓷与近代欧洲的"中国热"

17 世纪初，英国和荷兰的一些民间商会组织受到远东市场的商业诱惑，成立了两家专门从事亚洲贸易的公司。这是一种全新的贸易组成体，它没有皇室的直接参与和投资，而是把航海贸易的风险与成本分摊给更多的股东和乐于冒险投资的商人们。

1600 年 12 月 31 日，在英国女王伊丽莎白一世的特许下，"不列颠东印度公司"（British East India Company）在英国成立。作为英国女王的特权组织，该公司是由伦敦商人协会在女王的授权下而成立的股份制公司，是王权的体现，故而当时也被称为"尊贵的公司"或"伦敦商人东印度贸易公司"。英女王特许该公司垄断所有的远东贸易，一开始的专利期是 15 年，后来又改为了无限期，再后来英属东印度公司逐渐成为控制印度及远东贸易的政治、军事和势力集团。

1602 年 3 月 20 日，由许多相互竞争的民间贸易公司组成的"荷兰东印度公司"（Vereenigde Oostindische Compagnie）在阿姆斯特丹成立，这是一个可以自组佣兵、发行货币、缔结盟约却又具有国家职能的商业股份有限公司。该公司是世界上第一个真正意义的股份制公司，它以政府作为第一大股东，向尼德兰联省共和国的全体民众集资，由于雄厚的民间资本和自由的赞助人机制，使得该公司在成立之初就足以与葡萄牙和西班牙的亚洲贸易垄断地位抗衡。

1602 年 12 月，葡萄牙商船圣·凯瑟琳娜号（Santa Catharina）由澳门港出发，向目的地里斯本进发。船上满载来自中国和日本的贸易商品，包括 1200 捆未加工的中国丝绸，500 箱的麝香以及数以万计的中国瓷器①，总价值约 220 万盎司。1603 年 2 月 25 日拂晓，圣·凯瑟琳娜号驶入马六甲海峡东岸时遭遇荷兰舰队袭击，经过 6 个多小时的海战，船长雅各布·范·海姆斯凯尔克（Jacob van Heemskerk）宣布投降，荷兰舰队占领并没收了圣·凯瑟琳娜号。②1604 年 9 月 4 日，荷兰阿姆斯特丹海军部法庭宣布没收圣·凯瑟琳娜号的所有财产。这一事件发生于荷兰和葡萄牙海战的初期，它直接宣布了葡萄牙人在远东地区贸易垄断的结束。

荷兰人通过激烈的海上战争逐渐地削弱了葡萄牙人的力量，把他们赶出了香料群岛，成功地掌控了香料的供应，确保其他公司难以染指。为了能在中日贸易中与葡萄牙人较量，他们在日本南部的平户定居。不久又在中国的澎湖列岛和台湾岛设立据点，充当对华贸易的集散地和中日贸易的中途站。③ 根据荷兰海牙国家档案中心的统计，仅从 1602 年到 1644 年，荷兰东印度公司从中国购得的瓷器就达 300 万件。④

17 世纪 40 年代，随着李自成农民起义的打响，明朝陷入空前浩劫的内战之中，各沿海口岸也随之闭关迁界，景德镇等地的窑口纷纷倒闭。一时间，欧洲市场的中国瓷器货源告急，为了填补巨大的瓷器缺口。荷兰东印度公司找到了日本窑系作为中国瓷器的替代品。1657 年后，大量的日本瓷器通过船运销往欧洲，荷兰东印度公司则垄断了

---

① Heath, Byron, *Discovering the Great South Land*, Rosenberg, 2005, p.68.

② Boyajian, James C. *Portuguese Trade in Asia under the Habsburgs, 1580-1640*, JHU Press, 2008, p.151.

③ 甘雪莉：《中国外销瓷》，东方出版中心 2008 年版，第 46 页。

④ *Chinese Ceremics in the Collection of Rijksmuseun*, Amsterdam, Chiristiaan J.A Jorg, p.12.

1685 年 《福州城图》荷兰东印度公司文森特巴茨使团船队在福州闽江 荷兰阿姆斯特丹国立博物馆藏 画中地、景由作者考证并标注 2020 年

当时所有的日本外销瓷市场。不过，当时的日本正处于江户幕府时期（1600—1868 年），政府也采取了闭关锁国和禁通洋番的政策，并规定荷兰商人只能在日本长崎的出岛居住和贸易。①

1683 年康熙开海，东西互市，景德镇、德化、广州等重要的瓷器生产基地得以重振旗鼓，开始大规模外销瓷生产。不过，在明末清初的激烈战争中，日本瓷器已取代中国占领欧洲市场。为了迅速抢回市场，中国工匠开始模仿日本的伊万里瓷，并造出了"中式的伊万里瓷"。17世纪晚期，数以百万计的中国和日本瓷器通过荷兰东印度公司销往荷

---

① 1639 年葡萄牙人被日本军事驱逐之后，荷兰就是与日本做生意的唯一欧洲国家，通过日本出岛（Deshima），离长崎有段距离，岛型呈扇形，荷兰人仅能在此岛上活动。不过这种联系还是很有利润的，荷兰人可以购买廉价的瓷器、纺织品和胡椒等。

兰，每每远洋的大帆船抵达阿姆斯特丹、海牙或吕伐登港口，来自欧洲各地的瓷器采购商便蜂拥而至，成为了当时欧洲社会的一道特殊景观。

17 世纪末期，中国瓷器的生产达到了历史上的黄金时期，特别以景德镇为主要基地的制瓷业更是飞速发展。清初沈怀清言："吕南镇陶器行于九域，施及外洋。事陶之人动以数万计。"① 由于与中国瓷器的贸易迅速增加，荷兰本土开放了更多的商埠进行瓷器贸易，不久荷兰东印度公司的舰队与商船便来到了鹿特丹、海牙、代尔福特和吕伐登等著名港口。与此同时，在上层社会也掀起了收集中国瓷器的热潮。

荷兰阿姆斯特丹国立博物馆留存有铭记 1728 年（雍正六年）款识的小茶杯和茶杯托（直径 11 厘米半），上面有用玫瑰、铁红、黄釉等描绘的荷兰东印度公司的纹章，它由两个狮子和皇冠等组成，下面蔓草图案中写的是荷兰文 VOC，即荷兰东印度公司的缩写。这些茶具也许是广州的匠师们从外贸市场上流通的荷兰硬币图案上得到启发而创作的。

荷兰北部的吕伐登是一座具有 700 多年悠久历史的港口城市，这里因风景秀丽、气候宜人而深受历代荷兰皇室的青睐。1711 年，荷兰国王威廉四世辞世，王后玛丽莲·路易斯带着早年丧夫的悲痛来到荷兰北部的弗里斯兰省，同年生下了威廉五世。1730 年，王后玛丽莲·路易斯在完成了对小威廉的辅政后，只身一人来到吕伐登，居住在普林西霍夫宫殿。②

出于对中国瓷器的酷爱，晚年的玛丽莲王后开始大规模收藏远东陶瓷，并设想将普林西霍夫宫殿建设成荷兰最大的远东瓷器博物馆。1731年，荷兰吕伐登普林西霍夫博物馆（Princessehof Museum）正式成立，来自中国和日本的精美瓷器被源源不断地送往博物馆；1765 年王后玛丽莲·路易斯去世之前，普林西霍夫博物馆已拥有上千件的中国瓷器。如

---

① 引自朱琰《陶说》卷一，刻本，清乾隆五十九年，国家图书馆藏。

② 玛丽莲·路易斯，1688 出生于黑森州的卡塞尔，海赛·查尔斯·路易斯之女。荷兰国王约翰·威廉四世的王后。1765 年卒于吕伐登。

荷兰吕伐登普林西霍夫国立公主瓷器博物馆　王后玛丽莲·路易斯旧藏中国外销瓷
作者摄 2010 年

今普林西霍夫博物馆已成为荷兰国立陶瓷艺术研究中心，馆内珍藏的中国明清时期各大窑口的精美瓷器已达 4 万件，这些令人眼花缭乱且爱不释手的中国瓷器不仅是中荷两国古代贸易的见证，同时也是研究中国外销瓷的重要实物与佐证。①

---

① 200 多年来，普利西霍夫博物馆对不同时期的中国瓷器都给予了翔实的记载，这些记录都以一些简写的英文字母来区分和表示，分别是 GRV、GAM、GMP、NO、OKS、BP：

瓷器底部手写的英文字母 GRV，G 代表市政厅（Gemeente），RV 则是雷尼尔·范比克（Reinier Verbeek）的简写，它表明该瓷器是范比克家族在 1841—1926 年间在印度尼西亚购得并捐赠给市政厅，而后又转赠博物馆。

瓷器底部手写的英文字母 GAM 表明该瓷器来自于范·德梅伦先生。范·德梅伦（A.Tj. van der Meulen, 1862-1934），作为荷兰东印度公司在 1895—1900 年期间的负责人，他将自己的收藏爱好带到了印度，并将触角伸向了印度市场上的中国瓷器。在博物馆档案室查阅东印度公司的相关资料时，我们意外地发现了范·德梅伦的个人手记，他谈道："在巴达维亚（印度尼西亚首都雅加达），只要是工作之外的空余时间，我都会摸向古董地摊，在街头巷尾向当地人打听有关古玩的消息，或者直接进入店铺，环顾四周，然后买下最有价值的一些瓷

17世纪末期，欧洲人最熟悉的蓝白中国瓷（Blue and White）即青花瓷充斥了大部分的贸易市场，更从不同层面引来了注视的目光。诗人约翰·盖伊在他的诗集里这样写道：

> 致一位迷恋中国的女士：
>
> 是什么激起了她心中的热情？她的眼睛因欲火而憔悴！
>
> 她缠绵的目光如果落在我的身上，我会多么幸福快乐！
>
> 我心中掀起新的疑虑和恐惧；是哪个情敌近在眼前？
>
> 原来是一个中国蓝白花瓶。
>
> 中国便是她的激情所在，一只茶杯，一个盘子，一个碟子，一个碗，能燃起她心中的欲望，能给她无穷的乐趣，能打乱她心中的宁静。（约翰·盖伊 JOHN GAY）①

盖伊的诗反映出中国瓷器带给欧洲社会的巨大变化，从上层的贵族到普通的平民都以拥有中国瓷器而备感骄傲；中国瓷器不仅能用于刚刚流行的茶叶、咖啡和巧克力等饮料，还可以扮演时尚装饰品的角色，就连当时欧洲的静物画家也将中国瓷器纳入了静物写生的画面中。这些写实的油画，旨在产生一种仿真度极高的视觉效果。由于瓷器在当时属于异域奢侈品，所以荷兰小画派的画家们常常将中国的克拉克青花瓷与镶

器……"在印尼的短短的5年任职期间里，范·德梅伦收藏了430件中国古代瓷器并将它们一一捐给了普利西霍夫博物馆。

瓷器底部手写英文字母GMP则代表该瓷器是王后玛丽莲·路易斯的私人收藏（Museum het Princessehof），她的大部分藏品来自于19世纪中期的阿姆斯特丹古董交易市场，这些瓷器也是博物馆成立之初的藏品。

NO是20世纪10年代普利西霍夫博物馆馆长兰尼·奥缇玛（Naane Ottema）的简称，奥缇玛馆长是一位资深的中国瓷器研究专家，他曾于20世纪10年代数次前往印度尼西亚和中东，从当地土著居民和古董商手里买下了数百件的中国瓷器，啬己奉公的他在辞任之时将收藏捐给了博物馆。

OKS代表了荷兰奥缇玛·巾马（Ottema-Kingma）基金会，它表明这些瓷器原属于奥缇玛家族，该家族从19世纪初便开始收藏中国和日本的瓷器。1957年，因博物馆研究和展示需要，家族成员将瓷器捐赠给普利西霍夫博物馆。（引自笔者2011年4月发表于《紫禁城》的论文）

①　转引自甘雪莉：《中国外销瓷》，东方出版中心2008年版，第67页。

法国吉美东方艺术博物馆藏明清中国外销瓷　作者摄 2013 年

嵌珍贵金属的螺壳、色彩斑斓的波斯毯或其他舶来物放置在一起，缔造出一种别有寓意的写实场景。

　　欧洲宫廷在当时的中西方美术交流上扮演着重要角色，无论是在法国、德国、英国、瑞典或是丹麦，在皇宫和园林中都设有独立的中国宫或中国塔，皇室贵族可以在具有"中国风"的居室中看到来自遥远东方的艺术品，还可以品尝昂贵的茶叶和可可。

　　德国柏林近郊的波茨坦桑苏西宫花园内有一座中国宫，呈蒙古包状，外墙上装饰着漆版画，在黑绿底子上用黄与绿描花，面上以高浮雕的样式塑造了 8 位来自中国的仙人，这是威廉国王为了仿制中国的八仙而特意雕制的，在"八仙"的周围还装饰有小块的牧歌式风景，再加上画家想出来的小物件，如乐器、小铃铛等，夹杂在中国风物中。值得一提的是，桑苏西宫花园内收藏有一件"大清雍正元年御制"的铜香炉，高 2.2 米，其形制与紫禁城内的大铜鼎香炉近似。

　　多廷汉宫是瑞典皇室的重要行宫，该建筑是为了纪念瑞典皇室接受大清乾隆皇帝的恩惠而兴建的，所以宫殿的整体布局上以北京紫禁城作为蓝本，设有中国大道（仿午门直道）、午门、钟楼和鼓楼，以及欧洲人想象的太和殿，在多廷汉宫内设有一座漆厅和一座瓷器厅。漆厅的壁面以纤细而明快的植物图案作边框，框内是黑漆描金的东方式山水花鸟画，有的壁画外框使用华丽的贝壳旋涡纹装饰。瓷器厅的墙面则以贵重的紫檀木覆盖，在上面用金色的贝壳和植物纹样作为装饰性的框架，框内镶嵌着画在羊皮纸上的工笔画，纯然一派东方情调。

在英国，以瓷器作为室内装饰主体的风格随着王室的婚嫁传播到伦敦。

1689 年荷兰奥兰治家族的威廉三世携同王后"英格兰的玛丽（Marry Ⅱ）"应邀返回英国，并成为英格兰威廉三世国王，玛丽王后把她在荷兰收集的中国瓷器——带回了英国，在汉普顿宫开始了她的伟大构想。

当时，荷兰宫廷设计师丹尼尔·马娄特（Daniel Marot）应邀参与了皇宫的设计，他在汉普顿宫每个房间的多层壁炉架、储物架和家具上都摆设了中国瓷器，而后通过镶金和镜子映出从地板到天花板的架子和壁龛上陈列的瓷器，使大厅和室内变得富丽堂皇。美国旅行家迪福（Defoe）在他的《回忆录》中说：

> 玛丽王后的习惯是在宫殿里陈列许多中国瓷器，甚至达到惊人的程度。我们可以看到，在橱柜以及家具的最高顶上也放架子，架子上

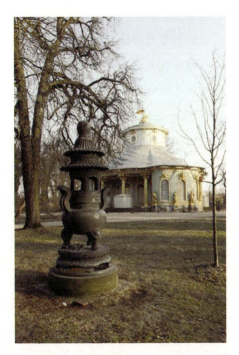

德国波茨坦桑苏西宫花园内的中国宫　左前
大清雍正元年款铜鼎炉　作者摄 2011 年

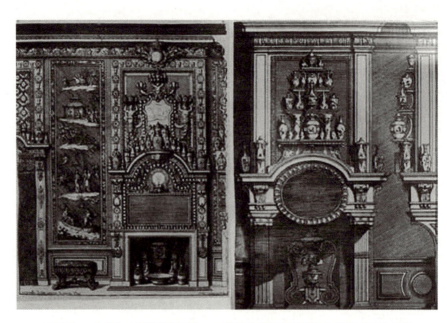

1713 年　荷兰宫廷设计师丹尼尔·马娄特为英国汉普顿宫瓷器室设计的手稿

陈列着珍贵的中国瓷器。

　　德国柏林的夏洛腾堡宫更是有过之而无不及，该宫殿是 18 世纪普鲁士王弗里德里克三世为第二任妻子夏洛特（Sophie Charlotte）修建的。1701 年弗里德里克三世选帝侯成为普鲁士国王。宫殿在约翰·埃奥桑德·哥德的主持下进行了扩建。在 1713 年又一次以巴洛克式花厅为中心进行扩建，配上圆顶。把城堡变成小型的凡尔赛宫是弗里德里克大帝（弗里德里克二世国王）的主意。他指示退役普鲁士军队上尉、富有灵感的建筑师乔治·温策斯劳斯·冯·科诺贝尔斯多夫修建了东边全新的巴洛克风格的厢房，里面有皇室套间，并专为中国瓷器的收藏设计了庞大的瓷器室，来自景德镇的青花瓷、漳州的克拉克瓷、德化窑的观音和狮子、广东窑的素三彩和五彩瓷以及日本的伊万里瓷器混搭在一起，并配以相应的自然植物，给人一种色调和形状对称和谐的悦目观感，这间瓷器室也毫无疑问地成为欧洲最大的瓷器室之一，藏瓷近 6000 件。夏洛藤堡宫典藏部至今仍记载着当时所藏中国文物的一些情况：

"悬挂中国字画的音乐室";"四壁皆嵌木为饰,各室挂存中国风味的图四";挂有"中国风味的黄色雕花木框的悬挂物";"有玫瑰色的悬挂物,上有中国山水画,分为各组";"悬挂中国画";涂有"中国式黑漆金";"悬挂中国字画刺绣";"瓷器陈列室。有精雕的紫漆木器,室内陈列大批华瓷,日本瓷及柏林瓷器亦分列于窗拱之上";"有玻璃镜镶的中国字画";"富有中国风味且雕刻精致的悬挂品的陈列室"都奉国王之令放上了珍贵的瓷器。

在比利时布鲁塞尔和安特列卫普的中国宫也是当时"中国风"的代表,艺术家和建筑师打破注重规律和秩序、以几何线条为主的装饰表现手法,加入随意灵动的自然纹饰。为了突出中国瓷器的特殊地位,甚至将德尔福特瓷器厂仿制的中国八仙放置在屋顶上,这与中国福建和广东一带的剪瓷雕风格极为相似;在室内,为了彰显比利时国王收藏的数以万计的中国瓷器,建筑师费尽心思地设计能与瓷器釉色相匹配的壁面装饰图案,将欧洲传统的草叶、花朵、贝壳等源于自然的形式因素加以变化处理,如将景德镇的青花釉里红葫芦瓶放置于贝壳同叶子相缠绕形成的涡形花纹之间,形成格调清丽而淡雅、柔美而不骄奢的"中国风"装饰。

"中国风"(法语:Chinoiserie)这一概念是 18 世纪中期的法语"中国人"一词发展而来的。1981 年美国学者玛格德莱娜·杰瑞在其个人述著《中国风:17—18 世纪中国工艺美术对欧洲室内装饰的影响》中,首次对"中国风"的概念进行了阐发,她认为:

> 这一时期的欧洲装饰风格受到了中国或是类中国题材、装饰、形式和材料的影响。不过,由于最初没有历史和地缘上的区分,欧洲将中国、日本、印度乃至部分奥斯曼帝国的文化元素纳入了远东体系中。

中国陶瓷大量外销时期,在法国正好是路易十四、路易十五当政时期。路易十四是位很有艺术修养的国王。他执政期间,建立起一批专门的艺术学院。当他和贵族们看到精美绝伦的中国瓷器时,赞不绝口。法

法国枫丹白露宫收藏的 17—18 世纪中国外销瓷　作者摄 2018 年

国传教士白晋（Joachim Bouvet）以对中国的渊博知识而闻名法国。他能讲流利的汉语和鞑靼语。他曾到中国，受到了康熙和雍正的青睐。此外，法国传教士从中国寄来的信在巴黎出版，信上对中国所作的神奇的描述，往往能轰动整个欧洲。

在路易十四时期，法国和欧洲国家的商船运送的中国瓷器等手工艺品像潮水般地涌到巴黎。不少从中国回来的商人、水手和传教士都用最美丽的语言来赞美中国的文化艺术，特别是瓷器、丝绸等手工艺品。由于中国瓷器、丝绸等的魅力，当时的法国还兴起了一股中国文化热。

路易十四虽然爱好中国的瓷器，但他对中国瓷器的制作方法却是一窍不通的。路易十四和他的儿子在向中国订购瓷器时，往往苛刻地提出一些不合理的要求，例如订购中国式的瓷器灯笼，要求玲珑剔透，中间点燃蜡烛，能够光照全室，却又必须是浑然一体的。他还定制能发出悦耳音调的瓷制笙，它是由 14 个每支长约 1 尺、管内装置琴片的瓷管组成的。更荒唐的是，他还提出要订购用瓷器制造的云锣。功夫不负有心

法国巴黎小皇宫收藏的 17—18 世纪中国外销瓷与"中国风"挂毯　作者摄 2018 年

人，景德镇的匠师们在瓷土内掺入铜屑，经过无数次的试验，终于烧制成功。这 9 个瓷制的云锣，中间稍凹，置于架上，用小棒打叩，能发出不同的音调。所有这些作品都难度极大，对欧洲人来说简直是不可能的，中国的制瓷匠人却一一做到了，这是值得骄傲和自豪的。

路易十五对中国瓷器的热爱更是有过之而无不及，他曾掀起一场日用品革命的高潮，即废弃原有的银器用品，改用中国瓷器，因此使用中国瓷器的风气普及到民间。法国、德国、英国和瑞典等国的宫廷里纷纷以中国人的礼节为典范，王公贵族们穿着中国服饰出席舞会，带着中国瓷杯碰杯畅饮处处以中国风俗为时髦。在这些贵族们的家里，他们用中国的瓷管来装置下水管道，甚至连浴缸、水壶、水罐等也都用中国瓷器。而对于欧洲市民来说，用中国瓷器替代厨房里和餐桌上昂贵的金银餐具和既粗笨又不干净的陶器确实是一件好事。

与法国隔海遥望的英国自 15 世纪以来就推行海外贸易，自从打败西班牙的无敌舰队以后，英国与中国的贸易更加蒸蒸日上。当然，这与

18 世纪初英国布莱顿皇宫的"中国风"餐厅　作者摄 2017 年

英国剑桥大学菲茨威廉博物馆中国馆的瓷器收藏　作者摄 2010 年

西欧国家自产生资本主义萌芽以后的重商主义政策有很大关系。尽管明清政府推行海禁政策，但瓷器贸易依然熙来攘往，英国重视海上贸易，中国瓷器又是东方珍宝，所以英国对中国的瓷器心向往之。

当英国商船把中国瓷器运到伦敦后，也像在其他欧洲国家一样，很快被抢购一空。伦敦是英国主要的拍卖中国瓷器的市场。经营中国瓷器的商人大多是荷兰人或犹太人，他们的生意非常兴隆。在1774年（乾隆三十九年）以后的一段时间里，这样的商人大约有52位，被称为"瓷器人"（China-man）。这些"瓷器人"既是商贾，也是艺术家，其中有珐琅艺术家理斯（Giles）和画家奥尼尔（O'Neale）等。他们根据市场和顾客的需要，自己设计造型和图案，而且不断地变化着式样，委托东印度公司的商人带到广州或景德镇去制造。

大英图书馆中至今还珍藏着商人皮尔1731年12月10日于广州签署的订购中国瓷器的发货单，看来他订购这些餐具是为了适应当时欧洲流行中国餐具的热潮，以便逐渐取代珍贵的金银餐具。在发货单上，他设计了100种不同样式的青花瓷碟，约250件；而以玫瑰釉装饰他们家的纹章的瓷器约有450件，包括汤碟、盐碟、啤酒杯等，这些都是他们家庭成员自己使用的。此外，他还订购了烛台、花瓶、咖啡壶、调味瓶、大口瓶以及搅拌调料的大碗等。

17世纪初，丹麦国王克里斯蒂四世看到荷兰东印度公司的繁荣和他们从东方贸易中得来的钱财以及东方的稀有物品，自然也不甘示弱。1612年（万历四十年），在他的支持下，丹麦建立了皇家东印度公司，或者称为爱尔托那（Altona）公司。但是，这个公司的发起人却是位荷兰人波斯欧威尔（Boschower）。1618年，波斯欧威尔亲自率领六艘商船从西兰（Ceylon）岛起航出发到远东。航行非常艰难，波斯欧威尔在航行途中死亡，但航船最后还是到达远东，并安全返航。后来，丹麦想要在印度的马德拉斯和西孟加拉邦境内的胡格利河附近建立远东贸易基地，但都没有成功。这时，欧洲列强已经挺进亚洲，各建贸易基地，丹

丹麦哥本哈根国立博物馆藏 17—18 世纪中国外销瓷　作者摄 2010 年

麦在没有得到利益的情况下自然不甘束手。1728 年 2 月 6 日，国王弗雷德里克宣告在哥本哈根成立东印度公司。公司的远东贸易基地除印度外，还有孟加拉湾和安达曼海之间的尼科巴岛。1731 年，丹麦商船也到达广州，后来还设立了办事处。在 18 世纪中叶，每年约有两三艘丹麦商船来到广州，而中国瓷器是丹麦在远东贸易的重要商品。

丹麦商人从中国进口瓷器，开始并不特别注意样式，但后来受欧洲其他国家的影响，也逐渐注意起来。在 1759 年 12 月出版的丹麦商业刊物上指出，中国瓷器是世界上最高级的瓷器，尽管青花瓷器在法国等欧洲国家最流行的时期已经过去，但是这个刊物仍说青花瓷器是中国瓷器中最美丽的。

根据丹麦东印度公司的资料，在 1760 年（乾隆二十五年），三艘丹麦商船运载的中国瓷器清单上主要有：

巧克力饮料杯六千零八件、咖啡杯十四万九千三百三十七件、茶杯三十万七千三百十八件、白脱盘八百零四件、汤碟一万零四百四十八件、午餐碟二万九千二百八十九件、小盘五千三百三十三件、船形的碟（放酱油或调味料）三百二十一件、午餐具四百八十六套、茶具五百二十二套、咖啡具二十八套、牛奶罐七百四十八件、茶壶三千六,百二十八件、痰盂一百一十七件、各种瓷塑五十七件等。

珍贵的中国瓷器并不是一般的平民们所能使用的。中国瓷器更多的是由丹麦东印度公司的商人订购的，而且有着特定的图案，以供丹麦王室享用。关于著名的"克拉逊（Classen）餐具"还有一段有趣的故事。1753年丹麦雕塑家萨利（Saly）创作了国王弗雷德里克五世的塑像，费时长达四年之久。1768年，青铜铸造艺术家科尔（Cor）又将国王这一威武的大型骑马塑像浇铸为铜像。东印度公司的富商克拉逊提出要把这个轰动一时的国王铜像复制在中国瓷器上。他邀请了宫廷建筑家、画家卡拉米尔（Cramer）进行了设计。这套著名餐具的图案和造型都较简洁，盛汤的盖碗下面圆形的纹饰中装饰了国王的铜像，柄的装饰采用了法国金银器皿的造型，即用月桂树组成的花冠。顶盖的球形捏手是可以活动的，顶盖镶边的上面写着在中国生产的日期：1774年（乾隆三十九年）10月21日。国王弗雷德里克五世的王后玛莉亚也非常喜爱中国瓷器，

瑞典东印度公司的哥德堡号商船　作者摄 2010 年

该船于1743年由哥德堡起航至广州，1745年装载中国瓷器、丝绸和茶叶700吨起航回国，然而在航行到离哥德堡港大约900米的海面时突然触礁沉没，事后瑞典东印度公司组织船员打捞，仅仅捞上 1/10 的货物便填补了所有的损失。

在她所使用的盛汤的盖碗等餐具上也有她丈夫骑马铜像的图案，盖顶上的金边是宽阔的，上面写着王后姓名的英文字母：JULIAN MARIA。这件餐具也是 1774 年在中国生产的。此外，在丹麦的皇宫里还珍藏着一对中国的瓷盘，上面画着弗雷德里克五世和王后玛莉亚的肖像。这幅肖像是由纽伦堡家族的著名画家普雷斯赖尔（Preissler）创作的，而普雷斯赖尔又从北欧著名的宫廷历史画家皮罗（Pilo）所创作的丹麦国王弗雷德里克五世和王后的肖像中汲取了艺术上的长处，然后由中国匠师复制在瓷盘上的。

18 世纪前期，欧洲很多国家都被允许在广州开设贸易机构，最早获得这一权利的是英国东印度公司（1715 年）。接着，法国于 1728 年、荷兰于 1729 年、丹麦于 1731 年、瑞典于 1732 年也都先后设立了贸易站，这就进一步为中国瓷器的外销提供了便利的条件。随着对外贸易的发展，康熙五十九年（1720 年）欧洲商人组织了一个行会，行规第八条规定：

> 瓷器要特别工巧任何人得自行交易，但卖者无论盈亏，均须纳卖价百分之三；本行。

这一时期欧洲部分国家的船舶获得了至广州的直接通许可（而在以前只是临时性），如从 1727 年开始，荷兰公司就有两艘船到广州，这更便于中国瓷器经常而直接地运输了。18 世纪下半叶，由于欧洲的法、德、意、英和奥地利等国纷纷仿造中国瓷器，中国的外销瓷一度有减退的趋势。当时欧洲瓷器的价格十分昂贵。中国外销瓷不仅价格较低，在造型、装饰上都能按照欧洲人的需要进行生产，因此清代，欧洲始终是中国外销瓷器的主要市场。例如，18 世纪英国陶器日益流行，英国市场对于中国瓷器的需求有所减少，仅 1780 年一年仍向中国订购了 80 万件。

美国学者杜勒斯（F. Dulles）在 1939 年所写的《古代的中国贸易》中说：

　　十三行街是一条中国的古老街道。这里有数不清的商店，提供多种多样的货物，如象牙、丝绸、金、银，甚至还有鸟和鸟笼、烟火、昆虫、猫、草药和狗等。这些商店所销售的货物，都给外国海员们带来好处。这些商店还出售古董和纪念品、小礼品，免费提供饮茶，有时还有当地的烈性酒（可能是白酒），对外国海员有很大的吸引力。

　　随着中国外销瓷器和制瓷技艺的传播，反映中国文化的陶瓷艺术风格不断影响着欧洲的瓷器装饰和建筑艺术，对新型绘画艺术风格的确立与发展产生了积极的推动作用。当时的欧洲贵族普遍喜好收藏中国瓷器，并将瓷器镶嵌在墙壁和天花板上用于室内的陈设与装饰，当然也彰显出其家族的高贵身份和地位。

　　人们把中国皇帝视为东方最有权力的君主。出于交流的愿望，路易十四于 1688 年向清廷派遣了一个由科学家组成，并携带了礼物的特使团。但是总体看来，这种举动主要是出于对异国风情的迷恋，并以游乐

挪威奥斯陆国家博物馆藏 17—18 世纪中国外销瓷　作者摄 2010 年

的心态试图将其同本国文化元素相结合。① 中国瓷器在受到西方人的特殊青睐后，最终影响了西方的艺术美学，使西方艺术趣味从巴洛克时期走向洛可可时期。这是席卷欧洲的新风格。法国于 18 世纪初兴起了充满中国特征的新风格后，一段时间内支配了大多数欧洲国家的情趣。洛可可风格虽然并未吸收中国艺术的宏伟和庄严，但模仿了中国艺术的典雅与精致，以及在西方人看来是离奇的部分。这样，中国瓷器在西方达到了巅峰境地。西方人不仅张开双臂欢迎这种精巧的艺术品，还由于它们的到来构成了西方人艺术史上辉煌的一页。

第三节　财富与荣耀——奥古斯特一世和他的中国收藏

1670 年 5 月 12 日，萨克森选帝侯王储约翰·格奥尔格三世（John George Ⅲ）和他的妻子，丹麦公主安娜·索菲娅（Anne Sophie of Denmark）在德国东南部的德累斯顿生下一子，取名为弗里德里希·奥古斯特（Friedrich August）。然而，作为选帝侯格奥尔格三世的次子，奥古斯古承接父业统治萨克森世袭领地的机会十分渺茫。

童年时代的弗里德里希·奥古斯特接受了多种的教育与启蒙，不过他对击剑、战术和骑马的热衷远远超过对宗教、历史和语言的兴趣。皇家学院毕业后，他的父亲用当时最流行的做法将儿子送去游历欧洲。1687—1689 年，这位年轻的公爵曾造访过法国国王路易十四的宫廷，

① Blaauwen 1966 Abraham L. Den · Blaauwen: *Keramik mit Chinoiserien nach Stichen von Petrus Schenk jur,r* In: Keramos, Bd. 31,1966, S. 3-18.

阿卜拉哈姆·德·卜劳温：《小彼图斯·申克版画作品中的中国风陶瓷》，《陶瓷》1966 年第 31 期，第 3—18 页。

并游历了葡萄牙的里斯本，意大利的热那亚、威尼斯、佛罗伦萨和奥地利维也纳。此行目的是把他教育成一位彬彬有礼的王侯，并同时让他了解南欧各国的宫廷体制。在这期间，弗里德里希·奥古斯特体验了巴洛克君主专制宫廷各具特色的王室威严，也见识了意大利联邦的各个文化中心。接下来的几年里，奥古斯特英勇无畏地参加了对萨克森王国与法国的战争，使得他在萨克森贵族中的地位日渐显赫，不过他本人放荡的情爱生活也使得他在韦庭王朝（Wettiner）臭名昭著[①]。1693 年，他与德国北部勃兰登堡—拜罗伊特的安娜·克

萨克森公国选帝侯弗里德里希·奥古斯都一世（1670—1733 年）皮特·路易斯绘
德累斯顿国家艺术收藏馆绘画部藏

里斯蒂娜（Anna Constania，1671—1727 年）结婚后，生下了儿子弗里德里希·奥古斯特二世（Frederick Augustus Ⅱ，1712—1770），即后来

---

① 韦廷王朝（Wettiner）起源于现在德国萨克森-安哈尔特州的韦廷镇，由当时的迈森藩侯创立于 1089 年。其后韦廷家族成为萨克森地区最有势力的家族。1263 年韦廷家族获得今日图林根（Thüringen）地区。在 1423 年韦廷家族获得了萨克森选帝侯之位。1485 年韦廷王朝分裂为两系：恩斯特系和阿尔布雷希特系。恩斯特系在 1485 年韦廷王朝分家后，继承了萨克森选帝侯之位和家族在图林根的领地。在宗教战争期间，该分支逐渐倾向支持基督新教。在 1485 年韦廷王朝分家后，阿尔布雷希特系陆续获得了德累斯顿和莱比锡附近的萨克森地区。由于该分支恪守天主教信仰，并帮助神圣罗马皇帝打击新教。最终于 1547 年获封萨克森选帝侯的爵位，自此成为韦廷王朝的正统。而萨克森选帝侯更于 1806 年被法皇拿破仑一世升格为萨克森王国，直至 1918 年才被推翻，成为魏玛共和国的一个州。

德累斯顿萨克森公国选帝侯宫 (Residenzshcloss)　作者摄 2010 年

的王储。此外，他还承认了 5 个情妇为他生下的 8 个孩子。

1694 年 5 月，他的哥哥约翰·乔治四世（John George Ⅳ）死于天花，没有留下子嗣。于是，弗里德里希·奥古斯特顺理成章地登上了萨克森选帝侯的宝座，成为弗里德里希·奥古斯特一世（Friedrich August Ⅰ）。在萨克森公国，这位年轻的选帝侯继续奉行其兄长的严格维护极权国家的政策，同时还追逐着一个独一无二的晋级：即在波兰—立陶宛国王死后，在德意志皇帝的支持下谋求波兰王冠。为了晋升王位，这位新教徒毅然改信天主教，以使波兰这个贵族国家的当权者相信他的财力。1697 年 9 月，弗里德里希·奥古斯特一世成功晋级，在克拉科夫加冕为波兰国王和立陶宛大公（Grand Duke of Lithuania）；而那个彰显个性的名字"奥古斯特大力王"或"强者奥古斯特"（August der Starke）则是在他死后才由历史学家赋予的。①

---

① Martin,Roth, *Splendor of the White Eagle,Arts and Power at the Sanxon-Polish Court*

1719 年 德累斯顿茨温格尔宫（Zwinger palais）建筑设计师马特豪斯·丹尼尔·柏培尔曼 (Matthäus Daniel Pöppelmann) 雕塑家巴尔塔萨·佩莫泽尔 (Balthasar Permoser) 作者摄 2010 年

奥古斯特一世留给后人的印象并不是一个失败的军阀或放荡的君王，而更多是欧洲启蒙主义运动的重要推动者，一个东方瓷器艺术的酷爱者，一个狂热的艺术收藏家，欧洲盛大庆典的创造者，天才的建筑督导者和富于幻想的博物馆创始人。德累斯顿茨温格尔宫国立博物馆至今仍保存了他丰厚的收藏，其中包括绘画、雕塑、科学仪器、钟表和各种珍宝。这些重要的艺术作品和文献至今仍存放在德累斯顿茨温格尔宫和选帝侯宫。此外，作为欧洲巴洛克艺术的集大成者，奥古斯特一世对于来自东亚的艺术品也情有独钟，他收藏于德累斯顿各个皇宫的东亚艺术品，尤其是中国和日本的瓷器，是 17—18 世纪中西方文化交流的重要

(1670—1763)，p.13, Line 14. 引自《白鹰之光——萨克森—波兰宫廷文物精品集（1670—1763）》，紫禁城出版社 2009 年版，第 13 页第 14 行。

佐证。

　　奥古斯特一世对于艺术的不同寻常和勇于创新的想象力，表现在他对艺术门类的开放心态，善于识别人才并有目的地进行资助。特别是对杰出的画家、雕塑家、建筑师和珠宝制作师，通过有品位的艺术品创作订单将其长期留在他的宫廷。在当时，君主的崇高荣耀不仅仅体现在宏伟建筑和盛大宴会上，还表现在他个人的仪表、昂贵的衣服和奢侈的珠宝首饰上。奥古斯特大力王非常热衷于迎合同时代人的期望，而这又将他对王者威严的理解和他对于美的追求融合在一起。因此，他被称为那个时代最重要的珠宝鉴赏家之一。

　　奥古斯特一世对于建筑学的热爱与天赋则表现在德累斯顿许多宫殿的设计上。1701 年，经历了火灾之后的选帝侯宫殿（Residenzshcloss）需要增加新的功能，于是规模浩大的重修工程拉开序幕。1705—1708年，他参与重修的土耳其厅（Türkisch Kammer），即今天的德累斯顿

1709 年　德累斯顿茨温格尔花园的露天盛装舞会　远景为强者奥古斯都的皇宫 (Residence Palais)，右侧为塔申贝格宫（Taschenberg Palais）　水彩画　德累斯顿国家艺术收藏馆绘画部藏

1719 年　修建完工后的德累斯顿茨温格尔宫的大剧院（Operhaus am Zwinger）　水彩画 德累斯顿国家艺术收藏馆绘画部藏

塔申贝格宫（Taschenberg Palais）①。1709—1719 年，他又主持修建了浩大的茨温格尔宫（Zwinger palais）。当时的总建筑师马特豪斯·丹尼尔·伯佩曼（Matthäus Daniel Pöppelmann，1662—1736）和雕塑家巴尔塔萨·佩莫泽尔（Balthasar Permoser，1651—1732）是德国巴洛克时代著名的艺术家，他们以茨温格尔花园的上橘园和下橘园为基础，对宫殿的新建筑进行了分区，先后建成了巴洛克喷泉"山泽女神沐浴"（Bath of the Nymphs 1716 年）、皇冠之门（Crown Gate 1718 年）以及著名的茨温格宫新歌剧院（Operhaus am Zwinger 1718 年），由于该歌剧院的存在，德累斯顿在几十年的时间里一直都是欧洲音乐文化的中心以及巴洛克时代最大盛装庆典的舞台之一。

　　1717 年，奥古斯特一世在选帝侯宫（Residenzshcloss）斥资修建绿穹隆馆（Grüne Gewölbe）以展示其奢华的珠宝收藏。1718 年 2 月的一

----

　　①　塔申贝格宫（Taschenberg Palais）现为德累斯顿凯宾斯基酒店。

德累斯顿选帝侯宫绿穹隆珍宝馆绿宝石室　1904 年摄　德累斯顿艺术图书馆供图

德累斯顿选帝侯宫绿穹隆珍宝馆象牙艺术室　1938 年摄　德累斯顿艺术图书馆供图

份平面图显示，他本人亲自参与绿穹隆馆的设计与规划。在当时，奥古斯特一世的艺术品收藏已十分丰富，涵盖了钻石、金银器、琥珀、水晶、象牙、宝石、碧玉、青铜等奢侈品。庞大的装饰工程吸引了来自欧洲各地的著名设计师与工匠，如法国室内装潢师莱芒特·勒普拉特（Raymond Leplat）。他与建筑师丹尼尔·伯佩曼（Matthäus Daniel Pöppelmann）在两年内完成了皇宫的改造与修缮，绿穹隆珍宝馆被设计成了时尚的、满足交际和居住双重功能的空间艺术品，作为 18 世纪最丰富而且最现代的珍宝艺术收藏之一供王室成员参观。1719 年，持续了7 个星期的王储弗里德里希·奥古斯特二世（Frederick Augustus Ⅱ）与奥地利大公玛利亚·耶瑟华（Archduchess Maria Josepha）的婚礼庆典在新落成的绿穹隆宫举办，这是奥古斯特一世作为波兰国王统治时期的重要一页。在婚礼上，他身着九重珠宝饰品闪亮登场，向神圣罗马帝国的其他公国展示了萨克森的荣耀与辉煌。

1719 年之后，奥古斯特一世的宫廷建筑拓展到了德累斯顿的郊区。1720 年，他委托建筑师在易北河岸边的里希腾瓦尔德（Schloss Lichtenwalde）建造了一座避暑宫殿，取名水上宫殿（Wasserpalais）；1721年在水上宫殿的后面又建起了一座与它一模一样的建筑，叫做山上宫殿（Bergpalais）。此后的几年里，他先后主持修建了格罗斯赛德利茨花园及弗里德里希宫（Residence Palais，1719—1727 年）、皮尔尼茨宫（Schloss Pillnitz）的水上宫殿（Wasserpalais，1720—1722 年）和山上宫殿（Bergpalais，1723—1724 年）、莫里茨堡狩猎宫（Moritz Schloss，1723—1727 年）和于毕高宫（Übigau Schloss 1724—1726 年）。由于当时欧洲宫廷里刮起了一股"中国热"，一切来自于中国的东西都成了时髦；青年时期的奥古斯特一世游历法兰西，曾经在巴黎近郊的凡尔赛宫见到路易十四身着中国式服装在金碧辉煌的大厅里举行盛大的舞会，这种新型的中国风尚给奥古斯特一世留下了深刻印象，他特别从法国请来建筑师模仿凡尔赛宫的东方风情，设计了带有浓烈"中国风"（Chinoiserie）的会客室和宴会厅，当然这只是欧洲人想象中的中国风情。①

18 世纪 20 年代，一项几乎称之为幻想的文化政策，主导了奥古斯特一世人生的最后十几年。对于他而言，王者尊严是他几十年来大力扩

---

① Essen, *Barock in Dresden:Kunst and Kunstalungen unter der Regierung des Kurfursten Friedrich Auugust*, Lepzig 1986, p.3. 埃森：《德累斯顿的巴洛克风格：萨克森选帝侯弗里德里希·奥古斯都执政时期的艺术收藏》，莱比锡 1986 年版，第 3 页。

德累斯顿选帝侯宫绿穹隆珍宝馆银器室　1904 年摄　德累斯顿艺术图书馆供图

德累斯顿选帝侯宫绿穹隆珍宝馆银器室　1904 年摄　德累斯顿艺术图书馆供图

1723 ／ 1724 年　皮尔尼茨山上宫殿 萨克森公国选帝侯夏宫
墙壁装饰中国外销瓷器约 1700—1720 年，背景仿中式山水画　约 1800 年绘制

充其艺术收藏的驱动力。而当自己的收藏步入了巅峰时期，如何将自己的艺术藏品进行分类、展示和研究，成为他晚年的最大兴趣。他在皇宫设置专门的收藏研究机构，如"绿穹隆珍宝馆""王室科学宫""皇家图书馆""日本宫"和"象牙旋床工坊"等，这一创举在很多方面走在了世界博物馆的前沿。由于这些博物馆和研究中心的存在，德累斯顿在几十年的时间里一直都是欧洲启蒙主义运动的中心之一。

1720—1722 年　德累斯顿易北河畔的皮尔尼茨水上宫殿 萨克森公国选帝侯夏宫

我们无法确切地证实奥古斯特一世是从哪年开始收藏中国艺术品的，但是从德累斯顿茨温格尔宫国立瓷器馆的档案中还是找到了一些蛛丝马迹。1709 年，约翰·弗里德里希·波特哥（John·Friedrich·Böttger，1682—1719，奥古斯特一世的瓷器顾问）曾受命重新编写奥古斯特一世的"白金"收藏清单，当时的"白金"泛指价值连城的中国瓷器，其中一份叫"Mündliche Order（口述档案）"的文档提道：

"从埃门（Eimen）的宫殿中转移 8 件中国白瓷，目的是将奥古斯特一世各个皇宫中收藏的中国白瓷与红色和绿色瓷区分开来。"① 由此我们可以推断，奥古斯特一世最迟在 1709 年之前开始

---

① Eimen 自治市在北区，Holzminden 在下萨克森（德国）并且属于 联合自治市 Eschershausen。

1727 年 《易北河畔的日本宫（原荷兰宫）》 约翰·奥古斯特·科维努斯
尺寸：48 厘米 x 73.5 厘米 德累斯顿国家艺术收藏馆绘画部藏

收藏中国瓷器。

1726 年 5 月 22 日，奥古斯特一世在写给弗莱明伯爵（Count Fleming）① 的信中谈道："我已陷入了对橘子树和瓷器的狂热追求中，正毫无节制、不谙世事地进行购买和收藏。"②1717 年，沉迷于东方艺术收藏的奥古斯特一世在易北河畔买下了荷兰宫（Höllandisch Palais），并着手将其改造成奢华的瓷器宫殿——日本宫（Japanisch Palais）。来自中国和日本的瓷器、漆器和版画，以及刚刚问世的德国迈森瓷器（Meisson）也将共同展示于这个独一无二的欧洲皇室殿堂之中。

有趣的是，奥古斯特一世身边的大臣们在这场收藏中也扮演了重要的角色：为了讨好皇帝，他们不惜下血本地向荷兰人和英国人购买东亚艺术品。萨克森大臣拉格纳斯科伯爵（Lagnasco）曾于 1716 年旅居荷

① 弗莱明伯爵是强者奥古斯都的亲密助手，波兰首相兼陆军总司令。

② Eva Ströber, *La maladie de porcelaine, East Asian Porcelain From The Collection of Augustus the Strong (English and German Edition)*, Hardcover, March 1, 2001.p.10.

兰，这一期间他为奥古斯特一世购买了许多中国和日本的瓷器。陆军元帅兼首相弗莱明伯爵（Count Fleming）更是割爱将自己收藏多年的大部分中国瓷器送给了皇帝，茨温格尔宫的清单上明确记载了两位大臣的赠送时间分别是 1715 年和 1723 年。1697 年，奥古斯特一世出任波兰国王后，先后从华沙马苏伦（Masuren）地区购买了数百件珍贵的中国五彩瓷器，用于装饰富丽堂皇的茨温格尔宫。1722 年，奥古斯特一世的陆军总参谋丹尼尔·弗里德里希·拉思科（Daniel Friedrich Raschke）辞世，他的个人瓷器收藏也作为遗产捐赠给了奥古斯特一世，这些瓷器大部分是拉思科本人于 1708—1709 年在阿姆斯特丹购买的。

当然，瓷器并不是奥古斯特一世唯一的中国收藏，来自于中国苏州的版画同样成为其个人的收藏雅好。他曾收藏了不少中国版画，如今都完好地保存在德累斯顿国家艺术收藏馆的版画陈列室。这些版画大部分是康、雍、乾时期最具代表性的彩色木刻版画，不仅数量众多，而且画工精湛，这也使得德累斯顿国家艺术博物馆成为世界两大中国古代版画的收藏机构之一。譬如，欧美汉学家经常提及的四幅《姑苏仕女图》，其中两幅在苏联红军占领德累斯顿时，被转移至圣彼得堡，后散佚于苏联。现存的两幅收藏于德累斯顿国家艺术博物馆，分别为《仕女鹦鹉图》和《母子花篮图》。这两幅苏州版画都采用了当时欧洲传入的"泰西"明暗画法，不论是端坐的仕女，灵芝架上的鹦鹉，还是背景花插、玉兰、牡丹及博古等，均以西洋版画风格的阴影线条表现，这在当时无疑是西方绘画技法传入中国的重要表现。在奥古斯特一世的藏品中，还可见带有画店题款的作品，例如一幅《今古奇观图》以连环画式构图，描绘 24 幅不同戏出画面，全图共 50 个人物造型。画面左下方刻"姑苏北寺前吕云台发行"。姑苏"北寺"原名"报恩寺"，始建于南北朝时期，坐落于苏州桃花坞大街巷尾。目前仅在日本和冯德保所藏版画中可见"姑苏吕云台长子君翰发行"字样，"君翰"便是"吕云台"长子，其风格较乃父更加潇洒飘逸，色调也更为高雅绚丽，是康熙时期姑苏版画艺术成就

清代　康熙《仕女鹦鹉图》仿泰西笔姑苏版
画　编号：Ca159
尺寸：97.2 厘米 x 58.1 厘米
德累斯顿国家艺术收藏馆版画陈列室藏

最高的代表作。据此也说明吕氏家族至少有两代以上经营姑苏版画，且是业内颇有名气的集创意、刻印、销售于一体的画店。此外，德累斯顿还收藏有西洋铜版画风格的大幅仕女图、戏出故事、天主教图式和各类胜景图等，它们大多运用透视、阴影、排线法表现人物衣纹、家具、场景和建筑物的远近明暗关系，故而此类风格也被学者称为"洋风姑苏版"。

但在 17 世纪末至 18 世纪初的欧洲，面对舶来的中国民间绘画，他们很难意会画中的实际含义，也不会了解这些木版年画所代表的中国年节习俗，而只是将其作为"中国风"的一种元素运用于宫廷或贵族的室内装潢之中。

在德累斯顿，奥古斯特一世和他的宫廷建筑师们将姑苏版画视为一种奢侈品，装饰于 1719 年落成的绿穹隆宫之中；在德累斯顿近郊的"夏宫"设有供国王和上流人士消遣的"中国房间"，其墙体原本都贴有中国壁纸。这些来自康熙时期的中国版画以传统方式印绘在宣纸上，通常附上一层油画布作为衬底，一方面用于墙体贴附，另一方面增加宣纸的厚度，是当时欧洲专门用于壁纸装裱的方式。有学者认为此类版画是在中国口岸成卷打包装箱，经商船运往欧洲后粘衬完成，并直接用作壁纸销售。①

---

①　王小明：《"仿泰西笔意"姑苏版画的兴衰与嬗变——以欧洲收藏姑苏版画为研究范

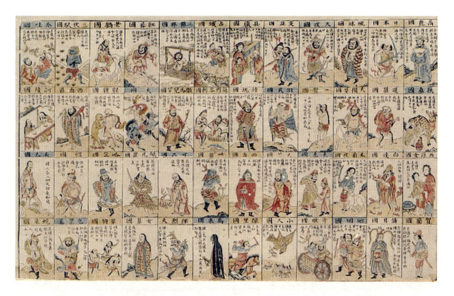

清代　康熙《四方夷人图》苏州王君甫画店　编号：Ca 147h/09　尺寸：37.6 厘米 x
61.1 厘米　德累斯顿国家艺术博物馆版画陈列室藏

　　奥古斯特一世收藏的姑苏版画，还有一类颇为特殊，即描绘异域风
情的套色版画。比如著名的《四方夷人图》，该画以插图的形式描绘亚
洲各国的风土人情，画面共分 48 个区间，每一区间均图画一个国家和
其相应的人种，人物的刻画细至肤色、毛发和配饰均描绘得栩栩如生；
另外每幅画面的正上方均刻有简略的文字描述，其中交趾国、高丽国、
老挝国、天竺国、东瀛国都是中国周边的古国，还有一些小人国、穿胸
国、长人国等则取自《山海经》记录的神话国度。这幅藏品是目前所知
中国民间版画中描绘异域古国最全的孤本，中国学者王一明认为，该版
画是基于弘治年间明人所作宁波"天一阁"藏本《异域图志》插图而来，
与王君甫大明地图的外国部分内容相似。画中无画店落款，但从人物造
型、套色风格上来看应该属于康熙早期的姑苏版画。① 作者在德累斯顿

例》，《艺术收藏与鉴赏》2021 年第 2 期，第 87 页。
　　① 王小明：《"仿泰西笔意"姑苏版画的兴衰与嬗变——以欧洲收藏姑苏版画为研究范
例》，《艺术收藏与鉴赏》2021 年第 2 期，第 87 页。

17 世纪 60 年代《世界地图》威廉·简茨·布拉奥　编号：A103　尺寸：41 厘米 x 54 厘米
萨克森州立图书馆（国家与大学图书馆藏）

国家艺术博物馆版画陈列室观看《四方夷人图》时发现，此画在版雕工艺与线条表现上与《异域图志》略有不同，《异域图志》更接近晚明福省的建安版画风格；而《四方夷人图》的描绘方式更像是 17 世纪荷兰制图学家笔下"世界地图"中的各国人物形象，例如威廉·简茨·布拉奥的《世界地图》中，身着各国传统民族服饰的人物在地图两侧成对展现，他们是近代早期西方民族志研究的重要表现形式。《四方夷人图》的定制者很有可能是荷兰东印度公司，因为在 48 个亚洲国家中特别交代出贺兰国（即荷兰）。众所周知，17 世纪末正是荷兰向中国开展朝贡和贸易最为兴盛之时，当年荷兰东印度公司曾一度向中国画家定制了反映该国在中国贸易的胜景图像。

　　有意思的是，在德累斯顿的藏品中还有 7 幅萨克森宫廷画师对姑苏《四方夷人图》版画的临摹绘本，每幅都是单张的水彩画，其手法既不像欧洲传统的水彩，也不像中国木版年画，倒有点像中世纪壁画中的人物形象。18世纪初，这批德国画家仿制的异域水彩画曾经在德累斯顿和华沙两地的皇宫中被用来装饰举办重要活动的房间。显然，18世纪初萨克森宫廷所购买的姑苏版画也是其"中国风"研究的一个重要部分，萨克森的王室不仅研究中国风尚的元素，还将其作为艺术创作的蓝本广泛地使用，其本身最终也发展成为"中国风"的欧洲中心。

在奥古斯特一世时期，"中国风"收藏达到了顶峰，作为财富、荣耀与权力象征的中国艺术品，构成了德国启蒙主义时期博物馆的原生细胞。具有百科全书性质的全球性收藏是奥古斯特一世内心状态与个人抱负的真实写照，在他的收藏中，中国陶瓷与绘画仅仅是一部分；在他的艺术珍宝馆中，自然、科技、人种、信仰和艺术都交织在一起，没有形成地域和内容上的严格区分。他的收藏是17—18世纪进步王室与贵族的体现，是微观世界的现实反映，是其个人全球化构想的集中体现。德累斯顿艺术珍宝馆始建于1560年，当时正值神圣罗马帝国各诸侯国收藏正盛的

18世纪初《高度丽国人?》水彩画 编号：Ca 147h/09 尺寸：114厘米 x 62厘米 德累斯顿国家艺术收藏馆版画陈列室藏

时代，其早期收藏侧重于仪器和科学工具，注重实用性。1578年的一份收藏清单显示，珍宝馆共有9586件藏品，其中包括7000多件可以使

用的工具和器械、400多件科学仪器和钟表以及近300种专业的书籍。相反，绘画、雕塑和各种稀有天然材料加工而成的稀世珍品在这里却寥寥无几。16世纪的艺术珍宝馆，对于选帝侯来说就是一个"人类活动"的场所，一个对参观者秘而不宣的侯门作坊，只有选帝侯的批准方能进入参观。

随着时间的推移，这项规定逐渐宽松。17世纪末奥古斯特一世继任后，博物馆出现了重大的转机，国王亲自为艺术馆和陶瓷馆绘制建筑蓝图，虽然最终并没有完全按照他的想法去实施，但易北河畔重要的绿穹隆和茨温格尔宫却从此一直被作为博物馆使用。任何一位公民，只要缴纳一定的"小费"便可进去参观。18世纪初的一位参观者在留言中这样写道："国王向外国的及本地的公民敞开绿穹隆……展示稀世珍宝。所以应当很好地加以区别，不要对所有的人，对每个人一次性地展示太多的东西。"①这段话证实了皇室博物馆在选帝侯弗里德里希·奥古斯特一世的应允下已彻底对外开放。1718年，延续了近200年的德累斯顿"珍宝馆"的概念被彻底撤销。国王下令将艺术品从自然与科技的集合体中分离出来，成为自己独立的展陈领域，德累斯顿绘画馆、工艺馆和陶瓷馆的出现，这说明科学上的专业细化反映到了近代早期博物馆的展示上，也意味着欧洲启蒙主义所带来的思想史上的深刻转折。奥古斯特一世的收藏史对18世纪启蒙时代的其他诸侯国都具有典型的意义，现代欧洲艺术博物馆的诸多特征，如公益性、科学性和教育性，原则上早在他执政时期就已经在欧洲宫廷中形成，并被保留至今；而奥古斯特一世所钟爱的中国陶瓷、版画和漆器等艺术品无形之中也参与到了这场世纪的大变革之中。

---

① 特雷莎·韦廷：《白鹰之光——萨克森—波兰宫廷文物精品集（1670—1763）》，紫禁城出版社2009年版，第212页。

第二章　奥古斯特一世与萨克森宫廷的中国外销瓷

德国学者普遍认为，奥古斯特一世系统收藏中国瓷器的时间应该是在 1715 年前后。其个人收藏的途径较多，有来自佛罗伦萨公国美第奇家族的赠品，有国与国之间的贸易，也有大臣们呈送的礼品；不过大部分瓷器是在萨克森公国的莱比锡（Leipzig）交易市场购买的，瓷器商

1595 年　弗朗西斯科·美第奇赠送萨克森公国的瓷器清单　德累斯顿国家艺术收藏馆陶瓷部供图

1721—1727 年　弗里德里希·奥古斯特一世的收藏清单　第一卷　封面　德累斯顿国家艺术收藏馆陶瓷部藏　作者摄 2010 年

1779 年　弗里德里希·奥古斯特二世重新编撰的收藏清单　德累斯顿国家艺术收藏馆陶瓷部藏　作者摄 2013 年

贩从荷兰购得中国瓷器再转手卖给奥古斯特一世。当时最为著名的瓷器经营商当属伊丽莎白·巴斯塔切夫人（Madame Elisabeth Bassetouche），茨温格尔宫中的瓷器走廊有很多装饰的花瓶组合都是由她代买的，后来她曾一度成为国王身边的瓷器顾问而居住在德累斯顿。另外的两位经营东方瓷器的商人也都记载在王宫的档案上，他们分是兰德斯伯格（Landsberger）和凯勒（Kell）。

奥古斯特一世收藏的中国瓷器种类繁多，风格迥异，工艺繁缛。在釉彩上，既有晶莹清澈、意蕴沁人的青釉瓷器，也有行云流水、蓝光彩霞般的颜色釉彩瓷，还有冰晶素雅、凝脂似玉的白瓷；更有当时盛行欧亚的青花瓷和克拉克瓷以及紫砂器等，这些藏品洗尽铅华、淡雅脱俗，乃是清代初期中国外销瓷器中的精品。

在德累斯顿国家艺术收藏馆陶瓷部，一份制定于 1721—1727 年的瓷器收藏清单也成为巴洛克晚期的稀世珍宝，它的制定者正是奥古斯特一世本人，而这份清单也是研究中国古代外销陶瓷史不可多得的文献资料。藏品清单（Inventory 1721 年）采用旧制的德语撰写，共有两卷，第一卷是奥古斯特一世命弗莱明伯爵（Count Fleming）收集制定的，这份清单包含了 1727 年日本宫（Japanisch Palais）展示的所有东方瓷器以及那一年奥古斯特一世的新进收藏；第一卷至今仍然完整地保留在茨温格尔宫博物馆。1727 年之后收藏的瓷器在第二卷即续卷中，第二次世界大战德累斯顿遭到大轰炸（Dresden Bomben）时该卷遗失。

不过弥足珍贵的收藏清单第一卷仍向我们表明，奥古斯特一世共收藏东亚瓷器 24601 件，其中日本瓷器 6881 件，中国瓷器 17720 件；现存中国瓷器约为 8000 件，日本瓷器约 2000 件。这些瓷器被分为六大门类进行编号，每一类瓷器用一种特殊符号予以区分，最后，清单上的详细编号被书写或镌刻于瓷器底部，与文本一一对应。以下是各类别瓷器的代号和具体数目：

第一类符号"+"表示日本瓷器 Japanisch Porzellan (6881 件)[1]

第二类符号"□"表示"克拉克"瓷器 Krack Porzellan(1041 件)

第三类符号"△"表示"中国白色瓷器"Weiß Chinesisch Porzellan（1898 件)

第四类符号"I"表示"中国绿色瓷器"Grün Chinesisch Porzellan（2891 件)

第五类符号"↗"表示"中国红色瓷器"Roth Chinesisch Porzellan（1549 件)

第六类符号"~~~~~"表示"东印度青花瓷"Blau und Weiß

---

① 日本瓷器（Japanisch Porzellan）中大部分日本伊万里（Imari）风格的瓷器都被收录于第一卷第二章中，题头书写德语序言："Dieses Porzellain istdurchgehends mit dem signo + bezeichenet worden, damit man es bey Ansichtals bald von dem chinesischen und anderen so auch gewisse signa haben,distinguiren kone"。

Ostindianisch（10341 件）

共计：24601 件 ① （收藏清单详见本书附录一、二）

以上门类的划分大多是根据当时欧洲人对东方瓷器的了解程度撰写的，所以差错在所难免。如：中国五彩瓷器（Polychrome）与日本伊万里风格（Imari）的瓷器经常被混搭于一个目录下；日本有田窑（Arita）生产的柿右卫门风格（Kakiemon）瓷却被收录于第二个章节的"克拉克"瓷中（Krack Porzellan），这与现代学者所研究的明代中国生产的克拉克瓷器（Kraak Porzellan）并无任何关系；② 奥古斯特一世也有不少中国明代生产的克拉克瓷器藏品，但却主要收录于第六类东印度青花瓷（Blau und Weiß Ostindianisch）中③；至于中国白瓷，奥古斯特一世甚至把德化窑白瓷观音放在了第一卷第二章的日本瓷器中 ④。

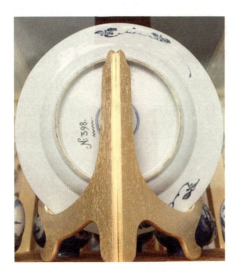

符号"N:398~~~~~"表明这个瓷盘是第六类"东印度"青花瓷类的第 398 件藏品
作者摄 2010 年

不过，这些失误并不影响后人对于瓷器的断代、归类与研究。因为，收藏清单有着明确的入库时间记载，而且还根据瓷器

---

① 数据来源：2014 年 12 月 2 日，德累斯顿茨温格尔宫 Sonja Simonis 和 Karolin Rand-hahn 两位博士的报告《18 世纪的清单——基于现有的研究成果》（The 18TH century invento-ries—current research state）。

② 德累斯顿茨温格尔宫的瓷器部主任 Ulrich Pietsch 和荷兰莱顿大学的 Christof Jörg 教授认为这是一种巧合，这里的 Krack 与 Kraak 所指的并非同一种瓷器，造成这种失误的原因很可能是当时编纂清单的人对于克拉克瓷器一无所知。

③ 有关于东印度青花瓷器的问题，我将在本书第二章第一节中探讨。

④ 有关于德化窑的观音瓷塑与日本的关系，我将在本书第二章第二节中探讨。

的造型和功能的不同分成几个小章节，如标注有"汤勺、盘、碗""瓶子和罐子""水缸和盆"等章节，这些小章节中的瓷器并无连续的编号，但是每个章节都以 N=1 作为开始。当然，并不是所有标注有旧奥古斯特一世瓷器符号的都能在清单中找到，因为馆藏的很多瓷器是在 1727 年之后购买的，1727 年之后的续卷已丢失。

奥古斯特一世是一个细心的收藏家，他的收藏清单中还有一类符号"‖"专门用于标注已经损坏或丢失的瓷器。例如："1725 年 6 月 25 日，4 个青花杯子和 2 个青花盘由于保管不慎摔坏了。同年 7 月 9 日，中国白的一只狗和大象丢失了"，"1723 年，1 件大青花瓶的口部敲坏了"，等等，这些收藏中的细枝末节都被奥古斯特详细地记录下来。

1876 年，萨克森公国新王储约翰·尼坡姆克（Johann Nepomuk Maria）将奥古斯特一世大部分的瓷器收藏转移至德累斯顿的古画廊二楼（Johanneum）展出 ①，并在瓷器的底部描绘了 Johanneum 的款识。第二次世界大战德累斯顿大轰炸之前，苏联红军将所有的瓷器转移至圣彼得堡；1958 年，苏联归还大部分瓷器；1962 年，茨温格尔宫瓷器博物馆成立，并对馆藏的所有瓷器进行了重新标号和归类，新的馆藏目录均以 P.O. 开头，所以现在奥古斯特一世收藏的瓷器底部都有两个或三个收藏的编号。

奇怪的是，到目前为止茨温格尔宫的所有研究人员都无法解释，在当时所有中国和日本的瓷器都被转移到"日本宫"的地下室封存的情况下，为什么奥古斯特一世在 1779 年又重新制定了一份收藏清单。1779 年的新收藏清单共由 5 份卷宗组成，基本上复制了 1721—1727 年的旧收藏清单，却缺少了藏品的尺寸；不过这份新清单补充记录了 1727 年后奥古斯特一世的藏品储存位置的变化。以下是 1779 年各类别瓷器的

---

① 约翰新宫（Johanneum）位于德累斯顿新市场（Neu-Market），现为德累斯顿交通运输博物馆（Vehkehr Museum）。

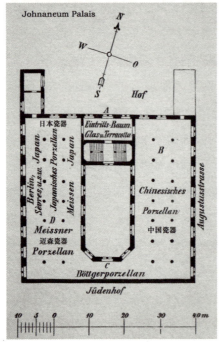

1876—1945 年　德累斯顿古画廊（Johna-
neum Palais）瓷器博物馆及平面图
德累斯顿艺术图书馆供图

代号和具体数目：

第一类符号"＋"表示日本瓷器 Japanisch Porzellan（7978件）

第二类符号"□"表示"克拉克"瓷器 Krack Porzellan（1153件）

第三类符号"△"表示"中国白色瓷器"Weiß Chinesisch Porzellan（1742 件）

第四类符号"I"表示"中国绿色瓷器"Grün Chinesisch Porzellan（4392 件）

第五类符号"↗"表示"中国红色瓷器"Roth Chinesisch Porzellan（1742 件）

第六类符号"~~~~"表示"东印度青花瓷"Blau und Weiß Ostindianisch（11851 件）

共计：28858 件 ①

1727 年，奥古斯特一世将大部分的瓷器收藏移至易北河

---

① 笔者在德累斯顿开展课题研究期间，德国学者索亚·西蒙斯 Sonja Simonis 和卡罗琳·兰德哈恩 Karolin Randhahn 正在解读和编译弗里德里希·奥古斯特一世及二世的收藏清单。由于收藏目录采用了旧式德语进行记载，所以给编译带来了一定的困难。随着 1721 年、1723 年和 1779 年收藏清单的校译完毕，为本书的撰写提供了更为准确的文献佐证，也为研究 17—18 世纪中国与欧洲的瓷器贸易和文化交流提供了更多珍贵的实证资料。

东岸的日本宫，用于装饰富丽堂皇的巴洛克瓷器室。1733年，就在日本宫行将投入使用之际，奥古斯特一世与世长辞。尽管他的接班人弗里德里希·奥古斯特二世继续完成了日本宫的建设，但是他的辞世，却意味着如痴如醉的东方瓷器梦的终结。此后，中国和日本的瓷器被转移到宫殿的地下室封存；直到1876年，这批瓷器才得以重见天日，在德累斯顿约翰新宫（Johanneum）展出。

1836年，德累斯顿市政厅曾计划扩充日本宫的瓷器收藏，力主把市民捐赠各个时期的瓷器精品集合起来，建设成"东方瓷器艺术博物馆"并向全体市民开放。后来因为经费原因，这个计划并未付诸实施。然而，这个计划却带动了德累斯顿的第一次瓷器研究热潮，一位名叫古斯塔·克拉姆（1802—1867）的学者展开了对奥古斯特一世收藏的瓷器标识的描述和研究，并于1864年发表了一篇名为《陶器与釉面瓷器的收

德累斯顿约翰新宫的中国瓷器厅　1929年摄　德累斯顿艺术图书馆供图

藏》的文章，古斯塔·克拉姆的继承人西耶得·格拉西斯也对该馆的欧洲瓷器和东方瓷器标识展开了研究，他们两个人的研究成果原件至今仍保存于德累斯顿茨温格尔宫档案馆。

1900 年，随着欧洲日本艺术热的兴起，约翰新宫瓷器博物馆的日本瓷器收藏得以充实。在艺术史学家瓦尔德玛·范·赛迪里茨（1850—1922）的倡导下，德国当地的收藏家纷纷向约翰新宫瓷器博物馆捐赠日本当代瓷器。① 与之同时，时任茨温格尔宫博物馆馆长的恩斯特·兹摩尔玛门（1866—1940）也向德国著名的"奥斯卡"家族购买了一大批中国瓷器。② 这些瓷器分两批于 1926 年和 1927 年购入，瓷器年代从西汉至明代中期，这两批瓷器和奥古斯特一世的原始收藏共同构成了德累斯顿国家艺术收藏馆的中国陶瓷收藏。③

随着茨温格尔宫瓷器博物馆的不断完善，馆长恩斯特·兹摩尔玛门于 1910 年展开了对馆藏东方瓷器的系统研究，其个人专著《艺术与科技——中国瓷器研究》于 1913 年出版，成为德国第一部研究东方瓷器

---

① 20 世纪初期，茨温格尔宫的恩斯特·兹摩尔玛门馆长受奥古斯特·法兰克的影响也开始关注日本古代瓷器。1916 年，他发表了一篇名为《德累斯顿茨温格尔宫的日本陶瓷》的文章，对奥古斯特一世收藏的日本瓷器进行了归类和比较，并展开对 17—18 世纪日本柿卫右门瓷（kakiemon）和伊万里瓷 (Imari) 的风格研究。文章中，兹摩尔玛门馆长通过各种文献证明了迈森瓷器不仅受到中国瓷器的影响，在装饰工艺上也受到日本伊万里瓷 (Imari) 的影响；然而由于文章的发表正值第一次世界大战时期，日本作为协约国之一是德国的主要敌人，所以他的观点在当时并不被重视。在之后的半个世纪中，随着欧洲包豪斯时代的到来，日本瓷器的研究再次步入低谷。直到 20 世纪 80 年代，时任茨温格尔宫博物馆东方部主任的弗里德里希·理查尔才重拾日本瓷器的研究，并将馆藏的日本瓷器精品集结成册出版了《日本瓷器索录——茨温格尔宫藏江户时期的日本瓷器》。

② 奥斯卡·吕克·埃姆登（OScar Ruecker Emden），这位藏家曾于 1922 年出版《中国早期瓷器》，其中就包括那件著名的汝窑笔洗。

③ 茨温格尔宫瓷器博物馆对强者奥古斯都的瓷器进行了重新编号，其编号开头为 P. O. 由于博物馆的正常维系和藏品购买需要大量的经费，所以在 20 世纪 10 年代，茨温格尔宫瓷器博物馆整理出一批奥古斯特一世的原始收藏，大多是一些重复的瓷器摆设，用于与其他博物馆进行交换，这就是为什么德国的柏林民族学博物馆、杜塞尔多夫赫琴斯博物馆以及法兰克福工业艺术博物馆也有奥古斯特一世的瓷器收藏。

艺术的专著。恩斯特·兹摩尔玛门馆长的专著是建立在英国学者的研究基础上，特别是受到了英国大英博物馆馆长 R.L. 霍伯逊（1872—1941）的学术专著《东方瓷器艺术》的影响，使其对中国瓷器艺术萌发了研究激情。恩斯特的个人专著出版后，激励和鼓舞了一大批中国瓷器爱好者，使得当时的德国又刮起了一股收藏中国古代瓷器的热潮。

德累斯顿约翰新宫的日本瓷器厅
1929 年摄　德累斯顿艺术图书馆供图

第一节　青花瓷

独树一帜的青花瓷是奥古斯特一世收藏中的一个亮点，其数量和品质在今天看来，无疑是令人瞠目结舌的。1721—1727 年的收藏清单表明，奥古斯特一共有青花瓷器 10341 件，当然有部分的日本青花瓷也收入到青花瓷的名录中，但为数不多。欧洲学者普遍认为，这是当时编写目录的大臣们对于中国和日本制造的青花瓷不甚了解，故取名"东印度青花瓷"，表明这些瓷器都是萨克森宫廷向荷兰东印度公司购买的。

近年来，随着瓷器收藏热的兴起，中国学者对于康熙青花瓷都有了新的认识，但国内各大博物馆的藏品却很难还原或再现清代初期民窑外销的盛况。奥古斯特一世收藏的康熙青花瓷，数量大，品类多，且大多

德累斯顿茨温格尔宫东瓷器长廊　作者摄 2010 年

胎釉精细，发色鲜丽明爽，造型多样，豪放、工致兼有，纹饰优美大方，许多藏品在欧洲其他皇宫和博物馆的收藏中都尚未发现。这批清初中国外销瓷的存世，无疑证实了在康熙年间中国的青花瓷器烧制达到了另一个巅峰期，这也是继明代永、宣青花之后，中国青花瓷器的又一个黄金时代。① 从题材和工艺上看，奥古斯特一世收藏的康熙青花瓷虽是民窑烧制，但制作规范，质量上乘，丝毫无任何的笨拙感；中小型的器物则极富创造性，变化多端，几乎涵盖了盘、碗、碟、杯、盒、瓶、樽、壶、罐、炉、钵缸、香熏、笔筒和文具等瓷器品类。此外，还有部分莲子罐、瓜罐、冰梅罐、竹节盖罐等，罐身多绘翠竹纹、刀马人物、御沟拾叶、麒麟云凤、松鼠葡萄、松鹿玉兔、缠枝牡丹、四季花、冰梅、四君子等，用笔和发色上颇似明代崇祯时期和清代顺治时期的产

---

① 清代《饮流斋说瓷》谓："硬彩，青花均以康窑为极轨"。清康熙《在园杂志》记载："至国朝御窑一出，超越前代，其款式规模，造作精巧。"

品，但数量不多。

1. 青花釉里红大盖罐

1717 年，普鲁士摄政王威廉一世（1688—1740）从荷兰东印度公司重金购买了一批体量硕大的中国青花瓷，分别陈设于柏林近郊的奥拉宁堡宫（Oranienburg）和夏洛腾堡宫（Charlottenburg），并邀请普鲁士的王公大臣和贵族前往参观。威廉一世购买瓷器的消息不胫而走，奥古斯特一世对于这些瓷器更是垂涎三尺。为了获得这批价值连城的中国瓷器，他甚至作出了一个疯狂的决定：以波兰王国·萨克森部队的一个兵团（约 600 名龙骑兵），换取普鲁士摄政王的 151 件大型康熙青花瓷，这恐怕是古代世界外销瓷贸易史上最为昂贵和不可思议的一次交易。后来，这批中国青花瓷也被欧洲史学家称为"近卫花瓷"或"龙骑兵瓷"。①

清代　康熙青花釉里红葫芦型盖罐、将军罐和花觚组合　编号：P.O.2093、2092、2004、1121、2091/2090、9034、2014、9036、1094、1053　德累斯顿国家艺术收藏馆陶瓷部藏　作者摄 2010 年

---

① 1721 年的清单，第四章，蓝白瓷器（青花瓷），详细记载了这次交易的项目。

德累斯顿茨温格尔宫中的青花釉里红大罐
1902 年摄　德累斯顿国家艺术收藏馆陶瓷
部供图

奥古斯特一世对于青花瓷器的狂热追求，以至于他的宫廷科学家兼经济师茨恩豪斯也将这批瓷器称为"萨克森王国的血罐"。①

现如今"近卫花瓷"仍部分陈设于茨温格尔宫国立瓷器博物馆的东侧，馆藏编号分别为 Inv Nrn P.O.2093、2092、2004、1121、2091/2090、9034、2014、9036、1094、1053 共 计 10 件，其中 8 件为葫芦形大盖罐，1 件为大将军罐，1 件是大花觚。葫芦形大盖罐最高为 115 厘米，大花觚高 61 厘米，将军罐高 56 厘米。中国传统的将军罐，始见于明代嘉靖年间，清代初期延续其式样，高矮大小不等；官民窑均有，但民窑所占数量多，康熙早期口大罐高，晚期口小罐矮。将军罐历来都备受国内收藏界的重视，其原因是复杂的制作工艺，器形较大，烧造技艺极高，这也使得青花将军罐成为瓷器界的翘楚之作。然而，如此庞大而完整的康熙将军罐、葫芦罐和花觚组合在中国乃至故宫博物院都尚未发现。

更令人惊讶的是，这批硕大的将军罐、花觚和葫芦罐，在彩绘装饰

---

① MeiBen Rirdie Zaren: *Porzellan als Mittel sichsisch- russischer Politik im 18.Jahrhundert Hrsg.* v. Ulrich Pietsch. Ausst-Kat Porzellmsammhmg, Smathche Kunstsammlungen Dresden. Mtmchen 2004.

乌里希·彼驰编：《迈森为沙皇服务：18 世纪作为萨克森—俄罗斯政治手段的瓷器》，德累斯顿国家艺术收藏馆瓷器收藏馆展览图录，慕尼黑 2004 年。

上还使用了当时罕见的青花釉里红烧制工艺。青花釉里红，俗称"青花加紫"，是一种在以钴为着色剂的青花彩绘基础上，加饰以铜为发色剂的釉里红纹饰的手法，该烧制技艺始创于元代，明代少量出现，康熙时期得以恢复，但主要使用于官窑瓷器上。① 青花釉里红瓷器的烧制难度较高，尤其是对于体型较大的青花瓷器更是难上加难。那么在当时，景德镇的民窑是否有能力烧造大型的青花瓷器？为什么要烧造如此巨大的陈设器？是否有官窑器的可能性？抑或是荷兰定制的"洋器"？

这批将军罐体型高挑，构造也极为特殊，头顶宝珠军盔帽，罐身分为上下两截，瘦肩，敛腰，丰腹，平面砂底，这与同一时期的中国内销将军罐体型有所不同，应是外销订单的特殊器型。在装饰图样上也颇为独特，画工将缠枝牡丹花画成蝴蝶形，蝴蝶形花瓣上又画两簇类似芭蕉的纹饰，芭蕉纹的顶端又画出分叉的两条枝叶，形如两个犄角，分布于两端。这种牡丹花绘画法，仅康熙朝独有，是断代的一个重要依据。此外，这批将军罐胎体洁白坚硬，釉面有如"糯米糕"，少有杂质，注重修胎。部分罐子的足端都有经过打磨，胎底圈足光滑呈泥鳅背状，但没有后期雍正青花的滚圆，少见火石红，器内外壁及底足釉色基本一致。

根据法国传教士杜赫德 Jean-Baptiste Du Halde 在《中华帝国全志（*Description de la Chine*）》中的记载②，清代景德镇"魏氏家族"的龙窑

---

① 釉里红，是指用铜的氧化物（铜花）为着色剂配制的彩料，在坯体上（或先施以青白釉的坯胎土）描绘纹样，再盖一层青白釉，然后装匣入窑，经1250℃—1280℃的强还原焰气氛，使高价铜还原成低价铜，呈现娇妍而沉着的红色花纹。

② 杜赫德（Jean-Baptiste Du Halde，1674—1743年）是法国神父，著名汉学家。1674年2月1日生于巴黎，1692年9月8日进耶稣会，1708年，他在巴黎书院任教。随即被选为郭弼恩的继承人，郭氏是收集整理各国有关耶稣会士们信件的负责人，是皇帝的忏悔神甫勒特利（P. Le Tellier）的秘书。"杜赫德"是他的中文名字。虽然他终身未曾到过中国，但却出版了非常翔实的介绍中国历史、文化、风土人情的著作，1735年出版《中华帝国全志（*Description de la Chine*）》，全名为《中华帝国及其所属鞑靼地区的地理、历史、编年纪、政治和博物》，被誉为"法国汉学三大奠基作之一"，该书轰动了欧洲，几年之内便出版了3次法文版、2次英文版。

为 120 米长，坡度高 16 米，纵宽 4 米，尾部的烟囱高为 6 米。如果记载可靠，那么当时景德镇是有能力烧造大型的青花釉里红盖罐的。故宫博物院的孙悦研究员则提出，如此巨大的器型，是否有使用明代晚期发明的龙缸窑烧制的可能性。[①] 因为瓷胚在装入匣钵之后，其高度可能达到 130 厘米，宽度为 60 厘米，传统的龙窑门洞是搬不进去的。为此我丈量了德化现存的一座清代晚期的龙窑，其总长度为 75 米，宽度为 2.8 米；窑门宽 60 厘米，高 170 厘米，勉强可以搬进去。所以我们推断这里存在两种可能性，一种是放在巨型龙窑的中段焙烧，窑门高，且温度合适，属于专门定制的外销瓷器；另一种是采用类似于明代龙缸窑的蛋形窑烧制，其窑门高且宽，便于装烧。龙缸窑的烧制工艺比较特殊，烧时先要溜火 7 个昼夜。溜火时火力缓小，起初缓缓起火，随着水气的渐干渐热，再以紧火烧二昼夜，待缸匣红而复白，前后明亮时，方可止火，封门冷却后开窑。那么，这批巨型的康熙青花釉里红瓷器是否有官窑烧造的可能性呢？

美国学者甘雪莉（Shirley Ganse）在《中国外销瓷》一书中指出，过去认为大多数欧洲藏中国外销瓷只在民间窑场制作的看法并不正确，在明、清两代，尽管景德镇是官窑所在，专为宫廷服务，但它在生产宫廷瓷器之余，也生产出口瓷器，这也是许多外销瓷品质优越的原因。

据清代蓝浦《景德镇陶录》卷二"国朝御窑厂恭纪"载，清代御窑厂建立于顺治十一年（1654 年），由朝廷委派饶州府几名守道"督造龙缸，栏板"，均不成功，至顺治十七年（1660 年）由巡抚张朝璘疏请停止。[②] 康熙十三年（1674 年），因吴三桂等煽起三藩之乱，致使窑事受到严重破坏；康熙十九年（1680 年）景德镇才

---

① 明初时期共有龙缸大窑 32 座，后因青窑数量少，龙缸窑空闲，就将其中 16 座改为青窑。

② 康熙十年（1671 年），康熙帝玄烨曾为其父顺治帝陵墓定烧制了一部分祭器，除此之外，官方文献中并无其他重要烧造的记录。

正式恢复御器厂，由皇帝亲自选派督陶官，有的驻镇，有的遥领，督造宫廷御用器物。光绪《江西通志》陶政卷载：是次由工部虞衡司郎中臧应选等驻厂督烧的"大造"，由康熙二十年始（1681年）直至二十七年止（1688年），烧制出开国以来最大批最精美的御用瓷，即所谓的"臧窑器"。① 康熙朝另一位著名的督陶官是于康熙四十四年（1705年）至五十一年间（1712年）在任的江西巡抚郎廷极，他监制的官窑器即所谓的"郎窑器"。景德镇御窑厂的复兴，使得康熙朝的制瓷业得到迅速发展，在规模和工艺技术上都有了很多创造和革新。

然而，在瓷务监管方面，康熙御窑厂却有着16年的空白期，即从1689—1705年，清宫造办处没有任何的文献记载和监管奏折，而从故宫博物院现藏康熙时期的官窑瓷器分析，其数量多达8万件，因此在这16年的时间是不可能停烧的。也就是说，这个时期的御窑厂很可能是"官搭民烧"，即官窑瓷、民窑瓷和外销瓷都在一个窑厂里面烧制。在这段时间里，康熙的官窑瓷器甚至也作为外销瓷，输出中国，进入欧洲宫廷。奥古斯特一世的收藏中就有不少康熙时期的官窑瓷器，从馆藏清单上看都是1709—1721年购买的，很可能是景德镇御窑厂在监管松懈期所出现的官窑瓷器外销的现象。换一个角度看，"官搭民烧"也就意味着，从事官窑瓷器生产的陶工很可能也参与了外销瓷器的生产，这就是为何康熙中后期的中国外销瓷在形制、工艺与发色上都达到了中国古代制瓷史的巅峰。

2. 青花大缸

18世纪初的德累斯顿茨温格尔宫有一道独特的风景，那就是花园里数十株植根于中国青花大缸内的荷兰橘子树，这曾是奥古斯特一世引

---

① 《景德镇陶录》载："康熙年臧窑，厂器也，为督理官臧应选所造，土埴腻，质莹薄，诸色兼备。"

以为豪的收藏和装饰；当年茨温格尔宫的盛装舞会都曾将橘子树装点于茨温格尔皇宫的周围，随着时间的流逝，橘子树早已不见踪影，然而数十个青花大缸却成为奥古斯特大帝留给后人的宝贵遗产。

当年的青花大缸如今仍有40个存放于茨温格尔宫，2个展示于德累斯顿近郊的迈森瓷器厂博物馆。有趣的是，奥古斯特一世并不在意青花大缸原本在中国的用途，而是让铁匠在每个大缸的底部凿出一个直径约1.5厘米的小洞，其目的是让橘子树排放土壤中过多的水分。在今天看来，国王的做法似乎委屈了这批青花瓷缸，因为他们再也无法盛水了，不过历史终究是历史，它的存在无疑反映出中西方审美文化上的某种差异。

然而正是奥古斯特一世命人凿出的这些小洞，才让我们看到了这批青花大缸的胎骨，其土质纯净，胎体细致缜密，胎足似糯米糕。同一时期国内收藏的青花大缸见于香港冯平山博物馆和故宫博物院，胎体表面见有橘皮纹和棕眼，釉色白中泛青，口沿及足部釉面多见有窑烧的毛边或炸釉。而奥古斯特二世收藏的青花大缸则釉白光亮，胎釉结合紧密，较少有旋胚痕迹，应是康熙时期外销青花大缸的力作。

在绘画题材上，主要有鱼藻类纹样、历史人物故事、香花灯果和山水画四大类。

青花鱼藻纹大缸，是奥古斯特一世最为喜欢的瓷器类型，他曾把一对鱼藻纹大缸放置于自己卧室的床榻旁。

"鱼藻"二字，最早见于《诗经·雅·小雅·鱼藻之什》："鱼在在藻，有颁其首。王在在镐，岂乐饮酒。鱼在在藻，有莘其尾。王在在镐，饮酒乐岂。鱼在在藻，依于其蒲。""鱼在在藻"其原意为"鱼何在，在乎藻"，这是古人问答为之，自问自答的形式。"鱼在在藻，依于其蒲"描述的是欢快鱼群在水藻中摇头摆尾的情景，它构成了一组极具情节性和生活情趣的鱼藻情趣图。"鱼"和"王"，"藻"和"镐"在意象上又互为对应，古人歌咏鱼在水中得其所乐，实则借喻天下百姓安居乐业的和谐气氛。

工匠以青花勾勒水中游鱼，鱼群或单或双，或嬉戏追逐。正面鲫鱼两两相对，若有所言。侧面绘菱形的鳊鱼、圆长的鲭鱼，巨头鲢鱼，造型奇特，追逐游动于浮萍、水草和莲花之间。画面最为突出的是鳜鱼，尖嘴、刺鳍、扇尾、花斑鳞，工匠对头部进行夸张的处理，下颚上昂，上下唇有刺状齿，眼珠下视，似乎在捕捉某种猎物，可谓细腻传神。鱼缸以青花"五色"为饰，足下绘变形的卷草纹，周围衬以虾、蟹等纹，画面自然逼真，写生效果颇佳。更让人拍案叫绝的是，工匠在整个图案设计中无一笔水波纹，仅在大缸的颈部手绘抽象的波浪纹，就让观者恍惚置身水底万千世界，快活自在。奥古斯特一世收藏的数十个鱼藻纹大缸兼具以下特点：

（1）构图块面均衡，参酌对称

这一时期的"鱼藻图"一般把四条鱼（也有五条的，其中有两条前后层叠）分为两组，两条鱼相对而游为一组。从一个角度可观赏到一组图画。两组四条鱼

清代　康熙《青花鱼藻纹大缸》编号：P.O.973
直径 44 厘米 高度 50.2 厘米　德累斯顿国
家艺术收藏馆陶瓷部藏　作者摄 2010 年

都不同，有鳜、鲫、鲭、鳊等。游鱼均处在罐的最大腹径部位，大多数为水平游姿，或稍向上、向下游动，也有摇尾回首，顾盼呼应的，都保持横向姿态。配景绘莲花、莲叶、莲房、水草、浮萍等，景物均衡分布，相互之间不重叠、不掩蔽覆盖。如莲花叶的茎呈向上趋势，飘带状水草自下向上再左右飘散，顺势整齐有序排列，曲线形对生短须状的水草则全由曲线绘成不涂抹成色块，在飘带状水草间穿插迂回，然后以大小浮萍填补空间。但也有少数画面的鱼尾与水草有掩映的层次，这种绘画性的写实手法增添了穿梭嬉戏的情趣。英国汉普顿宫也收藏有 12 个康熙"鱼藻图"大缸，其装饰风格与奥古斯特一世收藏的极为相似，应为同一时期或同一批次的外销产品。

（2）形象准确写实，自然生动

"鱼藻图"大缸描绘的鳜、鲫、鳊等多种鱼，都有鲜明的特征。如鳊之头小、体形扁平近似菱形，鲭之体形圆长，鲢之巨型头，之下颚上翘。特别是鳜鱼，巨口、尖嘴、刺鳍、扇尾、花斑鳞，头部占身长三分之一，背鳍尖刺第二根最长，以下依次渐短，上下唇有刺状齿；睛点在眼球的下端，似乎在观察情况，显得很传神。这些准确、细腻、生动的画法，非细致观察写生，难以描绘出来。鱼藻大缸上的莲花、莲叶也不同于一般"莲池鸳鸯纹"的图案，盛开的花形，翻卷的叶盖都显自然之姿。

"鱼藻图"都没有描绘水，但游鱼、花草都有在水波中游动飘荡之感。迈森瓷器博物馆收藏的一件康熙鱼藻大缸，鳜鱼稍向上仰起，口张开，前双鳍前划后摆，有争上游之意；眼珠向左上方转，正欲呼应前方同伴。左边的鱼从水草中翻身转向，朝右而游，前双鳍左右张开迎上前来，圆睛俯视右下方鳜鱼。德国柏林夏洛特堡宫藏有 4 个鱼藻大缸，所绘图案与之相似，双鱼一高一低，一动一静。静者寂然不动，动者跳波戏藻，表现了群鱼不知水面风波的乐趣。

（3）用笔细腻精致、灵活多变

清代　康熙《青花鱼藻纹大缸》　编号：P.O.966　直径 45 厘米　高度 52 厘米
迈森陶瓷博物馆藏　作者摄 2011 年

　　康熙时期的青花彩绘，一般运笔匀速平稳，不疾不徐。但"鱼藻图"
用笔特点是从装饰性的大处着眼，在绘画性的细处落笔，既有纹样式的
匀速平稳，又有图画式的提按转侧。两者结合趋于一致，游丝牵线，细
腻绵密。有的鳜鱼是用铁线勾勒形象的轮廓，用笔细劲，线条圆浑。如
画背鳍的尖刺，用稍有弧度的直线表现刚劲尖锐，近尾部的上下鳍，窄
窄的面上纹理线条有九条之多，平行排列，清晰可数。鱼背料色浓郁，
逐渐向腹部变淡，腹下留白，再画大块花斑，最后密密的小碎点画小花
斑，用藏锋直下，小点色深而圆。尾部纹理线上排列的花斑小点用偏锋
斜点而成。"鱼藻图"中鳊鱼的细鳞片，用很细微的提按画出似新月状
的小弧线，这种用笔变化与鳞片的弧度相协调。配景的用笔特征也一
样细腻而生动，曲线形的生细丝的水草，主茎波浪形，波段由大渐小，
有装饰节奏；细丝随波变化而疏密也变化，表现了水中柔软飘浮的自然
境况。

（4）料色块面清晰，浓淡有变

从整体上看，"鱼藻图"上的各种形态都是由青花色块表现出来的，细看又有用笔产生的料色变化。具体表现在两个方面：第一，洗染料色。洗染的形象有鱼、花、叶、莲房等。如鱼的形态通过洗染表现出圆浑的立体感，虽然描绘得具体细腻，但在整体上仍视为一个浓淡有变的色块。一朵莲花是一个轮廓清晰的色块，富有装饰性；每个花瓣边缘留白再洗染浓淡，绘画性的手法表现了花的自然美感。莲叶也同样兼有上述装饰性与绘画性特色，虽然色块面积大，但翻卷部分和叶茎留白染淡色分割了大色块，化解了闷塞感。第二，涂抹色块。饱含料色铺毫平抹于轮廓内的时候，运笔自然不拘谨，又没有太多笔触重叠的痕迹。如上页图的圆形的浮萍，涂抹的料色明朗，块面色调清晰，而两笔小部分的重叠笔痕料色稍浓些，正好表现了浮萍表面微微下凹的色彩变化。长飘带状的水草是一笔涂抹而成，大都不重笔，条状的块面清晰，色调清澄。

值得一提的是，清代初期的花卉鱼藻图案是欧洲其他国家贵族喜爱的图案的主题之一。在法国，有一位贵族和奥古斯特一世一样酷爱中国图样，她的名字叫蓬皮杜夫人，在法国历史上她被称为"绝世佳人"。蓬皮杜夫人对于从遥远东方来的中国瓷器也表现出浓厚的兴趣。

路易十五就在景德镇订购这些被称为"蓬皮杜装饰"图案的瓷器。例如，在瓷罐的盖和上部描绘了五彩鲜艳而夺目的大花，下部的法国式的花卉图案中还有金鱼的图案。这种具有民间风格的"蓬皮杜装饰"的图案，手法写实，生动活泼，是法国宫廷艺术家根据蓬皮杜夫人的要求而设计的，它反映了这位出身于平民家庭的夫人的质朴和活泼的性格。

史料记载，1691年，英国商人开始向中国订购金鱼。中国美丽的金鱼，名目繁多，形态各异，有数百种之多。1684年康熙开海之后，福州作为闽海关的重要口岸就曾大量出口金鱼。清乾隆福州知府应该想象，在为时将近一年的航程中，在商船上饲养这些娇生惯养的金鱼，该是一件多么不容易的事！蓬皮杜夫人对中国金鱼的喜爱，达到了难以置信的地步。凡是有金鱼图案的中国瓷器，她都购买下来。她竟要求在庄严的王室纹章上也画上金鱼的图案，在这一点上，路易十五没有答应这位任性的情人的无理要求。

综观奥古斯特一世收藏的康熙青花瓷器的造型，除继承过去传统的各种日用、陈设、仿古等器形外，在符合洋人的生活需要上又增添了不少式样，如适合欧洲习惯的多穆壶、奶碗、合碗、果盒、攒盘、饽饽凳等，以及富有康熙时代特点的马蹄尊（有高

清代 康熙《青花狩猎纹大罐》 编号：P.O.1006 高度 102.5厘米 德累斯顿国家艺术收藏馆陶瓷部供图

矮之分）、太白尊、观音尊、象腿尊、凤尾尊、如意尊、橄榄尊、荸荠尊、棒槌瓶、海棠瓶、胆式瓶、塔式瓶等，但是国内盛产和流行的转心瓶、转颈瓶和方瓶却很少发现，也许欧洲人并不觉得它们具有很强的东方特色。

在青花装饰上，其绘画题材可谓包罗万象，无奇不有；图案布局巧妙合理，与造型有机地结合在一起。尤其是奥古斯特一世的"近卫花瓷"在纹饰方面，具有特殊的美感和鲜明的时代性，能够与现实生活紧密相连，反映当时思想与生活习俗的图案大量出现，绘瓷匠人的水平绝不低于官窑画师，突破了历代官窑图案规格化的束缚，自由地发挥了民间大众化特点的艺术风格。

从成型技巧角度看，茨温格尔宫收藏的康熙青花瓷的确达到了盛况

空前的地步。从诸多装饰有繁复纹样的大花瓶上，我们可以感受到，康熙时期的工匠为了满足欧洲人的欲望与需求，可谓竭尽制作之能事，无论大器小器均不惜工本精益求精。就拿奥古斯特一世收藏的棒槌瓶分析，器型不仅有小到二寸、三寸之瓶，也有大到五六尺之瓶，其形圆如壶，圆而下垂如胆，圆而侈口，下如尊，廉之成角如觚，直如筒，方如斗，可谓复杂多样，变化多端。除单体瓶外，还有双连、三连、四连，甚至七连、八连、九连之瓶。有放置书桌、案头的座瓶，有挂在墙上的壁瓶，系在空中的吊瓶，放在轿内的轿瓶，等等。其中又以转心瓶、转颈瓶以及交泰瓶的烧制最能代表清代瓷器烧制的最高水平，称得上独步一朝。————

这一时期的青花彩绘中的一丘一壑、一花一鸟，发现无限，表现无限。犹如青花人物和山水，其彩绘雅洁且深沉，通过线条的粗细疏密来描绘图案，与传统水墨画的精神同条共贯。有趣的是，清代纸绢作山水画的传世品并不多，却在国外的外销青花上大量出现。它的图案经常以

清代　康熙《团地纹双连瓶》　编号：P.O.1774　高度 54.8 厘米　德累斯顿国家艺术收藏馆陶瓷部藏　作者摄 2011 年

一人一物、一角一景为全部，以有限表现无限。如"风雨归客""秋江待渡""蒲塘跃鲤""秋野山僧""荷塘春色"以及常见的团螭碗、婴戏碗、松竹梅碗、捧莲童子碗、渔家乐碗等所呈现的画面，大都以源于具象的抽象画手法，从中展示民间青花瓷绘艺术家的底蕴。而正是这种迥异于西欧的绘画风格给他们打开了一个新的视觉艺术天地。所以，当这类青花瓷大量输往欧美时，不难想象欧洲豪门贵族是如何惊诧中国绘画的高超技法的。

第二节　德化瓷

在西方，德化窑（Der-hwa）有着一个独一无二的尊称，即"中国白"，该词汇最早来源于法语"Blane de China"。虽然荷兰东印度公司是 17 世纪欧洲中国瓷器的主要进口商，但通过他们与东方的贸易关系，第一个系统地描述和定义中国白瓷的却是法国人。我们现在通常使用的许多区分 17 世纪和 18 世纪瓷器的词汇便出自 19 世纪中期的法国作家，而且在与汉语罗马拼音化对立中保留了自己的特色。[1]

英国学者波尔西在 1923 年著的《中国美术》一书中说：

……其窑之特别为白瓷，昔日法人呼之为"布兰克帝'支那'"（Blane de Chine 即"中国白"之谓），乃中国瓷器之上品也。与其他之东方各瓷，迥然不同。质滑腻似乳，宛似象牙。釉水莹厚，与瓷体密贴，光色如绢，若软瓷之面泽然"。[2]

1923 年牛津大学出版的《远东陶瓷概述》中记载：

---

① ［英］唐纳利：《中国白德化瓷》，吴龙清译，福建美术出版社 2006 年版，第 1 页。

② 波尔西：《中国美术》，戴岳译，商务印书馆 1923 年版，第 28 页。

意大利佛罗伦萨美第奇家族收藏的"中国白"瓷器
17 世纪中期上彩　作者摄 2013 年

意大利佛罗伦萨美第奇皮蒂宫　作者摄 2013 年

……德化窑（Blane de Chine）瓷器洁白犹如玻璃，大多很透明，面盖以一层柔和而动人的瓷釉。其瓷釉与瓷体的结合是难以划分的。那里的瓷器绝大部分是洁白色的，有的是奶白，有些呈乳状，有少数则象牙色或染成淡红色；而其釉的结构则可以和乳胶或鱼胶相比。①

"Blane de Chine"，意即中国白，是欧洲人对来自中国福建德化窑的瓷器总称。近些年来有一种倾向，如拍卖行图录所表述的那样，将一些景德镇的白瓷称为"Blane de Chine"，这不是出于无知，而是一种误导。对大多数瓷器收藏家和业余爱好者来说，"中国白"这一名词能使他们立刻想起中国南部省份的那种独一无二的瓷器，汉语的称呼是"优质白瓷"。

德化窑的白瓷远销欧洲最早见于《马可·波罗游记》：

并知刺桐城附近有一别城，名称迪云州（Tinujuy，冯注为德化）。制造碗及瓷器，既多且美。除此港外，他港皆不制此物，购价甚贱。

清乾、嘉年间德化进士郑兼才所作《窑工》诗曰：

一朝海舶来，顺流价倍蓰；不怕生计穷，但愿通潮水。

日本学者上田恭辅《"支那"

清代　康熙"中国白"德化瓷器　德累斯顿国家艺术收藏馆陶瓷部藏　作者摄 2013 年

---

① 约翰·盖尔（Jhon Ayer）：《远东陶瓷概述》，牛津大学出版社 1924 年版。

古陶瓷研究手引》中谈道：

大约从 16 世纪起……介绍到欧洲以后，立刻作为中国白瓷而得到全欧洲贵族阶层的欣赏和欢迎，并接受无限的订货。

白瓷观音像在日本的基督教信徒中，当做玛利亚的圣像而大受欢迎，其需求用量之大，几乎达到惊人的程度。①

"中国白"在许多方面确实是独一无二的。一来不是官窑，没有皇帝的恩赐，二来窑厂地处偏远山区，瓷器运输受到限制。在欧洲，德化窑瓷器完全是靠器型的美感和材质吸引人们的关注。然而，德化窑自唐五代创烧起，窑烟不断，其外销的传统基本没有改变，他不像欧洲的圣·克劳德产品，只兴旺了 25 年后就消失了。德化也不像景德镇那样，紧跟着皇家风格跑，如宋代的单色瓷被明代的青花瓷所仿，而后是明代彩瓷、清代的粉彩仿五彩。它像一条稳定的白瓷河流，设计传统、质量有自然的变化，但是和时间却没有多大关系，保留工艺气息，但是常有所变化。

奥古斯特一世系统收藏德化窑的时间应早于 1709 年，约翰·弗里德里希·波特哥（1682—1719）受命重新编写奥古斯特大帝的"白金"收藏清

1721 年 "中国白"德化收藏清单
第 22—27 批次入库详单
德累斯顿国家艺术收藏馆陶瓷部供图

---

① 上田恭辅：《"支那"古陶瓷研究手引》，东京大阪屋书店 1941 年版。

单，当时的"白金"泛指价值连城的中国瓷器，其中一份叫"allergn mandliche order"的文档提到："从 Eimen 的宫殿中转移 8 件中国白瓷，目的是将皇宫收藏的白瓷与青花瓷器区分开来。""这八件瓷器中有一件德化的白瓷观音和一把宜兴的紫砂壶至今仍陈列于茨温格尔宫博物馆。"① 在德累斯顿 1721—1727 年的收藏目录上，"△"表示"中国白色瓷器 Weiß Chinesisch Porzellan"，它显示奥古斯特二世共藏有德化瓷 1898 件。

时至今日，德累斯顿茨温格尔宫仍收藏有 1764 件"中国白"，尽管有大量的重复件，但从 17—18 世纪的"中国白"器型仍相当丰富。② 在德累斯顿，研究人员通常把奥古斯特一世在 1721 年以前购买的德化

德累斯顿国家艺术收藏馆陶瓷部藏德化瓷塑　作者摄 2010 年

① Eimen 自治市在北区，Holzminden 在下萨克森（德国）并且属于联合自治市 Escher-shausen。

② 2010 年笔者采访德累斯顿茨温格尔宫博物馆东方部主任 Ulrich Pietsch 博士，他谈道：1959 年苏联政府将 1945 年从德累斯顿抢走的 5700 多件东方瓷器归还给德国政府。

白瓷，定为 17 世纪最后 25 年或 18 世纪第一个 25 年生产的。从德化古窑址出土的标本与瓷器残片分析，奥古斯特一世收藏的德化窑瓷器主要来源于德化的后所窑、大坂碗窑、洋坑窑、洞上岭窑、碗窑、甲杯山窑等，其生产年代应属于清代康熙的中晚期。这一时期的德化白瓷釉质如凝脂，油光凝润，在日光映照下隐现出肉红色或牙黄色，被称为"象牙白""猪油白"或"孩儿红"，是当时中国白瓷的代表作品。

1. 玉兰花杯

玉兰花杯是欧洲人的称呼，在中国人们常常称它为"梅花杯"，与犀角杯一样，玉兰花杯几乎是德化窑的名片，并且数量极多，在欧洲各大博物馆、私人收藏以及拍卖行都见到了梅花杯的踪影。

茨温格尔宫中的玉兰花杯，口部大多呈椭圆形，自上而下渐趋狭小，底部隆起，支撑在一个多叉的树枝上，仿佛是一个摇篮包着一个碗，两个枝干向上延伸直到杯面的花枝，并总是向左扩展。有时花枝是从杯面的树枝上长出。这些杯子的轮廓像一朵玉兰花。通常花枝上开的是梅花，但有时是如所示的玉兰花，有时一边为素面。有一种罕见的装饰，杯上的梅花，一面是用模印的，另一面是刻的。

正如犀角杯一样，玉兰花杯也是用模制的，而有些至少浮雕装饰和树枝支座与杯身为同一模具所制，因为在其他博物馆我们也能发现一些同样成对的杯子。这类杯子大小不一，虽然不像有的犀角杯那样大，而小的可能更适合于当酒杯，即使它的形状不那么适合。

2010 年笔者在大英博物馆库房看到了 18 件类似的杯子，其中有 6 件外表还包着台伯湾的泥土，因为它是 1853 年亨利·亚当斯及其潜水员抢救出来的。但我们无法确定这条东印度公司的沉船来自何方，我们确信它不是 1648 年沉没的哈莱姆号。但在不久之后，玉兰花杯就在欧洲出现了，因为画家莱昂纳德·卡尼夫于 1681 年所作的一幅静物画中准确无误地画了一只这种杯子。

奥古斯特一世的博物馆有 12 件这类杯子，它们总的看来属于 17 世

清代　康熙《玉兰花杯》　编号：P.O.8553　高度 7.6 厘米　银质提梁为 18 世纪后加工
德累斯顿国家艺术收藏馆陶瓷部供图

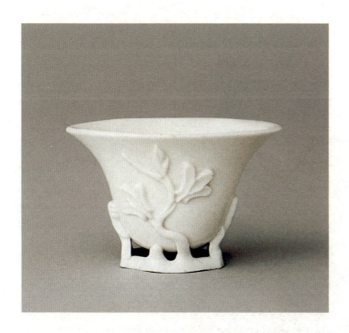

清代　康熙《玉兰花杯》　编号：P.O.8294　高度 5.9 厘米
德累斯顿国家艺术收藏馆陶瓷部供图

纪中期至 18 世纪早期的产品；其中有一件在意大利镶嵌了金饰，另一件则是在法国镶嵌了银饰，这种镶饰大多是为了保护器皿的口沿；德累斯顿的收藏清单显示，这两件器物是 1723 年购得，所以此类的玉兰花杯大部分是清代康熙中晚期的产品。

2. 酒壶

奥古斯特一世收藏的德化窑酒具大多精美绝伦，且带有一些奇思妙想。其中有一件大酒壶，是我们所知最早的一件，直筒带盖，方形执把，象牙白色，素身无饰；另外还有一件圆形筒身的酒壶，弧形执把，身饰梅花，嘴、盖和把之间有银链，其胎质洁白细腻，乳白似象牙，所施的透明釉肥厚滋润，色泽光润莹亮，如凝脂冻玉。这种独特的器型类似于晚明时期外销的酒壶，而且在欧洲也有详细的记载，英国皇后玛丽二世在 1694 年去世之前曾拥有一件（现存于伦敦近郊的汉普顿宫殿）。

奥古斯特一世收藏的各种清代德化茶壶和酒壶　德累斯顿国家艺术收藏馆陶瓷部供图

　　《提梁六面酒壶》是德累斯顿收藏目录"中国白"清单的第 12 号物品，编号 P.O.8233，1721 年的藏品名录中对这件酒壶作如下描述：

　　Eine sechseckigte Three-kanne mit Shlldern，so mit erhabenen Figuren belegt ist.einen Handgriff，Schauzgen und blatte 6 eckigten Deckel.worauf staff der knopffe，nebst einem Kleiner lowe leget.

　　"三足六面型酒壶，用模压成型方法制作，由六个部分垂直拼接而成，外表呈象牙白，透明釉色。"壶身六面分别堆贴松下高士、携琴访友等文人雅士的图案。此类酒壶显然在欧洲宫廷颇受欢迎，英国大英博物馆收藏有一把类似的酒壶，原属英国汉普顿宫玛丽二世旧藏，又称"玛丽皇后酒壶"，该壶于 1694 年进入皇宫。还有一把相似的六面茶壶收藏在美国洛杉矶盖蒂艺术中心，该壶在被法国工匠之手裁去壶嘴和把

清代　康熙《六角人物酒壶》　编号：P.O.8233　德累斯顿国家艺术收藏馆陶瓷部供图

清代　康熙《六角人物酒壶》　美国洛杉矶盖蒂（Getty Foudation）
基金会艺术中心收藏　作者摄 2017 年

手，并镶嵌了精美的铜饰，经过一番改造后变成了一个欧式的糖罐。

　　17 世纪末期，这种六面形酒壶还曾多次出现在当时的油画作品中。荷兰小画派就曾多次将其搬上画面。其中一幅名画叫作 Vanitas，是因为在画中有一具骷髅，用以警示人们，享受美好生活是转瞬即逝的；另有一幅著名的静物画，没有书写作画日期，但这位画家 Christian Berentz 于 1722 年在罗马去世，所以他应该在这之前创作；还有一幅更为著名的是献给 P.G.Van Roestraten，他死于 1698 年，在这幅画中，酒壶上系有一条链以防止壶盖遗失，这在当时是一种普遍作法。这些酒壶出现在不同地点和不同时间，所以我们判断这是当时欧洲颇受贵族欢迎的一种中国瓷器。

3. 白瓷观音

约翰·布劳（John Blaeuw）在 1655 年编辑的《大中华地图集——云南》的旁注上画有德化窑观音的塑像，这是荷兰画家杰西特·马提努斯所绘，他于 1651 年离开中国。这是在欧洲地图史上第一次提到"中国白"的塑像。虽然这在 17 世纪很罕见，但这种用模具制成的观音童子塑像在当时却颇受欢迎，德累斯顿的宫廷里收藏有不少类似的观音，在法国、丹麦、荷兰以及英国宫廷我们也时常能见到，这足以说明该器型的畅销与影响。奇怪的是，这种形象在 19 世纪再次出现，这时的观音是立在圆柱形的莲台上，而童子和鸟依旧守护在女神的两侧。

从 19 世纪开始的一般博物馆的购物记录，它们的记录日期同物品的生产日期已经不一致，所以对我们也没有用。拍卖的拍品也一样，除了一些 18 世纪中期法国人有记载的例外，这些将会提及。可惜，耶稣会成员从未到过德化去描写窑口的生产情况，正如皮雷·德安特克里斯没去过景德镇一样，而我们甚至没有一份合适的 19 世纪的记录。只有德斯曼·奈利在第二次世界大战后所写的一本书的附录中写道：

> ……最近复制的（塑像）不仅所用材料没有以前蒲美，而且手艺也不够娴熟。这些浅白塑像，用水湿后擦干呈现出浅黄色调，可以看到它们被放在厦门古玩店满是尘土的角落里，被当作真古玩蒙骗那些不识货的买家，但现在需求不旺。

明代晚期的《格古要论》记载，在 16 世纪末有一尊中国白圣母像被带到欧洲，这是最早的重要资料，因为这是中国和西方最早有关这类塑像的文字记载。在最近的一本书中，便这样引用道：

> ……在日本大使于 1584 年拜见教皇格列高利八世时，有一尊源自中国的圣母及圣婴像被日本的基督教徒从日本转到了欧洲。它被献给了里昂的耶稣会学院，圣母赤着脚坐在一椅子上，头发往后

上图　约翰·布劳 (John Blaeuw)《大中华地图集——云南》
1655 年　美国国会图书馆藏
下图　云南地图上杰西特·马提努斯所画的德化观音

　　盘成六卷。圣婴坐在她的腿上，头发剃得较光，踝上戴着脚镯。底部是佛教的神，一只手捧着一桃，另一具躺在花上休息。

　　英国学者唐·纳利在布尔坎帕格尼家族的档案中找到了该文的出处，格列高利八世即来自这个家族。这些档案记载了这位大使的一些情况，另外的记载是他在 1582 年 2 月离开 Nagasa（长崎）于 1585 年

3月11日抵达罗马，行程超过三年。

　　敬献给教皇及其他人员，他们从日本带来了几件东西，如祭台挂件，其他非常罕见的器物，用一种比白银还贵重的藤制成的箱柜和墨水台。在其他的贵重物中，他们献给教皇一幅画，是日本的一个主要城市 Nagasa，画高两手臂长，宽四至五个臂长。①

这里没有提到瓷器，瓷器在16世纪是相当贵重的，如果那位日本人所带来的礼物中，有白瓷塑像这种稀罕物，当时的意大利文献肯定会提到它。而且，大使是一位官员，奔波于两个世俗的统治者之间，日本的基督教徒们能够让他夹带一件属于他们自己礼品的可能性是不大的。在任何情况下，日本的基督教徒对一件明显的佛教塑像是不会看错的，比如这件，描述中清楚表明是圣母——那种错误只有西方人才会出现。

　　劳埃德·海德先生告诉我，在抄录这段文字时，他想起的是上文约翰·布劳地图中描绘的这尊观音像。那个描述显然符合这尊观音像，它们被大量运到欧洲，但是在17世纪末而不是在16世纪。

清代　康熙《玛利亚观音》　德化
编号：P.O.8612　高度38.5厘米
德累斯顿国家艺术收藏馆陶瓷部供图

---

　　① ［英］唐纳利：《中国白·福建德化瓷》，吴清龙译，福建美术出版社2006年版，第67页。

大选帝侯（勃兰登堡—普鲁士的弗里德里希·威廉一世）生前曾拥有一尊千手观音像，在他于 1688 年去世时做了登记。这是我们有证据的到达欧洲最早的一尊。这尊塑像连同那几乎可以确信的原配底座，由雷德米斯特（Leidermeister）于 1932 年出版。这肯定成了它的遗照，因为这尊塑像毁于第二次世界大战。但皇后玛丽二世在她于 1696 年去世前曾拥有一件相同的塑像，配有底座，现存于汉普顿宫。

在谈到奥古斯特一世 1721 年的目录前，我们对塑像的兴旺贸易已深信不疑，现在我们的兴趣已转移到了这位国王所拥有的塑像的类型上。作为断代的一个依据，他的藏室给予我们在塑像方面的帮助，如同我们已经看到的在一般日用瓷方面所给的帮助一样大。奥古斯特一世所没有的一类塑像是我们今天需求强劲的精美塑像。部分原因是它们被中国人珍藏在家中和庙里，这种观点是魏金森于 1911 年提出的，当时这些精美塑像正开始流出中国，但更主要的是荷兰人不愿为这些精美塑像付高价。

在 18 世纪，奥古斯特一世收藏的这种姿态高贵悠闲的观音坐像变得十分流行，并且数以千计地涌入欧洲，尽管如图所示，这种手势和头部制作精巧的高质量的塑像确实罕见。它通常没有款识。这件塑像被英国远东陶瓷学会于 1947 年定为可能是 18 世纪的，但在 1958 年一件相当相似的塑像在明代瓷器展览上展出。有足够的证据显示 1947 年的断

清代　康熙"中国白"德化瓷器　后排左《亚当》后排中《送子观音像》，后排右《田都元帅》
中间左 1《大象》中间左 2《石榴型茶壶》，中间《酒杯》，中间右 2《石榴型茶壶》
中间右 1《狗》，前排《梅花酒杯镶嵌铜饰》
德累斯顿国家艺术收藏馆陶瓷部藏　作者摄 2010 年

代是正确的。奥古斯特一世有 18 件这类塑像，而丹麦皇家奇珍馆有两件，在目录中记载为 1701 年。这些国王不是在收藏古董而是在收集当代奇珍异品，他们所拥有的以及欧洲其余人士所拥有的大量塑像，唯一的区别是质量而不是年代。

除了大型的瓷塑外，奥古斯特的壁炉架子上还陈设了大量的小型的瓷塑，大多是儿童玩具。这些儿童玩具的底部大多有一个哨，吹气后可以发声，很容易吸引欧洲儿童的注意，所以父母们买后给孩子玩儿。这些 18 世纪初的德化瓷塑小玩具，还有猴子、小孩骑马、各种姿态的欧洲人，奔驰的马、公牛、狮子、老虎、骆驼、神话里的怪兽等，都是孩子们所喜爱的题材，有些还用红、黑色釉彩绘，色彩鲜艳夺目，形象简洁而有趣，让人爱不释手。

除此之外，德累斯顿收藏的德化外销瓷中另有一类瓷器原是供应中国国内的，这类瓷器是为本土设计的，但后来又转卖到西方市场。欧洲人为了适应买主的生活习惯与文化精神，这些中国式的陶瓷便被艺术化地加工，成为日常生活中盛水、盛菜、盛牛奶的容器，譬如说奥古斯特一世收藏的"中国白"德化窑香炉，原本是用于中国人传统的祭祀活动的，而奥古斯特一世则让工匠将其改造成盛放黄油的带盖的罐子；还有来自中国的酒杯，原本都是没有把手或提耳的，奥古斯特一世费尽心思加上了纯金的把手或提梁，当然这也为中国的青花瓷或白瓷平添了几分高雅；在英国，维多利亚与阿尔伯特博物馆收藏有一对来自德化窑的梅花堆贴瓶，其原本是一对花瓶，玛丽二世执政时期责令工匠将上半部分裁掉，镶嵌上纯金的装饰，这些金属装饰可能改变了瓷器原本的功能，但却使一件装饰变得更为实用。

纵观奥古斯特一世的德化收藏，不难看出，随着明、清市民社会的逐渐形成，人们不断追求世俗化，而整个社会也相当宽松，人们追求自

清代　康熙"中国白"德化瓷器　后排左《四畅之掏耳》，后排中《十八手观音》，
后排右《荷兰人家庭》、中间《透雕镂空果盒》、前排中间《玉兰花杯》、前排左/右《狗》
德累斯顿国家艺术收藏馆陶瓷部藏　作者摄 2010 年

由和个性化的生活，这一普遍的社会风尚带动整个艺术创作的世俗化、民间化的倾向；社会相对比较安定，人们生活闲适，使他们有能力、有可能发展生活实践，比较容易抒发自己对于自然界的感受和美的体验，将带有乡土气息的事物和情节纳入自己的艺术创作实践之中，作为民间文化和生活的反映，德化窑白瓷很好地将艺术和生活联系在了一起，将艺术与生活气息融入了瓷器这种案头摆设之物中。

其次，德化窑瓷创作了一个崭新的雕塑典范和完整的雕塑范式，构成了一个独特的、完整的创作系统，它以中国社会为基本素材，以写实性为基础，将生活中的美的范式融入艺术创作，创作的理念和手法融会于所有的品种，具有明显的共同特征，尽管德化窑白瓷现在散落在世界各地，但仍然可以清晰分辨出来。它的完整性在于没有哪一家窑系能涉及如此宽广的领域（如石湾窑的面积就没有这么大），也没有哪一个窑系（如定窑、汝窑、景德镇窑等）能够生产如此多的具有文化气质的品种。而且，德化窑白瓷的创作在领域上更是一个独特的开放系统，特别是在明晚期，荷兰人进入中国以后，德化白瓷逐渐吸收了西洋文化的因素，一些反映西洋人物生活和风俗的作品大量出现，题材涉及基督教、圣母圣子、西洋人物生活场景、西洋器物、西洋风俗习惯等内容，反映出德化白瓷从不拒绝外来文化因素，而且以开放和务实的态度兼容并蓄。

再次，德化窑白瓷的创作以其艺术魅力和卓越的成就赢得了欧洲人的普遍青睐，奥古斯特一世首选将德化瓷器作为其皇家瓷器厂迈森的首批仿制品，也奠定了它在中西方陶瓷雕塑史上的显著地位（作者在第三章将详细探讨）。其众多丰富的瓷器类型，这在中国各民窑中也是鲜见的，它不仅发展了以前有的器物类型，还创造了以前所没有的器物类型，扩大了瓷器创作的范围，而且在每一种器物类型中，还有不同的风格，不同式样的创造。如炉类，在茨温格尔宫就有 20 余种，名目繁多，风格不一；又如杯，不仅有梅花杯，也有龙虎杯，还有其他样式的精美杯子。康熙时期的德化白瓷最大限度发挥它胎釉紧密一体、透光度强和温润质感的三大特点，将其运用到人物、动物造型效果的刻画之中，尽管烧成温度较低，作品坚硬度不足，但这种低温软瓷的质地和釉色效果恰好被雕塑创作发挥为难能可贵的优势。

最后，德化窑白瓷承担了中国瓷器海外贸易的先锋角色，是最早输往国外的瓷器之一，宋代即已传播，大规模的海外贸易始于明代，由于德化白瓷作为中国瓷的代表去欧洲传播，才激发了欧洲人对中国瓷器极大的热忱，尤其是皇室贵族直接参与了德化白瓷收藏和研制，欧洲各国制瓷业才得以开始。所以，欧洲人至今仍以德化白瓷作为中国白瓷的象征之一，这是历史的必然。

第三节　五彩瓷

五彩意即多彩，始创于明代宣德年间。清代乾隆文献《南窑笔记》曾对彩瓷进行划分："五彩，则素烧纯用彩填出者是也。"所以严格意义上讲，五彩即单纯的釉上彩，是用红、黄、绿、蓝、黑、紫等各种彩料，按照图案纹饰的需要施于烧好的瓷器上，再于彩炉中进行二次焙烧的工艺装饰。

清代《饮流斋说瓷》中解释："硬彩者彩色甚浓，釉付其上，微微凸起。软彩者又名粉彩，彩色稍淡，有粉匀之也。"

清《南窑笔记》云："彩色有矾红，用皂矾炼者，以陈为佳；黄色用石末铅粉，入矾红少许配成；用铅粉、石末入铜花为绿色；铅粉石末入青料则成紫色；翠色则以京翠为上，广翠次之。"

明代的五彩主要以红、绿和黄色为主，画法均用平涂，纹饰浓艳翠丽，强烈鲜明。清代初期，五彩瓷器有了新的发展，其中以"康熙五彩"

最为突出。发明了釉上蓝彩和黑彩，蓝彩色调其浓艳程度超过青花。这一发明，一方面使清代五彩比明代单纯的无蓝色釉的五彩更娇艳动人；另一方面改变了明代釉下青花、釉上五彩相结合的青花五彩占主流的局面。康熙五彩所使用的色彩比明代大大增多，特别是金彩的使用，彩色显得分外晶莹剔透，光彩夺目，因其具有强烈的色调，故又名其为"硬彩"或"古彩"。①

清代　康熙五彩瓷　景德镇窑　德累斯顿国家艺术收藏馆陶瓷部藏　作者摄 2010 年

德累斯顿茨温格尔官的收藏清单显示，奥古斯特一世从 1688 年开始，便不间断从荷兰东印度公司和英国东印度公司购买瓷器，截至 1727 年，其个人拥有的五彩瓷器 Grün Chinesisch Porzellan 已达 2891 件。②

其个人收藏的五彩瓷器大多属于清代康熙时期，画工细致精丽，生动传神，一改明代嘉靖、万历时只重色彩而不讲究造型的粗率画风。在敷色上彩方面，较之该馆所藏的明代五彩瓷器更为均匀，勾勒轮廓所

---

①　五彩瓷的制作，是以烧制好的白釉器为基础，生料、矾红勾线，只有矾红深浅洗色，其他均以透明色平填；描绘图案纹样后入窑烧烤，经 750℃—850℃ 窑火烧烤而成；色彩以红、绿、黄、蓝、紫、孔雀绿等色多见，但每款器物各有不同，根据纹样的内容，有的还加饰金彩。通常情况下，每一件作品并不一定五色俱全，明代的作品，有些只用两三种色彩。根据图案需要，色彩搭配得当，同样精美富丽。

②　Inventory 1721,chapter 5, by August strong,《1721 年，奥古斯特一世收藏清单》，第五章"彩色瓷"。

德国波茨坦无忧宫内桑苏西走廊的洛可可装饰　作者摄 2012 年

用线条以焦墨为料，笔锋劲挺有力，笔触圆润柔和。由于有了深色调的蓝和黑，使得当时的中国五彩瓷器的色彩对比更加和谐、沉稳。康熙时期蓝彩烧成后的色调，其深艳程度超过了青花，而黑彩又有黑漆般的光泽。

客观地说，欧洲人对于五彩瓷的收藏并不是感兴趣于其工艺上的突破，而是用于满足洛可可式的装饰风格。在英国，玛丽二世辞世后，威廉三世为了满足玛丽三世的喜好，将汉普顿宫进行重新装修；宫廷画家丹尼尔·马洛特（Danile Marot）承接了这项政治任务，当时来自法国的洛可可式风格已传播至英国，马洛特接受了这种轻巧活泼的装饰风格，他不仅使用了金、白、浅绿、粉红和猩红等矫揉造作的挂毯和织物装饰，同时还从伦敦运来了大批的中国五彩瓷器，点缀其间，将洛可可优美纤巧的风格发挥得淋漓尽致。[1] 在日耳曼和奥地利，艺术家更是将洛可可式的风格运用到室外——柏林近郊的波茨坦无忧宫和桑苏西宫。

在德累斯顿，奥古斯特一世更是有过之而无不及。他父亲建造的文艺复兴时期的古罗马式样在宫殿已无法满足奥古斯特一世营造欧洲文艺中心的抱负，1728 年建筑师 Jean de bodt、Matthaus Knoffelmann、Zacharias Longuelune 和画家 Johann Christoph Knoffel 对茨温格尔宫进

---

① Queen Mary Closet, *Hamton palace* . Kingston,British.

清代　康熙《青花五彩将军罐和花觚组合》　德累斯顿茨温格尔宫瓷器部供图
编号：P.O.6270/6861/6265/6860/6267　将军罐高度 62 厘米　花觚高度 59 厘米

行了重建和装修。修葺一新后的宫殿设有专门的瓷器走廊、油画走廊和珍宝馆，1730 年奥古斯特一世将其收藏的东方瓷器进行了系统的展示，一楼（Ground Floor）用于陈设来自中国和日本的瓷器，尤以五彩瓷和青花瓷为主；二楼（Upper Floor）则展示来自萨克森迈森瓷器厂的优良瓷器。

五彩斑斓的中国颜色釉瓷与王宫中的贝壳、花朵、棕榈和绸子的装饰交相辉映，带来了一种破坏均衡和庄重的不安感觉，一时间成为奥地利和意大利王室效仿的典范。几经战争的洗礼，德累斯顿茨温格尔宫的内部装修早已剥蚀殆尽，唯有数千件五彩瓷器依旧陈列于此，这里也成为中国清代五彩瓷器的珍品博物馆。奥古斯特一世所收藏的五彩瓷器几乎覆盖了清代初期五彩瓷器的所有品类，不仅有传统的盘、碗、尊、觚、鱼缸等，也有康熙时期新颖的造型，许多器物开创陶瓷造型之先河，反映了制坯技术的精熟，如棒槌瓶、玉兰花觚、葫芦瓶等，造型饱满、挺拔，有很强的装饰性和艺术性。

1. 五彩将军罐

茨温格尔宫藏康熙《五彩山水人物将军罐》，编号第五章 NO↑115，

清代　康熙《五彩山水人物将军罐》　编号：P.O.3416　高度 49 厘米
德累斯顿国家艺术收藏馆陶瓷部藏　笔者摄 2010 年

高 65.5 厘米，1721 年的收藏清单中把它们称为"Grun chinesisch"，意即中国的绿宝，其入库时间为 1713 年，生产年代应该为 17 世纪的晚期。这对五彩将军罐曾是奥古斯特一世最为欣赏的一对彩色罐子，它们先后陈设于国王的茶室和瓷器走廊。① 它们是康熙时期"硬朗"风格的写照，从色彩表达上，也是康熙五彩中"硬彩"风格的缩影。

　　康熙时期景德镇的五彩（古彩）瓷器创作往往在文学插图的版画中提取素材，描绘一些人们津津乐道的文学作品，诸如《西厢记》《水浒传》《三国演义》《投桃记》《琵琶记》《金瓶梅》和《幽闺记》等，满足社会的大众娱乐情节。这对将军罐显然是受到当时社会风气的影响，以青地彩绘各式花草虫鱼，暗喻生生不息，这是康熙时期典型的风格；青地彩

---

① "COVER JAR" from La maladie de porcelaine, *East Asian Porcelain from the collection of Augustus the strong*, Edition Leipzig, Page 34, Eva strober, 2003.

绘之上，画工以俯莲、仰莲、扇形和方形留出白地，内绘各类图样，有历史故事"谋董贼孟德献刀""李太白行吟图"，也有文人雅事"苏东坡与三潭印月""周敦颐爱莲图"，还有道教典故"老子出关""状元游街""暗八仙""麒麟献宝"以及风俗题材"张生与崔莺莺"。人们看到这些彩绘作品而知故事的情节，触发了想象的幽情，是一种娱乐、一种享受更是寓教于乐，陶工善于捕捉市民阶层的审美心理，在一定意义上也具有促进瓷器外销的潜在意义，虽然欧洲的贵族和王储看不懂东方的历史典故也不知道中国的信仰风俗，但是读图看画的能力却是共通的，在一个来自东方的瓷器罐子上能欣赏到如此之多的图画，不能不说是一种视觉上的享受。

茨温格尔宫藏康熙《五彩人物罐及花觚》，编号第五章 NO↑435，罐高 45.5 厘米，花觚高 52.5 厘米。2003 年出版的《德累斯顿茨温格尔宫所藏奥古斯特一世收藏的瓷器精品图录》中收录了该组瓷器，1927

清代 康熙《五彩山水人物罐及花觚》 编号 P.O.1458 德累斯顿国家艺术收藏馆陶瓷部藏 作者摄 2010 年

年恩斯特·兹摩尔玛门馆长对其进行重新编号后为 P.O.1458。2004 年苏富比拍卖行在中国香港拍卖过类似的组合，英国大英博物馆藏有 8 对完整的类似瓷器，葡萄牙东方博物馆藏有 4 对，荷兰阿姆斯特丹国立博物馆藏有 15 对类似的组合，瑞士鲍氏博物馆藏有 2 对，日本东京国立博物馆藏有 3 对，但奥古斯特一世收藏有 21 对，这也许是他个人比较喜欢的彩色瓷器组合方式，现在德累斯顿茨温格尔宫在东 4 墙和西面走廊共展出 4 对，其余均收藏于地库。

这是一组清康熙早期的五彩人物罐和花觚，属于康熙古彩，用笔犀利，无拖沓描摹之迹。中间的大罐盖子画有一组小孩在放爆竹，或站或卧，声情并茂；罐身绘历史题材《郭子仪断案》，中心人物郭子仪身着红袍，身体微向后倾，大腹便便，人物鞋帽以红、蓝和绿色等鲜艳色配以黑彩使得色调浓艳而和谐；其身后紧随三位仕女，姿态各异，衣饰繁复，线条柔细流畅；左下方一女子身着青衣，跪地叩谢。人物之外的细

清代　康熙《五彩刀马旦将军罐及花觚》　编号：P.O.3003—3007　将军罐高 50.2 厘米
花觚高 47.5 厘米　德累斯顿国家艺术收藏馆陶瓷部藏　作者摄 2010 年

节处理颇具观赏性，背景为一屏风，中间置三条布幔相围的案桌，桌面分放书函、画卷、珊瑚、宝剑、玉带和杯盏等，画艺精湛，不论动物或植物皆自然。

两侧的花觚布局均是上段画人物故事，腰部和下段画竹木花卉。左侧花觚所画的人物故事为《曹冲称象》，其题材较为罕见，画工以金线勾勒一西域白象，体形硕大，动作夸张；曹冲身着淡蓝色服饰，立于象背，大象身旁围绕着一群大人，手持秤砣，转面向内，争论不休，无从下手；大象白色的宁静色调与众人的繁复的服饰颜色形成了对比，流露出一种紧张的不安定感，这是中国古典文学情节在瓷器上的视觉发挥，耐人寻味。

茨温格尔宫藏康熙《五彩水浒人物将军罐及花觚》，编号NO↑331，罐高35厘米，花觚高33.5厘米。挪威奥斯陆近郊的多挺汉宫收藏有一对类似的组合，但无麒麟钮，该组将军罐组合的特色就是三个罐盖上的麒麟钮，两只对视，一只正视前方，奥古斯特一世于1712年购买了这组瓷器，并在德国南部的斯图加特贴金，上金时间不详。[①] 五个罐身均描绘同一题材，《水浒人物》，每人身系一腰牌，

清代　康熙《五彩人物壁挂（酒壶）》
编号：P.O.3640　高度55.7厘米　德累斯顿
国家艺术收藏馆陶瓷部藏　作者摄 2010 年

---

① Rose ker（柯玫瑰），*China Export Porcelain*, London, page 34, 2011.

分别是秦明、卢俊义、林冲、杨春、皇甫端和段景住，六人各持一宝，各有一骑，人物造型极具趣味。人物背景一山一石、一水一木刻画得细致入微，安排巧妙得当。

此外，奥古斯特一世还收藏有"康熙五彩刀马旦人物将军罐组合""康熙五彩萧何月下追韩信将军罐组合""康熙五彩长坂坡大战将军罐和花觚""康熙五彩王昭君出塞将军罐和花觚"及"康熙五彩狩猎图将军罐和花觚"，它们都是康熙中晚期五彩瓷器的精品，也是清代初期风俗小说故事的插图再现。

2.五彩人物壁挂（酒壶）

关于五彩人物壁挂酒壶，学者争议颇多，茨温格尔宫原东方部主任伊娃博士在其述著《德累斯顿茨温格尔宫藏奥古斯特一世收藏的中国和日本瓷器》一书中谈道：

> 中国人是很少将酒壶悬挂于墙壁上的，他们更多是用带流嘴的酒壶或酒缸，而这个酒壶只有一半，奥古斯特在龙的嘴巴上开了一个小孔，并令巴赫的工匠制作了一个鹿头的旋钮头装在上面，用于取酒，显然是我们陛下的创意。[1]

我和海德堡大学的 Pietsch 博士探讨过这个问题，他的观点是中国人没有这样的喝酒习惯，这样的方式属于北欧和荷兰的取水方式，但是不排除荷兰东印度公司有意向中国定制这种特殊形式的酒壶。[2] 因为在荷兰的吕伐登普林西霍夫博物馆和海牙博物馆都藏有类似的壁挂酒壶。

类似的挂屏流行于清代的乾隆时期，著名的三希堂就有乾隆所喜爱的鹅黄釉和天青蓝的壁挂瓶，它们是用于装饰的，而德累斯顿的这个挂瓶体量要大得多，显然作为装饰稍显粗犷。仔细端详这个壁挂酒壶，可以发现它由盖子和壶身两部分组成，盖子绘有五彩回俯莲纹和仰莲纹，

---

① La maladie de porcelaine, East Asian Porcelain from the collection of Augustus the strong, Edition Leipzig, p.34,Eva strober,2003. 现任东方部主任 Cora 于 2008 年翻译该书。

② 笔者于 2010 年 3 月 23 日和 Pietsch 博士探讨。

壶身绘《仕女图》，用线随意洒脱，与古彩硬朗的风格不同，其皴染方式具有一定的装饰性；背景山水、楼观不像其他的康熙五彩那样刻画得细致入微，而是以抽象形式勾勒外形，设色艳丽却耐人琢磨，从绘画艺术角度而论，其风格已偏离康熙时期五彩硬彩的特色，而颇具明代中期写意人物画的画风。

3.五彩盘

《康熙五彩花鸟纹盘》，编号第 5 章 NO↑106，高 2.8 厘米，口径 26.7 厘米，足径 17 厘米。盘折沿，浅腹，圈足。盘心以黄绿彩绘荷花莲叶纹，一对翠鸟上下横飞，穿梭于芦苇之间，顾盼左右，妙趣横生。盘侧口沿，以冬青釉打底彩绘梅兰竹菊四时花卉，笔法流动飘逸，青脱灵秀。布局上盘心疏朗空逸，盘口沿饱满充实，互为补充；画法上花鸟鱼虫之轮廓以浅线勾勒，釉上色之色以绿调为主，间施以朱色、花青与乌青，交错布置，静雅艳丽，不失为康熙时期五彩花鸟盘之精品；该盘虽无"大清康熙年制"之官印，却不亚于官窑之品质与逸趣。

康熙《五彩加金六开光花鸟纹盘》，高 3.8 厘米，口径 28.7

清代　康熙《五彩花鸟纹盘》
编号：P.O.3034　直径 22.7 厘米
德累斯顿国家艺术收藏馆陶瓷部供图

清代　康熙《五彩花蝶纹四开光盘》
编号：P.O.3042　直径 20.2 厘米
德累斯顿国家艺术收藏馆陶瓷部供图

清代　康熙《五彩加金六开光花鸟纹盘》
编号：P.O.3039　直径 22.3 厘米
德累斯顿国家艺术收藏馆陶瓷部藏
作者摄 2010 年

清代　康熙《五彩麻姑献寿盘》
编号：P.O.6918　直径 20 厘米
德累斯顿国家艺术收藏馆陶瓷部藏
作者摄 2010 年

厘米，足径 17 厘米。盘撇口，弧壁，塌底，外沿为圈足。盘整体通施白釉，白中泛青。外壁光亮，盘心以钴蓝和墨青彩绘一枝干，劲健挺拔；树上双鸟对栖，鸟身翎羽以双钩形式描绘，施以黑、灰蓝彩，树干以金线勾勒，并以金色勾勒出菊花之轮廓，褐、黄、红彩绘五朵盛开的菊花；左上方以金彩绘太阳，并绘私章。盘腹留白，盘之口沿，以六开光的形式将弧圈内的彩绘分隔为六个单元，并填绘以四时山水和鱼乐图，设色典雅大方，笔法娴熟却饱含生趣，具有较高的彩绘水准。

康熙《五彩花蝶纹四开光盘》，高 3.7 厘米，口径 31 厘米，足径 22 厘米。德国汉堡工业艺术博物馆藏有一对相似的瓷盘，是普鲁士威廉亲王向东印度公司购买的，后曾一度藏于勃兰登堡，1923 年移至德国不莱梅市政厅，第二次世界大战后转移至汉堡市政厅。[1] 北京故宫博物院

① La maladie de porcelaine, *East Asian Porcelain from the collection of Augustus the strong*, Edition Leipzig, p.3 , Eva strober, 2003.

和重庆三峡博物馆也藏有一对相似的瓷盘。

该盘胎薄质坚，广口，大圈足。盘面绘画构图苍劲老练，风格典雅大方，构图上别致新颖，一改以往扇形开光仅在盘口沿的布局方式，盘面底部以淡色五彩绘做"花卉地"，盘心镂空以艳丽五彩绘折枝木棉花，一鸟栖息枝上，花叶繁荣，一派鸟语花香之境；盘腹部以一对扇形和一对蝶形开光分隔为四个单元，扇面开光内分别绘兰花和梅花，蝶形开光内点缀以黑花纹和黄花纹蝴蝶。盘边缘双圈内绘有海螺和绿叶红蕊，布局清疏，亦属创新之举。该盘已打破了前代五彩勾线平涂的模式，吸收了西洋绘画的透视表现方法，在色彩处理上也注意了深浅、明暗，使画面具有层次感、立体感，更具有艺术感染力。

康熙《五彩麻姑献寿盘》，高 3.2 厘米，口径 32 厘米，足径 22 厘米。麻姑献寿是中国传统道释题材，台北"故宫博物院"和英国维多利亚与阿尔伯特博物馆都有相似的题材，不同的是传统的麻姑是站着手托花篮的，而这里的麻姑却是席地而坐的，麋鹿跪坐于旁，扭头回望，似乎在聆听女主人的吩咐，花篮也仅仅是隐于麻姑身后，也许康熙时期人们更注重的是女性化的麻姑而非神化的道人。该盘构图疏密得当，人物与动物描绘得十分生动，人物表情刻画细致入微，衣着均采用纤细而劲挺的线条勾勒，彩绘技巧十分精湛。有趣的是，麻姑的脸部不上彩，整个画面用彩沉稳，黑色深浓如墨，蓝色清亮，红色如枣皮，亮而不浮，黄色老成，几种色彩搭配和谐，十分完美，充分体现了康熙五彩的特征，是五彩人物盘类的艺术精品。

总之，奥古斯特一世收藏的康熙五彩瓷几乎囊括了康熙和雍正时期外销瓷器的精品，其形制、题材和绘画较之前代具有很大的提升，尤其是盛极一时的康熙五彩在色彩上改变了过去以浓艳为主的特点，趋于淡雅，图案装饰也从繁复变为疏朗，笔意由遒劲趋向纤弱，这种变化是由两方面因素造成的：一是明代晚期景德镇的五彩已成为当时的主流产品，它的制作方法、审美取向势必影响康熙时期的新五彩；18 世纪初，

德累斯顿约翰新宫的瓷器厅　1918年摄　德累斯顿国家艺术收藏馆陶瓷部供图

景德镇民窑中的五彩在绘制工艺上就结合了粉彩中多层次的技法，从而取得清新静谧的效果；二是康熙晚期的五彩在彩绘颜料方面仍以红、黄、蓝、绿、紫、黑、金等色为主，但彩绘效果已与以往有很大的不同。①

　　首先，这一时期的五彩瓷器有一重要特点就是以墨彩勾勒线条，用硬彩表现刚劲的枝干、飞鸟、叶子、秀石和疏林，这种特殊的勾勒方式

①　五彩瓷器的精美依赖于整个制瓷过程。从制坯、烧成、彩绘、二次烧成，环环相连，一丝不苟。明清时景德镇制瓷分工很细，仅彩绘一项，《景德镇陶录》记载，就有"乳颜料工、画样工、绘事工、配色工、填色工、烧炉工"。每工各司其职，以致达到纯熟致精的境界。这种分工制度，有力地保证了彩瓷的工艺质量。五彩在画彩时有严格的工艺规定。"至画瓷所需之料，经月之后始堪应用。"画彩时"须将各种颜料研细调合，必熟谙颜色火候之性，以眼明、心细、手准为佳。其用颜料法有三，一用芸香油，一用胶水，一用清水。盖油便于渲染，胶便于搨抹，而清水调色则便于堆填"。——笔者注

是明代五彩所没有的。英国大维德基金会藏有一明成化《五彩莲池禽戏纹盘》（1907 年进入该馆），内外两面都用红色的颜料画轮廓，没有用青花或墨彩勾线，盘面图案中的莲纹采用色泽明艳的进口青料，在画面中使用了不少黄彩，主要图案以黄彩打底，上面再以红色渲染，使色彩更显浓艳厚实，这一工艺称为"黄上软彩"。然而，这一技法在 17 世纪晚期的康熙五彩中便消失了，取而代之的是乌黑发亮如曲铁盘丝的墨彩线，这种"硬朗"的风格与康熙皇帝骁勇善战、刚硬不屈的性格不无关系，从平定三番到攻打准噶尔，再到收复台湾，戎马生涯是康熙性格的真实写照。所以，从色彩到造型，无论是棒槌瓶、花觚、凤尾尊还是四方瓶，都削去了柔软的弧线，陶瓷彩画也将明代的釉上黑彩转化为以墨彩勾线为主的"硬彩"风格。

清人在《陶雅》中也谈道："康熙彩画精妙，官窑人物以耕织图为最佳，其余龙凤、番莲之属，规矩准绳，必恭敬止，或反不如客货之奇诡者。盖客货所画多系怪兽老树，用笔敢于恣肆。"它反映了康熙民窑五彩器的纹饰，由于不像官窑那样受束缚，题材丰富多样，除了花卉、梅鹊、古装仕女以外，还有戏曲人物等。在描绘各种形象时，勾画的线条简练有力，在涂上各种彩色后，给人一种明朗感。

当然，五彩"硬彩"风格的出现与清代初期流行的版画艺术也有一定关系。清代初期中国市井阶层对于文学小说的喜爱，促成了民间书籍版刻艺术的发展，《西厢记》《牡丹亭》和《红楼梦》等书的插图应运而生，其艺术表现基本实现的是传统黑白的线描效果。版画视觉上的硬朗之感，

清代　康熙《五彩水浒人物盘》
编号：P.O.3414　直径 30.4 厘米
德累斯顿国家艺术收藏馆陶瓷部供图

对于康熙彩色瓷器是有一定影响和借鉴作用的。如清代《三国演义》(毛宗岗改评本)的插图,人物和花鸟采用短线、长线和色块并用,画枝干是节疤处用笔讲究转折有力,皴笔处讲究横笔之线。这些技法都被康熙的五彩瓷器所借鉴和吸收,所不同的是,古彩用笔随着墨彩料笔的笔性挺健而"硬",讲究骨法用笔。

其次,在造型方面,奥古斯特一世收藏的五彩瓷器,选料精细,拉坯修坯端正细微,一丝不苟,坯体接口不留痕迹,这一点和国内民间收藏的康熙五彩瓷器有所不同;国内诸多博物馆如故宫博物院、上海博物馆、南京博物院和景德镇陶瓷博物馆的康熙五彩瓷,器型都不大,然而奥古斯特收藏的五彩瓷却有超过 70 厘米的大罐,而且都是精心修坯的,造型古拙、凝重,尤其是外销五彩瓷器,更是精益求精,规矩严谨、古朴端庄,这一点说明清代初期民窑的瓷器与官窑的瓷器质量相当,原料制备、制坯成型等工艺技巧已然纯熟。

清代　康熙五彩瓷器装饰墙　德累斯顿国家艺术收藏馆陶瓷部藏　作者摄 2010 年

最后，五彩瓷工艺的另一重要部分是填色和染色，其工艺的好坏，直接影响到五彩的效果。上文所述的康熙《五彩花鸟纹盘》、康熙《五彩刀马旦人物将军罐和花觚》以及康熙《五彩水浒人物将军罐及花觚》等，其五彩填色平整均匀、笔笔连接，填平填实，并做到颜料稍厚、瓷面光洁，图案纹样深浅、浓淡变化丰富。它的构图、画法以及所使用的线条，均追求一种形式美规律。正是这种装饰性的彩绘语言，形成了康熙五彩独特的艺术风格。

第四节　颜色釉瓷

颜色釉瓷，又称瓷上色釉，其工艺可追溯至商代的陶器黄釉。魏晋时期，河南首创青釉瓷器，大量使用于冥器装饰上。到唐代，则又创造了以黄、紫、绿为主的唐三彩，将以单色为主的瓷器推向多种颜色混搭的色彩效果。北宋时期，随着皇室对御窑瓷器的重视，先后又出现天青釉、粉青釉、红宝釉、紫宝釉和乌金釉，尤其是福建建阳水吉窑的乌金釉建盏曾一度是宫廷的御用茶盏，并被日本的僧侣带回东京供为珍宝。元以后，钧窑色釉瓷器走向衰落，甚至停烧，庆幸的是河南禹州烧制钧红瓷器的技艺被其他产瓷地区继承下来。到了明代，随着景德镇御窑厂的开设，官烧的钧红、祭红、郎窑红、胭脂红、美人醉、牛血红等名贵色釉先后诞生，丰富了中国颜色釉瓷器的种类。景德镇窑烧制的钧红瓷器沿袭了元代钧窑红釉的传统工艺，是当时中国较少的铜红釉瓷，故名"韵红"，它的诞生，结束了当时青花瓷独占鳌头的局面，这在中国瓷业发展史上，确实是一件划时代的大事。从明开始，景德镇瓷工继钧红之后，又创造了另一种高温铜红釉——祭红，它妖而不艳，红中微紫，色泽深沉而又安定，釉中无龟裂纹理，是颜色釉瓷中之珍品。颜色釉有三种划分方法：一是按烧成温度分类，分高温颜色釉（1300℃左右）、中温颜色釉（1200℃左右）和低温颜色釉（1000℃左右）。若以 1250℃ 为界，分为高、低两种；二是按烧成后的火焰性质分为氧化焰颜色釉、还原焰颜色釉两种；三是按烧成后的外观特征分类，可分为单色釉、复色釉（花釉）、裂纹釉、无光釉、结晶釉等。

中国颜色釉瓷器对欧洲宫廷生活及其建筑装饰所产生的巨大影响是显而易见的，几乎每个欧洲国家的帝王、王后都会收集或收藏中国单色釉瓷器精品，并且作为王室的财产。17 世纪初，传统的中国陶俑陪葬的礼仪也影响了西班牙国王、王后的葬礼，他们把中国黑釉金彩瓷器、蓝釉金彩瓷器、青花瓷器、丝绸、黄金、首饰等放在陵墓里，认为纯洁的瓷器能收起死者的灵魂。

大英博物馆瓷器馆收藏有欧洲最为精美的明清单色釉瓷器，其藏品主要来源于 Sasson David（1849—1916）、George Salting（1835—1909）和 Augustus Wollaston Franks（1826—1897）三大家族的收藏，该馆不但有明代永乐、宣德时期的红釉、白釉和黄釉陶瓷精品，还有乾隆御题宣德霁红碗、乾隆御题宣德霁蓝碗、宣德雪花蓝釉钵、宣德青花釉里红龙纹高足杯等。其造型精巧圆润，画意高洁朴雅，彩饰清丽鲜美，为中

德累斯顿茨温格尔宫西三、四墙的中国蓝釉金彩和红釉金彩瓷器　作者摄 2010 年

国明清单色釉瓷器收藏之冠。

瑞典国王弗雷德里克（Frederkk）为王后修建了一座法国"洛可可"艺术风格的宫殿多挺汉宫。宫殿中五幢皇宫的外表是用玫瑰色装饰的，绿的屋顶仿造中国的宝塔形状，宫殿内陈设着来自中国的白釉瓷器、黑釉瓷器、蓝釉瓷器、刺绣、漆器和国画等。当欣赏者在那里看到这些独特的中国艺术风格的手工艺品时，好像在瑞典王国中又找到了中国的天地。当时，不仅瑞典的贵族，就连商人和船主们也抛弃了过时的五彩釉色的瑞典陶器，而用流行时髦的中国白色或黑色瓷器。瑞典著名的华瓷鉴赏家、收藏家斯特罗基尔克是 18 世纪最忙碌的人之一。当时，上层社会收集、收藏中国瓷器成风，约有 120 个贵族和富商的家庭委托或专门邀请他鉴别自己所购买或收藏的单色釉中国瓷器。另一位艺术鉴赏家斯蒂尔则专门从事研究中国瓷器，但是遥远的东方文化和奇怪的方块汉字令他难以深入堂奥，他终因没有取得成功而饮恨终身。

清代初期的单色釉瓷器不仅仅停留在达官贵人的收藏与鉴赏中，它还为 18 世纪法国文化的繁荣增添了光彩。尤其当中国的龙泉单色青瓷传入法国时，人们都被这精美无比的瓷器弄得目瞪口呆，甚至无法为它取个恰当的名称。恰好此时，法国作家杜尔夫写的一出轰动社会的神话剧《牧羊女》正在上演，剧中主人公雪拉同的衣服是件十分美丽的富有魔力的青袍。人们认为只有雪拉同的衣服能与中国瓷器相媲美。因此，不约而同地用"雪拉同 CELADON"称呼中国瓷器。

当然，作为当时欧洲中国瓷器收藏的集大成者，奥古斯特一世的颜色釉瓷器也不乏各类精品，譬如乌金釉、钴蓝釉、洒蓝釉和豆青釉等，其数量约有 700 件。在器型上，以将军罐、葫芦瓶、胆瓶花觚、提梁壶、牛奶壶和笔筒为主；工艺上注重打底釉色与器型、釉面与金彩画面的结合。大量外销订单制作的乌金釉和洒蓝釉瓷器，则讲究色釉镶嵌、色釉开光、色釉浮雕、色釉加彩、色釉描金、色釉青花和色釉还原等，无一不与色釉息息相关。清代初期的高温色釉是景德镇四大名瓷之一，

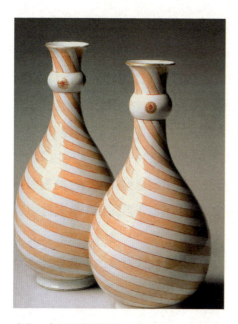

清代　康熙橘黄釉描金花瓶 编号：P.O.8023
高度 18 厘米　德累斯顿国家艺术收藏馆陶
瓷部供图

其色彩丰富晶莹透体博得人们的喜爱，这也是奥古斯特一世钟爱它们的原因。由于当年欧洲人对于中国瓷器的陌生，大部分颜色釉瓷器都以东印度蓝白瓷器、绿色瓷器和红色瓷器的方式归入了收藏清单，甚至还有部分被误写入日本瓷器。

1. 欧洲样式的单色釉花瓶

清代历史上，外销色釉瓷的制作多为单色釉装饰，也有少数是用两种以上的色釉同时装饰在一件陶瓷器皿上，如大家非常熟悉的"三阳开泰"，就是用乌金、郎窑红同时使用在一件器皿上，但并不表现具体的形象和内容。奥古斯特一世收藏有 6 对形制和釉色都极为特殊的橘黄釉和白釉相称的束口花瓶。通高 18 厘米，编号 P.O.8023 和 P.O.6843，奥古斯特一世将它们小心翼翼地存放于绿穹窿珍宝馆，并在 1721 年的收藏清单中对这些花瓶予以记载：

bouteille mit goldenen rothegemahlten straiffen，mit kurzen Halben und verguldeten mundlochern（Bottle with golden red painted stripes，with short necks and gilded mouths）.

以上引文的意思是"画有金红色条纹的花瓶，短颈且有描金的口沿"。奥古斯特一世如此重视这些花瓶是因为它们极为稀少且珍贵，不仅在欧洲，在康熙时期的中国外销瓷中也较为罕见。从造型上看，花瓶整体呈蒜头状，腹部隆起，上身收拢，颈部饰有突起的项圈，口沿向外，呈撇口状，是典型的波斯玻璃器皿的造型。17 世纪初威尼斯曾一度仿制波斯的乳白色玻璃器皿，形制与该器物相似。从色釉装饰上看，这些花瓶的表面被饰以一圈圈橘黄色的弧线，呈螺旋状向上游走，在颈部被一条白色凸起的项圈隔断，白色弧圈上画有四朵红色和金色相间的日本菊花，该风格属于17世纪中期日本有田窑的装饰。笔者在景德镇考察期间采访了几位经验老到的烧窑师傅，在他们看来，这些花瓶属于景德镇高温单色釉彩绘，烧制工艺极为高超。在古代，没有现代科学技术的帮助下，窑工要烧制这种橘红色且描金的花瓶就必定要熟悉各种高温颜色釉的配制、绘制工艺特点、烧面制度等。必须通过大量的瓷器试烧掌握其规律，才有把握运用高温颜色釉装饰。如色釉花瓶颈部的四朵金色和橘黄色相间的日本菊花，如何在高温焙烧的情况下，既保持乳浊白釉的透亮度，又不让四朵菊花偏色或跑色，这是极为困难的。显然，17世纪晚期荷兰东印度公司向景德镇窑工晒出的订货清单，并不仅仅是中国本土样式的瓷器，还有一些来自欧洲人的特殊审美要求；景德镇的窑工不仅没有拒绝，相反在与日本伊万里瓷窑的激烈竞争中，他们克服了种种困难，最终博得了欧洲人的认同与赞许。

康熙朝是景德镇瓷业复苏和迅速发展的时期。民窑和官窑都得到了空前的发展，不仅器型相当丰富，而且各种颜色釉和彩装

清代 康熙乌金釉黑地金彩将军罐 编号：P.O.7887 高度47厘米 德累斯顿国家艺术收藏馆陶瓷部供图

饰瓷器也品类繁多。此时的工匠们已能熟练地掌握各种金属氧化物的呈色机理，烧造出色彩缤纷的陶瓷釉色。红、黄、蓝、白、绿、紫、黑等色釉异彩纷呈，发色鲜明而稳定，无论是数量、品种和质量，都取得了令人瞩目的成就。

2. 乌金釉瓷

乌金釉意即黑釉，因黑釉釉料在景德镇称"乌金土"，故《景德镇陶录》中称其为乌金釉，其矿料中含氧化铁、氧化锰及氧化钴等多种呈色金属。17世纪早期，欧洲并不太流行黑釉或乌金釉瓷器，1683年景德镇复兴窑口后，中国开始盛行黑釉瓷，器型有碗、盘、杯、洗、笔筒、盒、壶、罐、瓶等。康熙时期的黑釉瓷器胎体洁白细腻，釉色莹润而乌黑发亮，有的还辅以金彩装饰，庄重而不失华丽，十分符合当时欧洲皇室的审美。所以，17世纪晚期的欧洲市场尤其是荷兰东印度公司特别钟情黑釉瓷器，雍正时期盛行黑釉瓷器很可能跟外销有关。

康熙《乌金釉将军罐》，高47厘米，底款NO69↑，P.O.7887，此类型的将军罐在奥古斯特一世的收藏中颇多，造型上体现了康熙时期硬朗的作风，线条收分有致，方中带圆，自然得体，洗练中显出精致。设色上以当时流行的乌金釉为底，乌金釉在欧洲上层社会被称为"镜黑"，意思是放置在有镜子的房间里，瓷器就像镜子的表面一样乌金发亮；该乌金釉将军罐表面还绘有金彩，题材为道八仙手持的八件法器，即渔鼓、宝剑、花篮、笊篱、葫芦、扇子、阴阳板、横笛。因只采用神仙所执器物，不直接出现仙人，故称暗八仙。有吉祥的寓意，也代表万能的法术，这一风格流行于康熙晚期，俗称黑地描金；北京故宫博物院文华殿瓷器馆就藏有康熙和雍正的乌金釉金彩瓷器，其胎质细腻，光亮如镜，为清代颜色釉瓷中难得的佳品。

康熙《乌金釉金彩天球瓶》，高42厘米，编号NO27↑。乌金釉金彩天球瓶自康熙时期开始盛行，乾隆时期体型较为扁圆，嘉道时期较为少见，光绪至民国又开始流行。康熙时期乌金釉色泽光亮，金彩为二次复烧，远看有亚光效果，自然光略带棕色。茨温格尔宫收藏的乌金釉金彩天球瓶应为康熙中期的产品，胎质厚实，底为典型糯米胎，修足规范，釉水莹润厚实。从器物名称来说，天球瓶是一个明清瓷特定的概念，名称也形成较晚；此瓶球腹长颈，为清代早期天球瓶的造型。瓶身以金彩绘缠枝莲花纹，欧洲人称其为"唐草纹"，画工还将缠枝花与蔓藤、牵牛花等枝叶串联缠绕，形成涡卷形的细微图案，该风格对后来洛可可时期的室内装饰产生了极大的影响。康熙时期的黑地金彩有两大技法，一为贴金箔，二为绘金液。前者工艺较为繁复，需将金箔与油或胶液等媒介一起捣成粉末涂料，利用毛刷涂抹或点描，然后以 800℃—900℃ 的窑烧，新出炉的产品再以玛瑙打磨，即可获得明亮的金黄色。绘金液是依适当比例的金粉与含硫的树脂膏调成水金，以毛笔涂绘后烧成，还原光亮的艺术效果。清代康熙时期的民窑一般采用水金做法，笔法较为粗糙，奥古斯特一世收藏的黑釉金彩虽为民窑产品却使用了贴金箔和绘水金相结合的手法，工艺精湛。

3.洒蓝釉

洒蓝釉是清代康熙蓝釉中最为特殊的一种，创烧于明代宣德年间，但宣德时烧造并不成熟稳定，数量极少（传世的仅有几件官窑钵式碗），弘治朝后停烧，清代康熙时期得以复烧。清康熙、雍正、乾隆时期的洒蓝釉以钴为呈色剂，做工精细，很多辅以金彩装饰，也有少量辅以五彩和釉里红装饰，瓷器呈色稳定。

洒蓝釉为中国古代吹釉工艺的运用，是以钴作画，用小竹管蘸蓝釉料，喷吹在烧成的白釉素器上，当器满身吹釉而呈一色均厚，就是单色釉；吹得不均而且厚薄不分、深浅不一，便称其为雪盖蓝或洒蓝，洒蓝釉面上形成星星点点的蓝斑，犹如洒落的水点，又像密密麻麻的鱼子，故又称吹青、鱼子蓝或雪花蓝。清康熙时官窑和民窑都大量生产，有盘、碗、壶、瓶等，种类丰富、挺拔秀丽、刚柔相济。康熙时期，洒蓝釉瓷器大量出口欧洲，英国维多利亚与阿尔伯特博物馆、巴斯东方艺术博物馆和德累斯顿茨温格尔宫都藏有大量的洒蓝釉瓷器。

康熙《洒蓝釉金彩天球瓶》，高 41 厘米，底款 NO51 ↑。该瓶器型端正，品相完美，胎质厚实饱满。胎体表面的蓝釉是在烧成的白釉器上，以竹管蘸蓝釉汁水，吹于器表，形成厚薄不均、深浅不同的斑点，胎体所余白釉的地方仿佛是飘落的雪花，隐露于蓝釉之中，颇有韵味。康熙时期民窑的洒蓝釉大多色调深浅不一，所绘如意或缠枝花纹样较为死板，但该瓶以青金蓝釉为地，通体施普蓝釉，局部呈现淡孔雀绿彩，颇为精致。

就其装饰效果而言，水金绘成的如意八卦纹均匀地密布于釉面之上，形成明代嘉靖四青釉的装饰风格；金彩之下的雪蓝釉色，由吹釉工艺形成的精细留白，挥洒自如。洒蓝釉由于烧造时的工艺复杂，成功率比较低，因此洒蓝釉瓷器在当时也是比较珍稀的一个品种。清代后期，洒蓝釉瓷器的烧造水平有所下降，胎和釉等方面都无法与清早期的器物相比。因此，从收藏的角度讲，奥古斯特一世收藏的这 22 对洒蓝釉天球瓶，是清代洒蓝釉的珍品佳作。

康熙《洒蓝釉金彩山水人物笔筒》，高 21 厘米，底款 NO 111 ↑，P.O.4220，高 19 厘米。文房四宝在中国外销瓷器中是较为罕见的，因为在 17 世纪中国传统文化是很难被欧洲人正面接受或理解的，尤其是书写有中国文字的瓷器，在当时的外销瓷器中更是少见。奥古斯特一世共收藏有 2 件洒蓝釉笔筒，可惜的是记录该笔筒的收藏清单下卷已经遗失，所以我们仅能在 1779 年由弗里德里希·奥古斯特二世重新编写的收藏清单中见到记载，原文如下：

Zwey stuck dunkelblaue Glacieren mit goldener chinesischer Schrift...（A Container for Ice）

上文的意思是：中国蓝色瓷画金色图案，它用于存放冰块。

弗里德里希·奥古斯特二世的记录让我们恍然大悟，在 18 世纪中西方文化激烈碰撞和交流的时期，欧洲人对于中国传统文化似乎还有很多误读与不解。笔筒上中国匠师所画的是已经脱去了文人长袍的苏东坡，摘去了文人的方巾，改穿农人的短褂子。在《前赤壁赋》中，面对赤壁的山水风月，诗人和画工所描绘的其时之水"清风徐来，水波不兴""白露横江，水光接天"；其时之月"月出于东山之上，徘徊于斗牛之间"；"水状茫茫无际而雍容舒展，月色浓华可人而与水相照"的意境，显然没有得到奥古斯特一世的特别注意；相反他对于中国文化的囿于自用、不求甚解的态度很自然引发对中国艺术品的诸多误读，他们对中国文化以及中国艺术的热忱，明显是建立在只求能用，不求甚解的态度上。所以，在1779年之后大部分的中国瓷器都被奥古斯特二世收入了日本宫的地下室。

康熙《洒蓝釉、瓜皮绿釉金彩提梁茶壶套装》，共有2套，每套6件，这是奥古斯特一世收藏的唯一两套单色釉茶具，其余的茶具均是五彩、青花或中国白瓷。

清代　康熙《洒蓝釉金彩山水人物笔筒》　编号：P.O.4620　直径 19 厘米　高度 16 厘米
德累斯顿国家艺术收藏馆陶瓷部供图

提梁茶壶呈直口，鼓腹，矮圈足。肩部架起提梁，一侧出弯流。盖凹面折沿。置如意形钮，壶身施黑釉，以金彩描绘写喜上眉梢。康熙时期的中国工匠常在洒蓝釉瓷器上使用金彩装饰工艺，虽然早在元代时期就已启用金彩，但康熙时期的陶艺家对其进行了工艺革新。首先将金子磨碎，倒入瓷钵内，使之与水混合，直至水底出现一层金为止。平时将其保存干燥，使用时，取其一部分，溶于适量的橡胶水里，然后掺入铅粉。在瓷胎上金彩的方法与在乌金釉上色料的方法一样，蓝釉上的金彩浓重足色，彩厚光亮，使得整套茶具显得典雅倩丽又富贵华丽。

清代　康熙《洒蓝釉、瓜皮绿釉金彩提梁茶壶套装》编号：P.O.4517　高度 17.3 厘米
德累斯顿国家艺术收藏馆陶瓷部藏
作者摄 2013 年

值得关注的是，景德镇的匠师对提梁进行了特殊的色釉加工，施以浓淡、深浅不一的绿釉装饰，绿色釉中轻微闪黑，匀润嫩绿，像熟透的西瓜皮，这种装饰手法在康熙时期的官窑器中较为常见，俗称瓜皮绿釉，是一种名贵的釉色。低温铜绿釉在汉代陶器上已大量使用，以后的唐三彩、辽三彩和宋、金民窑器中也多有出现。明嘉靖时出现了瓜皮绿这样一个名贵品种，清康熙以后多运用于瓷器的文具和陈设器，然而在洒蓝釉色提梁壶上使用在国内实属罕见，不难看出景德镇陶工对于来自国外的瓷器订

单丝毫没有怠慢。

18 世纪初，奥古斯特一世曾根据宫殿的不同类型，如休闲宫、狩猎宫或者王宫，布置不同的装饰和使用不一样的中国瓷器。这套蓝釉的茶具曾经一度使用在"于毕高宫"，那里是弗里德里希·奥古斯特一世和弗里德里希·奥古斯特二世的休闲宫殿，国王可以在那里欣赏德累斯顿埃尔伯峡谷怡人的风景，暂时忘却日益僵化的宫廷礼仪，完全是一派牧歌式的情境和田园式风情。可以想象，游走在于毕高宫的灌木丛、迷宫、喷泉和众多的园林建筑中，让仆人用中国的洒蓝釉茶具沏上一壶热腾腾的红茶，那将是多么美妙的一种生活方式。

4. 茄皮紫釉

紫釉是一种高温铁釉，又称茄皮釉或茄紫釉。早在汉代已出现，宋代定窑、耀州窑等均有生产。"紫定"更成为天下追求的名品。据清代《说瓷》记载：

> 茄紫一色始于明末，康熙继之，皆系玻璃釉。淡者比茄皮之色略淡，深者比煮熟茄皮之色又略重，故有淡茄、深茄之分。淡茄尤为鲜艳，介于豇豆、芸豆之间。自雍正至乾隆虽间有茄紫，然已甚不多见。盖其色甚难摹拟故也。最近仿制者，紫中发红，且不匀

清代　康熙《紫金釉斗笠酒盏》　高度 6.5 厘米　口径 8 厘米　编号：P.O.4491/7966
德累斯顿国家艺术收藏馆陶瓷部供图　作者摄 2013 年

清代　康熙《豆青地三彩将军罐与花觚五件套》　编号：P.O.6935—6938　高度 44.5 厘米

德累斯顿国家艺术收藏馆陶瓷部供图

净，不难一望而知，真伪立判。又此色器皿大半有雕花者。

明清时期景德镇民窑均有生产，以碗、盘和香炉居多，一般圈足内都施白釉。清康熙时的紫金釉器多为官窑器，仍以碗、盘和盏类等小件器为多见，釉色匀净，釉汁肥厚光润。奥古斯特一世收藏的康熙《茄皮釉斗笠酒盏》共有 24 枚，每枚高 6.5 厘米，口径 8 厘米，该器型国内较为少见，主要供外销到欧洲。康熙晚期最为成熟，呈色均匀润泽，称为"茄紫"，配有碟、盘、碗等，主要用于宴饮。这组茄皮釉斗笠酒杯釉色光艳无比，可以照见身影。

5. 豆青釉

豆青釉是一种以铁为着色剂，在还原焰中烧成的高温绿釉效果，系属古代青釉的一种，景德镇陶录记载为明永乐时所创。明清时期，龙泉窑青瓷日渐衰落，景德镇所制青瓷却异军突起，其色泽较重，有宋元龙泉釉的效果，故又称"仿龙泉釉"。清代《说瓷》认为，"明以前之豆青微近黄色，至清则纯近绿色"。《陶雅》则肯定地说，"惟豆青一门，宜以绿色当之"。

　　奥古斯特一世收藏有 300 多件冬青釉瓷器，其款式以上页图的将军罐和花觚的搭配最多。也有部分青釉葫芦瓶和天球瓶，色泽青中闪绿，苍翠欲滴；釉质肥厚，多小气泡及垂流现象；釉层均匀，釉面玻璃质感强。清康熙《豆青地三彩将军罐与花觚五件套》，将军罐高 44.5 厘米，花觚高 39.7 厘米。罐子盖面隆起呈直形圆台状，顶置宝珠形圆钮。因钮盖形似将军头盔，故名"将军罐"，是康熙中晚期将军罐的标准式样。腹部正面四周挖出圆形白底，上绘"百古图"、石苍松图，气势奔放，疏密有致，别具匠心。充分展现出康熙时期高超的制瓷工艺和装饰美的艺术效果。豆青釉色有深有浅，深者青翠，浅者如新鲜青豆色；釉面无橘皮纹，釉质莹润无气泡；色比豆青浅，釉薄而坚，肥润无开片，器里器外均为一色豆青釉。豆青地三彩，是康熙晚期创烧出的一种釉下彩工艺。它是以豆青釉为底，利用铜红色料与钴料着色的釉里红、青花和釉下白彩来装饰器物，其工艺复杂，烧造难度大。尤其是釉里红显现纯红色正的器物不多见。这组康熙豆青地三彩将军罐和花觚组合，为康熙外销瓷器中的稀少品种，深受欧洲古瓷鉴赏家和集藏爱好者的追捧，是较为难得的古瓷佳品。

　　综观奥古斯特一世的颜色釉瓷收藏，无论釉上彩、釉下彩或是各种颜色釉，都比欧洲其他皇家的收藏来得精致细腻，且保存十分完好；尤其是豆青釉瓷器自然生动，晶莹滋润，是其他青花陶瓷艺术难以达到的效果，也是高温颜色釉彩绘的登峰之作。除上述罗列的精品之外，茨温格尔宫的地库中尚有少量青花夹紫、猪肝红、吹红、抹红、鹅黄、蜜蜡黄、瓜皮绿、松石绿、孔雀绿和金酱釉的瓷器，都是弗里德里希·奥古斯特一世和弗里德里希·奥古斯特二世日常使用或陈设的器物，可以说是五光十色、集其大成，是当时中国外销颜色釉瓷器高超技术和社会风尚的直接显现。

第三章　窑烟四起——皇家迈森陶瓷厂与 18 世纪的欧亚制瓷交流

　　14 世纪之前，欧洲人对于中国瓷器没有太多的认识，他们当中有人坚信，这是一种用贝壳、蛋壳或精细磨制过的石头制成的。在整个中世纪，欧洲人更多的是使用玻璃器皿和粗糙厚重的陶器来盛放液体。从现有的文献记载来看，大量的中国外销瓷器是在 16 世纪早期才开始抵达欧洲的。[①]

　　葡萄牙里斯本的东方艺术博物馆里，至今仍珍藏着 16 世纪的中国瓷器，一些装饰有葡萄牙皇室或家族徽章或写上献给某某人的青花瓷上都有明确的纪年，它们都代表了最早期的纹章瓷，是欧洲向中国订制外销瓷器的开始。1588 年西班牙无敌舰队被英国人摧毁，1602 年葡萄牙商船圣·卡特里娜号被荷兰舰队缴获，这两个横跨世界的超级大国遭受到了来自新教国英国、荷兰的挑战。

　　17 世纪 20 年代起，荷兰成为西方独占与中国和日本进行贸易的国家，数以百万计的中国瓷器在这一时期源源不断地销往欧洲。[②]17 世纪

---

① *Chinese Ceramics & The Maritime Trade Pre-1700*, Chapter 6, Brian McEleny, The Museum of East Asia.

② 荷兰远东陶瓷研究会 Jorg 博士的研究资料统计：从 1602 年荷兰东印度公司建立到康熙三十四年间（1602—1695 年），欧洲向中国购买的瓷器总量约二千万件；另一项统计，从明万历三十二年到清顺治十三年（1604—1656 年）销往荷兰的瓷器达三百万件，平均每年约 6 万件。雍正十二年（1734 年）一年销往荷兰的瓷器达 40 万件。英国东印度公司、法国东印度公司也分别从中国购买瓷器；雍正十二年（1734 年）运销瓷器 68000 件，乾隆三十九年（1774

1660—1670 年　日本柿卫右门瓷 (kakiemon)　编号：P.O.948/546　大罐高度 55 厘米
小罐高度 26 厘米　德累斯顿国家艺术收藏馆陶瓷部供图

40 年代起，中国陷入了经济崩溃和社会动荡的年代。满族人挥师入关，
推翻明朝，之后的战争仍绵延不绝；福建、广东和台湾等省的局部叛乱
和反清复明活动直到 1683 年才算结束。这场旷日持久的动乱给中国的
对外贸易造成了严重的影响，欧洲各国与中国的瓷器、丝绸和药材贸易
在近 50 年的时间里转移到了日本和东南亚国家。日本陶工抓住了这个

年）运往英国的瓷器约 40 万件，乾隆十五至四十六年（1750—1781 年）运销瑞典的瓷器达
110 万件。
　　从考古调查来看，打捞 16—17 世纪的欧洲与远东之间海域沉船的工作已颇见成果。目
前已打捞的沉船有荷兰东印度公司商船 Geldermals 号，该船沉于 1752 年（乾隆十七年），船
上货物青花瓷器占 90%。葡萄牙商船 The san Jago 号和 The Santa Catharina 号，船上为万历
时期的青花瓷器，1613 年（万历四十一年）沉船 Witte Leeuw 号，大多为万历时期的青花瓷；
1615 年（万历四十三年）沉船 Banda 号，也为万历时期的青花瓷。1602 年、1603 年（万历
三十年、三十一年）葡船上打捞的亦为万历时期的青花瓷器。西班牙沉船 Sao Concalo 号和
Concepcion 号分别沉没于 1630 年、1640 年，船上有明末青花外销瓷。

千载难逢的机会，开始为欧洲国家生产瓷器。日本九州岛港口的"伊万里风格瓷器（Imari）"，以盛产釉上红蓝彩而著称，这种色彩对比鲜明的瓷器很受欧洲人的欢迎，并迅速走红；另一种日本瓷器叫"柿卫右门瓷（kakiemon）"，它来自九州有田町一个陶瓷世家，这种瓷器约在17世纪80年代开始向欧洲销售，与其他日本瓷器相比"柿卫右门瓷"较为贵重，仅有欧洲皇室和贵族才有实力收藏，其中最著名的收藏家之一就是奥古斯特一世。

1680年，康熙朝开始重振瓷业，在三藩之乱中被迫停烧的景德镇窑得以重建并恢复出口。为迎合欧洲市场和日本国内市场的需求，中国陶工开始模仿日本风格的"伊万里瓷器"，并混合中国本土瓷器销往欧洲；17世纪中晚期，渴求中国瓷器的欲望激发了欧洲人开始研制和生产陶瓷的动力。

1708年，萨克森公国炼金师约翰·波特哥向奥古斯特一世庄重报告，他已研制出烧制硬质瓷器的奥秘与配方，两年后欧洲历史上第一个

1660—1670年　日本伊万里风格瓷器（Imari）　编号：P.O.1127/1086　罐高度29厘米　盘直径33厘米　德累斯顿国家艺术收藏馆陶瓷部供图

皇家制瓷厂"迈森"在德国应运而生。不久之后，意大利、荷兰、英国、法国和西班牙等国的皇家制瓷厂也犹如雨后春笋般涌现，它们的出现，打破了长久以来中国和日本对于欧洲瓷器市场的垄断，掀开了世界制瓷史的新篇章。在此之前的一个世纪，西方世界充斥了形形色色的东亚瓷器，既有中国生产的仿欧式或日式瓷器，又有日本生产的仿中式或欧式瓷器；现如今迈森皇家制瓷厂的诞生，又制造了一批欧洲生产的仿中式或日式瓷器，各美其美，各荣其荣。18世纪初的萨克森宫廷恍如一个世界的舞台，来自东西两大半球的文化与信仰在此碰撞和交融，而奥古斯特一世的瓷器宫殿就好像一面镜子，生动地折射出近代早期欧亚制瓷艺术的互动与交流。

第一节　刀刻圣手与彩画瓷匠
——西洋风情中国造

17世纪初，中国与欧洲的经济贸易促成了"欧洲中国热"和"中国装饰风"的兴起，西方国家对于中国文明的渴望以及对东方浪漫主义情调的臆想，客观上为当时的中国工艺美术（瓷器、家具、漆器和银器等）提供了一个文化互动与互识的空间。美国学者乔纳森·戈尔茨坦曾在《费城与中国贸易（1682—1846年）——商业、文化态度的作用》一文中指出："对中国艺术品和产品由衷地热爱，从而轻松地转变了占统治地位的古典商业模式，这又反过来对进口商产生了经济影响。"这一时期，中国出口欧洲的艺术品，特别是中国外销瓷曾一度满足了欧洲人对心目中的理想国度和异国情趣一睹为快的强烈愿望。为适应西方消费者的赏玩需要，中国外销瓷的西化，说明中西经济文化已进入双向交流与互动的新境界。

1515 年　丢勒　蚀刻版画《犀牛》　大英博物馆绘画馆藏

　　那么，欧洲传统的器形与图样是以什么样的方式传播到中国？中国的工匠是如何接受西方文化并进行艺术生产的？

　　1635 年（明代崇祯八年），荷兰商人第一次把欧洲市民在日常生活中所使用的宽边午餐碟、水罐、芥末罐、洗脸盆等做成木制的模型（可能是避免海运途中损坏），带到广州，请中国的瓷器匠师们模仿生产；之后在 1639 年，把试制出的首批样品运往荷兰。这批样品包括带两个把柄的花瓶（200 个）、小酒罐等，其中有的看来是英国陶器的造型。中国工匠们的产品获得空前成功，他们所生产的瓷器完全适合欧洲市民的使用，在欧洲市场上供不应求。于是，在 1643 年，又从广州向荷兰运送了第二批样品。1678 年，荷兰东印度公司又请求中国瓷器匠师模仿荷兰德尔费特（Delft）的陶器，包括盘、碟、水罐、细颈瓶、烛台等，以供欧洲的各类器型需要。

　　荷兰学者 T. 福尔克在《荷兰东印度公司与瓷器》一书中指出：

　　……（荷兰东印度公司 Vereenigde Oostindische Compagnie）在1683 年后的数十年里，德里克·迪弗（荷兰东印度公司老板）曾派遣商人到中国广州港购买某一类的中国瓷器，明确地指定数量、价格和种类。

　　……为了确保所购的瓷器能迎合欧洲贵族的品位，其订制有专门的"范本"。同时，商人及船员也经常为亲人和好友特别订制瓷器，这部分瓷器大多有指定的样式和内容。

文中所说的"范本"指的是当时欧洲流行的铜版画、蚀刻版画或少量西方画家绘制的画稿与设计图样。17—18世纪中国外销瓷上的装饰绘画，大部分是按照东印度公司所提供的铜版画、蚀版画为蓝本或西方画家绘制的画稿和设计图样复制到瓷器上的。

1735年法国人出版的杜赫德编的《中华帝国通志》曾记载：

　　……中国瓷绘画家都能很准确地摹仿铜版画的图案。……（广州）CANTON的瓷绘画师能根据英国铜版画画家蒙诺耶尔（Monnoyer）的作品，绘制一对15英寸直径的花卉纹瓷盘，花纹以黑金两色描绘。[1]

清代学者朱琰在《陶说》中指出：

　　……今瓷画样十分之，则洋彩得四，写生得三，仿古二，锦缎一也。

　　……画碧眼棕发之人，其于楼台花木，亦颇参用界算法。[2]

事实上，葡萄牙是最早在中国定制"欧洲风情瓷器"的国家，其历史可以上溯至公元1522—1566年，即明代嘉靖年间。里斯本国家档案馆至今仍保存着一份16世纪初葡萄牙商人的瓷器订单，里面详细记载了葡萄牙商人在中国定制的一批釉下彩青花徽章瓷器，其英文译文如下：

　　small number of objects decorated in underglaze blue bearing the Portuguese royal coat-of-arms, the armillary sphere, Latin and Portuguese incriptions and IHS monogram surrounded by a crown of

---

　　[1]　谢和耐、戴密微等：《明清间耶稣会士入华与中西汇通》，耿昇译，东方出版社2011年版。

　　[2]　（清）朱琰撰：《陶说》，共六卷，1935年商务印书馆《万有文库》单行本，说古篇，福建师范大学图书馆古籍部善本。

thorns,combined with motifs of characteristic Chinese taste.[1]

"Coat-of-Arms"在欧洲特指在瓷器表面描绘定制图样和纹章的瓷器。明代中期，欧洲商人在中国定制瓷器多以皇家或贵族的徽章作为主要装饰，数量较少，品种也较为单一；明代晚期，中国战祸频至，影响所及，出口西方的瓷器几乎完全停止，直至清代康熙时期，与欧洲的贸易才恢复正常。此后，欧洲耶稣会士和神职人员开始向中国定制教会专用的徽章瓷器，并用于各小礼拜堂的正式仪式。

1712年法国传教士殷弘绪神父在其个人书简中这样写道：

> 有人给我带来了一只小碟子，我对它的珍爱远远超过了中国千年以来制造的所有瓷器。我看到了碟子的内部绘有图案：一幅耶稣受难像、圣母和圣·若望像。有人告诉我，这类瓷器过去曾被运到日本，但自十六年前以来就未曾这样做过了。很明显，日本的基督徒在仇教期间利用过这种技艺，以拥有我圣教奥义的圣像。这些瓷器与其他瓷器混搭在箱子中，从而避开了宗教敌人的搜查。[2]

殷弘绪神父的描述如实地反映出清代康熙时期，中国工匠接收西方版画订单，并制作西洋题材瓷器的历史事实；其个人对于瓷碟的叙述恰恰说明了此类瓷器在中国外销瓷器中的独特性和珍贵性。纹章瓷之所以流行，是由于在当时的欧洲社会，家族谱系、贵族联姻与企业身份对于维护和发展社会网络与关系是至关重要的。自中世纪以来，欧洲就有在银器、纺织品和家具上添加纹章的做法，这些器物都是私人或公共场合中用来展示的。1700年前后，当中国和日本的外销瓷涌入欧洲市场，传统纹章也开始延伸到中国外销瓷器上。

---

[1] see *Terese Canepa in Imagens do Chistianismo na Porcelana da China-Christian Images in Chinese Porcelain* ,exhibition catalogue,Jorge Welsh Oriental Porcelain and Works of Art,Lisbon and London,2003,pp.6-9.

[2] [法]伯德莱：《清宫洋画家》（西方发现中古丛书），耿昇译，山东画报出版社2005年版，第132页。

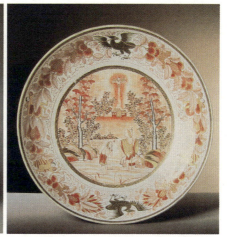

左　约 1725—1735 年《耶稣洗礼瓷盘》
比利时国家博物馆藏　韦拉格·德纳耶赠

右　约 1725 年《耶稣洗礼瓷盘》
"大明成化年制"款　编号：P.O.7863
德累斯顿国家艺术收藏馆陶瓷部供图

除了纹章瓷，定制瓷器中另一个重要品类就是欧洲的宗教、神话与世俗题材的瓷器。大约在 18 世纪初，中国工匠开始根据东印度公司提供的母本生产此类瓷器；工匠们把白瓷胎作为画布，将西洋宗教图绘与中国传统彩瓷技法相结合，诞生了一种 18 世纪的混搭艺术风格，奥古斯特一世的宫廷收藏便有几件代表性作品。

《耶稣洗礼盘》，釉上彩描金瓷盘，高 7.5 厘米，直径 40.6 厘米，馆藏编号 INV.NO.P.O.7863，瓷盘底部以楷书题写"大明成化年制"六字款，奥古斯特收藏入库的时间是 1725 年，可能是康熙时期的寄托款。尽管在康熙朝的后期，耶稣会被禁止在中国传教，但表现耶稣生平重要时刻的宗教题材和场景在当时仍是十分流行的主题。该瓷盘以铁红彩为主调配以墨彩，描绘基督在约旦河受洗，洗礼是信徒入教会的重要仪式，亦称圣洗。[①] 洗礼的施行主要有洒水（或称为点水礼）和受浸（或称浸礼）

---

① 基督教认为洗礼是耶稣基督亲自设立的圣事，不仅是信徒正式入教的仪式，而且象征着入教者的原罪和本罪得到赦免，为其接受圣灵和恩典的证明。

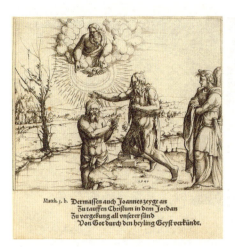

1747 年《耶稣受洗》铜版画 Augustin hirschvogel 大英博物馆藏

1700 年《耶稣受洗》铜版画 Blome 大英博物馆藏

两种方式。洒水礼的意思就是牧师在主持洗礼时，用一点水洒在接受洗礼的信徒头上。浸礼的意思就是接受洗礼的信徒浸在水中。不过《圣经》并没有定下哪一种方式才有效。

马太福音 3:16 记载："耶稣受了洗，随即从水里上来，天忽然为他开了，耶稣就看见神的灵仿佛鸽子降下，落在自己身上。"

《基督教会史》（华尔克著，谢受灵译）第 142 页写道："说到施洗所取的形式，大约最初是用浸礼，或半身浸入水中。"

《十二使徒遗训》记载："奉父子圣灵的名在流水山中施洗；但是，设若没有流水，用别样的水施洗亦可；设若不能在冷水中受洗，也可以用温水。假如水不够用，那么只拿一点水奉父子圣灵的名，三次灌注在头上也可。"

根据上文，可见当初教会所用的乃是浸礼，条件不允许的时候，才用一点水灌注在头上。而《耶稣洗礼瓷盘》其图像上交代得十分清晰，耶稣立于流水山中，双手合拢，虔诚地接受圣约翰的施洗，鸽子从天而降，是一次约旦河的浸礼。此类图像的摹本可能与当时基督教著作流行的版画插图有关，因为在同一时期的欧洲版画和插图上我们都能找到相似的画面。所不同的是，清代中国的工匠对于西方的宗教信仰也许是一无所知的，他们把圣约翰手中的十字架画成了道教中弯曲的拐杖，约旦河远处的房子也变成了东方歇山顶式的建筑。

约 1730 年《耶稣受难像瓷盘》直径 22 厘米
瑞典私人收藏

无独有偶，比利时布鲁塞尔国家博物馆瓷器部收藏的另一件《耶稣洗礼瓷盘》，也是一件铁红彩瓷盘，画中的题材和布局几乎和德累斯顿的一模一样，应该是同一批的订单货。不过，两个瓷盘的尺寸却相差很大，前者有40.6 厘米，而后者只有 27.5 厘米（当然这在外销瓷中也算是不小的尺寸）；前者不仅有铁红金彩，还有墨彩，局部刻画也更为

约 1730 年《耶稣受难像瓷盘》直径 27.5 厘米
比利时国家博物馆藏

深入；后者为单色勾勒，局部有金彩，晕散也较为淡薄。不过有意思的是，后者在情景的处理上，将基督受洗的这一严肃的西方宗教题材，置入中国传统的山水画背景，山峦湖石，花鸟虫草，俨然是东方情境下的西方布道。如果没有盘子下方出现的两位小天使拉起的徽章，上面写着"Mat .3.16"的字样，我们还很难一眼看出它是外销瓷盘。

西方学者霍华德（Howrd）和埃勒（Ayer）认为比利时的《耶稣洗礼瓷盘》时间应该晚于德累斯顿的瓷盘，早期的样式应该是遵循版画的图像，背景是树木而不是中国山石。

The Sence which is drive from a print in a Bible or another Christian publication is adapted by Chinese painter by adding a rock with flowers at the left above the river.In earlier blue-and –white versions a tree is shown there.[①]

客观上讲，我们很难断定哪个瓷盘生产的时间更早，仅有的记载来自荷兰东印度公司留存于海牙的账本，称此类瓷盘为"双份盘"[②]。奥古斯特一世的收藏清单显示，其个人收藏的《耶稣受难像》盘购买于1725年，高3.8厘米，直径22厘米，底款编号 N ↑ 12。画面上耶稣受难的场面选择了空旷的田野作为背景展开创作，这与文艺复兴时期马萨乔的基督受难完全不同。作品大胆利用了透视法，以勾、斫的笔法描绘基督受难的场景，创造了具有说服力的逼真空间。画面上位于中间的是圣父和圣子。圣子被钉在十字架上，他全身苍白，没有一点血色，头低垂着，蓬乱的胡子看不出一点光泽。在十字架的左下方站立着圣母玛利亚，她穿着黑色的长袍，伸出右手，仿佛向世人控诉着圣子的苦难，又好像在为耶稣祈祷。与圣母正对的是施洗圣约翰，他抱着双手放在胸前，脸虔诚地朝向十字架上的耶稣，见证着耶稣为世人承受的苦难。在前景的处理上，画工描绘了4名士兵正在掷骰子，放松的身姿，畅快的神情与十字架下满脸虔诚和神色肃穆的信徒们形成了鲜明的对比。此类瓷盘通常为4件一套，分别描画基督诞生、受难、复活与升天，有时还会有基督从十字架上解下。它们是17世纪末西方教会或基督徒在中国

---

① Howard&Ayers.*China for the West. Chinese Porcelain and other decorative arts for export illustrated from the Morrahedeh Collection*. 2 vols,London/New York 1978.

② C.J.A.Jörg,*Pronk porcelain.porcelain after designs by Cornelis Pronk,Exhibition catalogue*,Groninger Museum/Haags/ Gemeentmuseum,Groningen 1980.

定制的宗教题材瓷盘，是康熙时期基督教圣像传播在中国的物质化体现，也是西方版画影响中国外销瓷的一个重要开始。

约 1740 年 《在冥河施洗的阿基里斯》黑漆描金瓷盘 编号：P.O.3124 直径 24.5 厘米
德累斯顿国家艺术收藏馆陶瓷部藏
1892 年购入

除了宗教题材的订单，古代希腊和罗马的神话故事也常常出现在 18 世纪初的中国外销瓷中。奥古斯特一世收藏有一件名为《在冥河施洗的阿基里斯》的黑彩描金瓷盘，高 3.9 厘米，直径 32.3 厘米，底款编号 Inv Nr.P.O.3124，约 1740 年制。阿基里斯，又名阿喀琉斯，是海洋女神忒提斯（Thetis）和凡人英雄珀琉斯（Peleus）所生。他是参加特洛伊战争的一个半人半神的英雄，少年时因浸泡过冥河之水而刀枪不入，唯一的弱点就是脚踵，结果在特洛伊之战被杀死。陶工将盘子分为三个彩绘单元，盘心圆形内绘阿喀琉斯在冥河施洗，左右各绘一随从，一站一卧；盘腹留白，仅用朱黄色勾勒锯

约 1720 年 《黄地墨彩青花碗》编号：P.O.3130 直径 15.3 厘米
德累斯顿国家艺术收藏馆陶瓷部藏

齿状带饰；盘口沿则采用了典型的棕榈叶饰缘饰，设计者为了逃盖而使规则的波浪茎状装饰重叠，将植物茎状带处理成绳纹，该装饰纹样是黑绘瓷器中较为少见的。

另有一件《黄地墨彩青花碗》，高7厘米，直径15.3厘米，底款编号 Inv Nr.P.O.3130，1721年收入德累斯顿茨温格尔宫。碗为敞口，深弧腹，圈足，修足规整，整体造型敦厚稳重。胎骨坚致白细，釉水莹润，釉面光洁。外壁以赭黄釉为地，用墨彩绘罗马神话中的海神尼普顿（即希腊神话中的波塞顿）的故事；一面画海神尼普顿大战章鱼，场面激烈，海神冷峻而勇猛；另一面则画海神尼普顿出游，前方牵马执鞭的丘比特和海象尽情地嬉戏，涅柔斯和丰满温柔的海上仙女涅瑞伊得斯依偎在海神身边，抒情而又浪漫，这与前面的激战场景形成了对比。人们可以从各个角度来观赏这个碗，连续的姿势和动作把人们的视线螺旋般地引向碗的另一侧，巧妙地将两个故事的人物衔接在一起，作品复杂的构图和有力的组合，无不展示着巴洛克艺术的精美。

此类风格的中国外销瓷在德国有着一个特殊的名字叫 Ignaz Preißler Schwarzlot, [1] 它特指具有 Preißler 家族风格的东方瓷器。Daniel Josef

---

① German family of decorative artists. The *Hausmaler* Daniel Josef Norbert Preissler (Kronstadt, Bohemia, 1636; d Kronstadt, 28 March 1733) is attributed with some outstanding decorations on glass and East Asian porcelain. On 4 August 1675 he married Dorothea Koter from Kronstadt and after 1676 the couple moved to Friedrichswalde. Daniel's two sons, Ignaz Preissler (*bapt* Friedrichswalde, 13 July 1676; d 1741) and Florian Preissler (*b* Kronstadt, 1681), were also *Hausmalers*. Ignaz used very similar decoration to his father and their work is difficult to distinguish as neither signed their work. Ignaz is attributed with decoration in *Schwarzlot* (black enamel) and *Eisenrot* (iron-red enamel) on glass tumblers, bottles and goblets, faience from Delft, Frankfurt and Hanau, and European porcelain(软质瓷器). His work is clearly influenced by the Nuremberg *Hausmaler*, notably Johann Schaper (1621-70). Ignaz was probably apprenticed in Nuremberg.attributed to him a *Schwarzlot* tumbler made for Cardinal Friedrich, Landgraf von Hessen, Archbishop of Breslau (*reg* 1671-81). In 1716 he was employed as *Hausmaler* by Count Franz Karl Liebsteinsky von Kolowrat at the castle of Reichenau, near Kronstadt, where he is recorded as having decorated 285 pieces of porcelain and 12 glass objects, including covered tankards, hemispherical tumblers, panel-cut bottles

Norbert Preißler（丹尼尔·约瑟夫·诺伯特·普雷斯勒）是一名来自波希米亚地区赫赫有名的玻璃搪彩名匠。1676 年，普雷斯勒举家迁至 Friedrichswalde（德国勃兰登堡州的一个市镇），他的两个儿子伊格纳兹（Ignaz Preißler，1676—1741）和弗洛里安（Florian Preißler，1681—?）子承父业，并扩大了家族产业。尤其是伊格纳兹，他不仅很好地传承了父亲的技艺，而且还创造性地将铜版画中的黑彩（*Schwarzlot-black enamel*）和铁红彩（*Eisenrot* iron-red enamel）效果复制于玻璃器皿和软质瓷器上。年轻

约 1720—1730 年 《波西米亚玻璃搪彩瓶》
伊格纳兹·普雷斯勒 高度 18 厘米
英国维多利亚与阿尔伯特博物馆藏

时期的伊格纳兹曾作为学徒在德国纽伦堡地区著名的玻璃制作艺人约翰·沙佩尔（Johann Schaper）（1621—1670）的作坊学习，并一度为 Breslau（布雷斯劳，波兰城市）的红衣大主教兰德格拉夫·范·海森（Landgraf von Hessen）绘制玻璃工艺品。

1716 年，伊格纳兹受弗朗兹·卡尔（Franz Karl）伯爵的赏识，出任巴登符腾赖兴瑙岛[1]的首席工艺师，并在那里以黑彩和铁红彩绘制了 285 件软质瓷器和 12 件玻璃器皿。[2]此后，这种以模仿版画中黑和红为

and goblets.

[1]　位于博登湖上的德国巴登—符腾堡州境内，以岛上的多座修道院建筑而闻名，被誉为"修院之岛"，2000 年入选世界文化遗产。

[2]　这批玻璃器皿主要有带盖的罐子、半圆形的杯子和高脚杯。

基调的装饰风开始在欧洲流行起来，人们对于黑彩和铁红彩风格的青睐，使得当时的玻璃和软质瓷器价格不断攀升；恰逢此时，中国的外销瓷也在欧洲风靡，相对于代尔夫特的软质瓷器和德国的玻璃器皿，中国瓷器以其坚硬、精美和华丽而获得欧罗巴人的好感，成为贵族和皇室们追捧的艺术品。为了更好地迎合社会的需求，一种以黑彩和铁红彩为基调的中国外销瓷应运而生。① 这种新型的瓷器样式迫使中国工匠开始大量接受西方的版画和素描艺术，他们不仅要学习用毛笔来模仿版画中的明暗效果，而且还要兼顾瓷器焙烧之后所产生的层次感，可谓是技术与艺术的双重考验。

英国学者柯玫瑰认为釉上黑彩（grisaille）是 18 世纪 20 年代由耶稣会传教士介绍给北京造办处的装饰技法，1730 年后开始在中国外销瓷上流行。② 然而，奥古斯特一世收藏的这件《黄地墨彩青花碗》，其入库时间却是 1721 年，这无疑证明欧洲的黑彩（*Schwarzlot* -black enamel）和铁红彩（*Eisenrot* iron-red enamel）风格绘画至迟在 18 世纪 10 年代已在中国外销瓷器上定制和生产。或许是订货商的精心安排或许是中国工匠的别有用心，碗内的彩绘在题材上被赋予了东方的情境，古朴典雅的青花缠枝花纹，规整而雅致，东西方的艺术似乎在此仅有薄薄的一墙之隔。

不难看出，18 世纪初来自于欧洲客户的瓷器订单需求越来越具体化，这些由东印度公司承接并监制的"特别订单"（Chine de Commande），除了题材上的异国情调，在表现手法上，也彰显出浓郁的西方特色。线条的粗细变化以及明暗过渡的造型手法，通过线条的排列产生形体的凹凸，交叉的线条组成了一幅幅影调丰富的立体图像，这种特殊

---

① For this opoin, see Jorge Welsh, European Scenes On Chinese Art, 1st Edition ISBN 0-9550992-1-8, 2005, p.12.

② ［英］柯玫瑰、孟露夏：《中国外销瓷》，张淳淳译，上海书画出版社 2014 年版，第 77 页。

1510 年 莱芒第 (Marcantonio Raimondi , 1480—1534)《屠杀婴儿》铜雕版画
大英博物馆藏

的绘画表现技法正是当时欧洲十分流行的铜版画技艺。

早期的铜版画作品分为两大类，一类是直接在版上用锋利的刻刀或钢针直接雕刻，以此完成对历史题材或圣经故事的描绘，这种方式流行于 15 世纪早期，称为"雕凹线法"；另一类则是在铜版上直接涂抹松脂、沥青、树脂和动物胶皮等物质，然后用针在其上进行描绘和雕刻，让底层的铜版裸露出来，然后将铜版放入酸中腐蚀来制作凹部，这种方法被称为"蚀刻法"。

16 世纪初期，荷兰画家高尔玖斯在传统"雕凹线法"的基础上发明了"浅雕"（Line Engraving）雕版技术，其主要方法是用成组的平行线或弧线来表现形体。他把每条弧线都刻成两头细、中间大的形状，平行地排列开来，以表现人物或景物的起伏关系。①

——————

① 张奠宇:《西方版画史》，中国美术学院出版社 2000 年版，第 27 页。

1588 年　高尔玖斯《伊卡洛斯的坠落》铜
雕版画　直径 33 厘米
图片引自黑崎彰等著《世界版画史》

上文所列举的《黑漆描金十字架上的基督瓷盘》、《在冥河施洗的阿基里斯瓷盘》和《Jan Beukelsz 国王黑漆描金盘》正是使用了高尔玖斯的浅雕雕版技艺，该技术的发明拓展了铜版画的表现力，使得铜版画成为西方版画中最受画家欢迎的版种。17 世纪晚期，在与中国人的瓷器贸易中，荷兰、英国和瑞典的东印度公司源源不断地将欧洲的铜版画引入中国，以"特别订单"（Chine de Commande）的形式定制西洋铜版画风格的中国外销瓷器。

1707 年法国驻华传教区总会长殷弘绪在其与法国总会的通信中写道：

……中国人试图用研制得极细的中国墨汁，将其中的几件瓷器涂成黑色，以仿制我们的铜版画（事实上，这里是从锰中提炼黑色的颜料）。不过这种尝试一开始并未获得成功，它们变成了白色。①

清代人寂圆叟在《陶雅》中也有这样的评述：

……（洋瓷巨盘）盘心画海屋添筹之属，仙山楼阁，缥缈凌虚，盖参用泰西界法也。敷彩之精，用笔之奇，有匪夷所思者。②

康熙朝外销瓷"阴阳向背，偏及浓艳，生香冶色，纯合乎西法"，即属于此类。

---

① 西方早期汉学经典译丛《珍奇而有益的书简》（今译为《耶稣会士中国书简集》，*Lettres edifiantes et curieuses*），从 1702 年起，到 1776 年止，共出版 34 册，大象出版社 2005 年版，第 18 卷，第 176 页。

② （清）寂圆叟撰：《陶雅》，杜斌注解，山东画报出版社 2010 年版。

雕版线条在《在冥河施洗的阿基里斯瓷盘》
上的使用　清代　景德镇　作者摄 2010 年

17 世纪初期　莱芒第《屠杀婴儿》
铜雕版画中的线条使用　大英博物馆藏

　　上述记载透露，清代初期的景德镇地区是不生产单色黑绘瓷器的，
不过在高额商业利润的诱惑下，中国陶工也开始研制和模仿西方的铜版
画技术。18 世纪初，欧洲各式题材的铜版画作品随着瓷器的订单渐入
中国，经过一定数量的积累，中国陶工的黑绘技法得以大大提高，甚至
已达到或接近原铜版画的水平。这一点，从奥古斯特一世的收藏中便可
窥见，18 世纪 20 年代的中国工匠已能较为娴熟地运用毛笔来表现西方
的铜版画技法，景德镇的彩画艺师不仅能以点和弧线来表现人物和背景
的明暗关系，同时还掌握了中间粗，两头细的弧线表现方式，《在冥河
施洗的阿基里斯瓷盘》其脚下的河水波纹显然得到了西洋铜版画用笔的
启发，排线自然清晰，显现出独特的瓷器彩绘美感。

　　17 世纪初期，荷兰画家卢都戈·赛根（Luduig von Siegen）又发明
了"明暗表现法"，也称"黑色的方法"。他用一种特殊的滚刀，在一个
木柄上装上了可以滚动的、带着尖齿的轮子，用它在版画上反复滚动。
尖齿刺破版面，形成了密密麻麻的小点子，滚上油墨，再用刮刀和压刀

17 世纪中期　维特兰《画家自画像》
"美柔汀"技法

清代　康熙《爱坛婚礼》黑漆描金瓷盘
"美柔汀"技法　直径 24 厘米
德累斯顿国家艺术收藏馆陶瓷部供图

提亮，就出现了不同的明暗调子。

　　1654 年，英国鲁帕特亲王（英国国王詹姆斯一世的外孙）在比利时和卢都戈·赛根会见；鲁帕特亲王喜欢绘画，尤其热衷于蚀版画和雕版画，赛根的"明暗表现法"引起了亲王的极大兴趣，他曾亲手制作一批明暗铜版画，现存于英国泰特美术馆。[①] 由于他在英国王室的重要地位和影响，这种新的制版方式很快在英国传播开来，一些宫廷雕版师还运用新的技法来为王公贵族制作肖像，如画家维特兰创作的《鲁帕特亲王肖像》以及自画像，当时的英国宫廷画家把赛根的雕版技法称之为"美柔汀"（英文 Mezzotint 的音译，法语是 maniere Noire，意思是黑色的方法）。

　　"美柔汀"技法后来又反传到欧洲大陆各地，被称为"英国的样式"。

　　————————————
　　① 黑崎彰、张珂、杜松儒：《世界版画史》，人民美术出版社 2004 年版。

清代　乾隆《巴达维亚瓷盘》
编号：NG-1980-11　直径 22.6 厘米
荷兰阿姆斯特丹国立博物馆供图

1730 年　《巴达维亚港》荷兰　彭托制
大英博物馆藏

17 世纪晚期的铜版画家常将"美柔汀"技法和浅雕技法混合使用来刻画人物肖像，例如卢都戈·赛金现存的 7 幅铜版画作品就是这一风格，这一风格的版画后来也以外销瓷订单的形式传播到中国。

　　18 世纪 20 年代，景德镇开始烧制墨彩珐琅，其特点是以纤细的灰黑线条勾勒人物外形，以模仿欧洲的铜版画和蚀刻画，并在此基础上敷以颜色。譬如广彩（大英博物馆和荷兰艺术历史博物馆均有相同藏品）和绘有以广州口岸和伦敦河岸景貌为边饰的《汤盘》，其题材内容和构图与广州外销西画有一定的潜在联系。

　　巴达维亚是荷兰东印度公司在亚洲贩卖瓷器的主要中转港口，18世纪初期荷兰铜版画家常以巴达维亚为题材创作铜版画作品。1730 年，荷兰铜版画家约翰·彭托（J.Punt）创作了这幅名为"巴达维亚的献礼"的铜版画作品。画家采用了当时最为流行的"美柔汀"技法，描绘一位女神端坐于石凳之上，手握印有"VOC—荷兰东印度公司徽标"的旗帜，头微向左倾，前方一群印度尼西亚的商人跪地向女神献上珠宝；女神身旁围绕着两位圣女接过商人献上的礼品，右侧俯卧一雄狮象征着东印度公司的权威与强势；画面右侧前方则摆放着皇冠、珠宝和青花瓷器，这都是当时欧洲最为昂贵的奢侈品。画家约翰·彭托在处理画面时，先将版画处理成天鹅绒般的黑色，而后再用刮刀刮出浅色部分，由于刮刀刮过的部位光滑，油墨可以擦拭，因而画中人物衣褶与表情的明暗和影调变化处理得十分微妙，前后景色的空间层次感也极其丰富。

1730 年，荷兰东印度公司将彭托的版画搬上了中国瓷器，奥古斯特一世在 1733 年逝世之前购买了这个瓷盘，因而可以推断该盘的生产时间约为 1731 年。景德镇的瓷画艺师在接受订单后，采用了与以往不同的矾红色料进行彩绘，经过高温的窑烧后画面上人物呈现出桃红色，为了凸显画中的人物，四周原本繁复的装饰纹样也被简化了，只保留了四朵盛开的矢车菊花。不难看出，这一时期中国的瓷画艺师经过一定数量的积累，已具有较高的复制铜版画的水准。彩画艺匠不仅能够描摹巴达维亚版画中的繁复构图和众多的人物，同时在处理色调明暗层次、空间透视效果、人物的比例结构等方面也表现得相当出色。可惜的是，中国工匠并未能完全理解《巴达维亚瓷盘》铜版画的原意，在处理画面的构图时，景德镇的彩画艺匠将欧洲人最关注的"VOC（荷兰东印度公司徽标）"和摆放在女神右前方的中国青花瓷器给省略了。

事实上，西方的铜版画和油画技术传入中国初期，清代的文人士大夫和专业画家们对西画的评价并不高，清代邹一桂在《小山画谱》中说：

西洋善勾股法，故其绘画于阴阳远近，不差锱黍……但笔法全无，虽工亦匠，故不入画品。

清人松年在《颐园论画》中也谈道：

愚谓洋法不但不必学，亦不能学，只可不学为愈。

清初画家吴历（1632—1718 年）曾与传教士鲁日满交友往来，晚年加入了基督教云游欧洲。在西洋文化的长期濡染下，作为画家已不可避免地受到了西洋艺术的影响。然而，中国2000多年的文化传统和画学影响是广泛而深刻的，即使吴历对西画有所借鉴，但在谈到东西绘画之差异时，他说：

> 己之画不取形似，不落窠白，谓之神逸；彼（西洋）全以阴阳向背形似窠白上用功夫。即款识我之题上彼之识下，用笔亦不相同。

吴历认为中国绘画"不取形似"是求"神逸"之作，而西方绘画仅在"阴阳向背形似窠白上用功夫"，所以"非雅赏也，好古者所不取"。足以见其对西画并不十分肯定，画家在晚年的绘画里"西法"的影子也渐少。从吴历和清初其他画家的描述可以看出，西洋绘画传入中国后，受到传统观念影响深重的中国画家对西画态度非常审慎，甚至是排斥。许多学者认为，清代西洋绘画的播迁与影响只限于宫廷，如戴逸在《简明清史》中认为："西洋绘画来到中国后'只在宫墙内开花'"。

客观上，18世纪初西洋画进入中国是"墙内开花墙外香"。1684年康熙开海之后，荷兰和英国在巴达维亚（今印度尼西亚）港口的贸易基地，源源不断地向中国定制各种宫廷和私人专用的瓷器。为了能给中国的瓷器工匠提供更为准确的摹本，欧洲商人将西方画家创作的版画、素描和油画引入中国。从奥古斯特一世收藏的纹章和定制的外销瓷分析，铜版画是这一时期最为流行的西洋摹本；18世纪初的景德镇，一些颇有见地的彩画工匠开始饶有兴致地勾画西洋题材，对于他们来说，来自于东印度公司的铜版画就好像一部全新的西洋绘画教科书，闻所未闻的故事，前所未见的画风，既拓宽了视野，丰富了技法，还打开了思路；一些画面的主题和人物是西洋的，背景却套用了中国传统的山水画技法，或许传统中国画中的钩皴点染对于彩绘画匠来说更是驾轻就熟，也或许中国工匠正试图通过瓷器这个18世纪的世界文艺舞台来与西方画家共舞。总而言之，康熙中晚期的中国外销瓷逐渐走向了多元化和全球化，伴随着闽、粤、江、浙四大关的开海，形形色色的欧洲风情和历史人文也由此融入了清代中国的社会之中。

第二节　想象东方与自我表达——中国风情欧洲造

16世纪初，当中国瓷器销往欧洲之时，西方人对于晶莹透亮的硬质瓷器及制作工艺还不甚了解，甚至是一无所知。在无法确定瓷器的物理性质之前，有些欧洲人坚信瓷器是用贝壳、蛋壳或精细磨制过的石英石制成的奢侈品。

葡萄牙商人哥伊斯（D．de Gois）在1541年就曾描述了瓷器在欧洲的市场价值：

> 以贝壳制成的瓷器非常昂贵，一件瓷器的价格可相当于数个奴隶的售价。

曾游历埃及各地的迦可贝隆(J．Belon)也记载了当时的社会反应：

> 瓷器是透明的，而且在开罗卖得很贵。人们说它们是从印度进口的。我以为这很可能是正确的，因为如果要从很远的地方送来，我们不可能有这么多且这么大的作品。①

作为与中国最早进行瓷器贸易的葡萄牙，是第一个在欧洲研制硬质瓷的国家。当时的葡萄牙人用本地粗糙的低温黏土仿造中国瓷器，尝试烧造第一批所谓的"仿瓷器"。然而，当时的葡萄牙人仅仅掌握了烧制低温黏土的氧化彩陶，还不能算是实际意义上的瓷器，所以在与中国人的生意交往过程中他们也不断地学习制作瓷器的技艺。正如1516年，葡萄牙商人杜亚尔特·巴尔博扎(Duater Barbosa)在《东方纪事（手稿)》中所记载的：

---

① （台北）文化杂志编：《十六和十七世纪伊比利亚文学视野里的中国景观》，2003年。

他们在这块土地上生产大批的瓷器，瓷器在所有地方都是大商品。制作瓷器要把海螺和鸡蛋壳磨成粉末，加蛋清及其器，其他陶瓷很难体现出中国瓷的社会价值。他们将原料揉成一团，放到地下室藏一段时间。这种泥团被当作遗产和财富，因为到时间后可以做成各种各样的普通或精美的瓷器。①

1556年葡萄牙传教士加斯帕尔·达·克鲁斯（G. de Cruz）终于在广州见到了瓷器的生产过程，后来在他个人传记里首次较为客观地介绍了中国瓷器及其制造工艺：

中国瓷器是由洁白而柔软的岩石或是坚硬的黏土制成的。它们经过连续不断地捶打配方、烧成工艺等方面的差距，这些"瓷器"与瓷质和碾磨后，倒在非常清澈的蓄水池中，然后在水中搅拌。停留在最上层的奶油状的瓷土，用来制作最优良的瓷器。沉下的粗糙

---

① （台北）文化杂志编：《十六和十七世纪伊比利亚文学视野里的中国景观》，2003年。该书系统地翻译和介绍了16—17世纪葡萄牙和西班牙作家所撰写的葡中关系、伊比利亚对中国及中国人的看法和在某种意义上的澳门历史的诸多方面。书中大部分材料是葡萄牙和西班牙人最早对中国的记载。

该书囊括了：1.东方概要（手稿），托梅·皮雷斯；2.东方纪事（手稿），杜亚尔特·巴尔博扎；3.葡萄牙人发现和征服印度纪事（手稿），佚名；4.广州来信（手稿），克里斯托旺·维埃拉；5.中国报道（手稿），佚名；6.光荣之歌（手稿），热罗尼莫·奥索里奥；7.葡萄牙人发现和征服印度史，费尔南·洛佩斯·德·卡斯塔内达；8.我所了解的中国，加里奥特·佩雷拉亚洲；9.十年（第三卷），若昂·德·巴罗斯；10.热尔·哥依斯使团纪实，若昂·德·埃斯科巴尔；11.中国概说，加斯帕尔·达·克鲁斯；12.伟人阿丰索·德·阿尔布克尔克传，阿丰索·布拉斯·德·阿尔布克尔克；13.远航记，贝尔纳尔迪诺·布拉斯·德·埃斯卡兰特市堡书（手稿），佚名；14.中国风物志（手抄稿），胡安·包蒂斯塔·罗曼；15.大中华帝国史，胡安·龚萨雷斯·德·门多萨修士；16.自西班牙至中华帝国的旅程及风物简志，马尔丁·依纳爵·德·罗耀拉修士；17.日本天正遣欧使节团，孟三德神父；18.怀念故土（第二篇手稿），加斯帕尔·福鲁图奥佐；19.耶稣会神父事务年度报告，费尔南·格雷罗神父；20.征服马鲁古群岛，巴托洛梅·莱昂纳多·德·阿亨索拉游记，费尔南·门德斯·平托；21.澳门的建立与强大记事，迪奥戈·卡尔代拉·雷中；22.中国旅行记，阿德里亚诺·德·拉斯·科尔特斯神父；23.要塞图册，安东尼奥·博卡罗；24.中华大帝国记事，曾德昭神父；25.东印度传教路线，塞巴斯蒂昂·曼里克教士；26.中国王朝历史、政治、伦理和宗教论，多明戈·费尔南德斯·纳瓦雷特修士。

16 世纪 80 年代　梅第奇仿中国青花陶瓷　意大利佛罗伦萨皮蒂宫博物馆藏

残渣用来制作一般的产品，那是中国贫困的人民所使用的。工匠用瓷土制造瓷胎。瓷胎的烘干则完全依靠天，是在太阳底下晒干的。[①]

16 世纪末，对于东方瓷器的强烈渴望促成了欧洲各国对陶瓷工艺的深入研究，如何揭开瓷器表面的神秘面纱，成为当时所有炼金术的首要课题。1574 年刚刚接手梅第奇家族的托斯卡纳大公爵——弗朗西斯科·梅第奇，像他的先祖科西莫·梅第奇一样对中国瓷器艺术备感兴趣。在他执政的 14 年间，曾先后 6 次组织炼金术士模仿和烧制硬质瓷器（Medici Porcelain）。然而，由于梅第奇的炼金术士使用了错误的原材料（意大利法扎恩黏土、玻璃、粉末状岩晶和白砂），而且窑烧的温度也仅仅在 800℃—950℃；所以当时的"瓷器"被烧成半透明状，这与中国本土的瓷器质量相差甚远。

17 世纪初，荷兰的德尔福特（Delft）也开始研究瓷器工艺，但始

---

①　（台北）文化杂志编：《十六和十七世纪伊比利亚文学视野里的中国景观，中国概说加斯帕尔·达·克鲁斯》，2003 年。

终未能掌握高岭土的配方和烧成方法。另外，荷兰东印度公司崛起之后，迅速控制了中国和日本市场，货源充足，所以对于仿制和研究中国瓷器也就没有迫切的需求。

整个 17 世纪，法国、意大利和荷兰等国对于中国瓷器的研究仍无实质性的进展，依旧是停留在瓷器表面的装饰和外形的模仿上。直到1697 年，奥古斯特一世出任波兰国王后，情况才出现了转机。

1. 探秘与创烧——迈森的崛起

奥古斯特一世是一个对传统炼金术有着浓厚兴趣的国王，他一直坚信只要方法得当便可把普通的金属、矿石变成价值连城的金子（Philosophers'stone），从而使萨克森王国变得更为强大。当时的德国曾有许多炼金术士通过这一谣传欺蒙拐骗，游走于各个皇室。1700 年德国北部一名年轻的炼金术士约翰·弗里德里希·波特哥（Johann Friedrich Böttger）谎称能点石成金，引起了普鲁士国王的注意，并把他召入宫内。[①] 波特哥害怕把戏被拆穿，于 1701 年逃至萨克森，奥古斯特一世听闻他的事迹，把他拘押为己用。然而，接下来的几年里，波特哥并未能帮助国王变出金子，而是做了科学家兼经济学家兼皇帝陶瓷顾问契尔恩豪斯伯爵的助手。

恩伦弗雷德·范·契尔恩豪斯（Enrenfreid von Tschirn-hausen）1651 年出生于卢萨提亚的基斯林瓦尔德（kieslingswalde），青年时期在荷兰莱顿大学研究哲学、数学和药物。1668—1669 年在伦敦、巴黎、里昂和米兰等地游学，积累了丰富的综合科学知识，包括基础科学和应用科学两方面。1671 年，契尔恩豪斯在巴黎建立科学协会，主要涵盖一些基于最先进知识的行业，如矿石熔点等。此后他又着手研究如何制

---

① 约翰·弗里德里希·波特哥（Johann Friedrich Böttger），1682 年出生于德国萨克森州的 Schleiz。他的父亲是 Mint 地区的一位官员，自幼便培养他研究化学；16 岁时送其至柏林著名医药学家佐恩（Zorn）的门下学习制药。在柏林期间，波特哥对炼金术（Alchemy）产生了浓厚的兴趣。

作大型玻璃和镜子，并且成功制造了一系列打磨透镜的机器。在制作和使用大型镜子过程中，他试验了岩石和矿物混合物的熔融可能性及其相关的熔点，这些全面的实验经历使得契尔恩豪斯成为辅导波特哥进行研究工作的理想人选。

早在 1677 年，契尔恩豪斯的个人兴趣已拓展到了中国瓷器的研制。1686 年，在阿姆斯特丹他出版了一本名为 *Medicina mentis et corporis* 的材料学专著，以此献给国王路易十四，不久之后契尔恩豪斯对外发布了他个人在复杂金属和稀有矿藏熔融方面的高度成就。1694 年契尔恩豪斯受命于奥古斯特一世，开始掌管萨克森公国的矿藏资源，这一年他有了一个大胆的想法，那就是研制中国瓷器的配方，让萨克森公国也拥有自己的硬质瓷器（China）。长久以来，在这位公国科学兼经济顾问的眼中，中国瓷器不仅是"白色的金子"，更是"一个吸血的大碗（The bleeding bowl of Saxony）"，欧洲各国每年都斥巨资购买海量的中国瓷器，这无疑是国家财产的一次转移和流失。①

1694 年 12 月，契尔恩豪斯的瓷器研究取得了长足的进步，他开始写信给著名的数学家和科学家莱布尼茨（Leibnitz），告诉他最新的研究发现。这位 17 世纪最伟大的数学家曾经密切接触过一批造访过中国的耶稣会传教士，譬如汉学大师白晋等，对中国文化特别是中国瓷器颇为向往。在书信中莱布尼茨迫不及待地向契尔恩豪斯索要一片人工仿制的中国瓷片，但契尔恩豪斯回复目前技术还不够成熟，一旦他烧制的瓷瓶品质够高，便第一时间寄给莱布尼茨。

1701 年，带着几分的鼓励与期冀，契尔恩豪斯再次奔赴荷兰与法国，调查代尔夫特（Delft）与圣克劳德（Saint-Cloud）的陶瓷制作工艺。在巴黎他造访了德国著名化学家威廉汉堡（Whihelm Homberg）的实验

---

① W.B.Honey, *Dresden China-An introduction to the study of Meissen Porcelain*, Faber and Faber, London, p.41.

室，在"制瓷秘方"上得到了诸多的启发。同年，契尔恩豪斯返回萨克森，起草建立"萨克森皇家瓷器厂"的计划，然而此时此刻的萨克森正陷入与瑞典的战争之中（1700—1706年），奥古斯特无暇顾及此事。无奈之下，契尔恩豪斯回到家乡的实验室继续研究中国瓷器。

　　1704年8月，契尔恩豪斯在基斯林瓦尔德（kieslingswalde）的实验室中成功地烧制了一件白色的瓷杯，根据他个人的描述这件器物已和中国白瓷相差无几，于是他在第一时间把这件漂亮的瓷杯寄给了好友莱布尼茨。一个月后，契尔恩豪斯启程前往德累斯顿，向奥古斯特一世展示他最新的研究成果，并详细地汇报关于成立"萨克森皇家瓷器厂"的计划。此时的奥古斯特一世对于约翰·波特哥的"点金术"已失去了耐心，这位炼金师耗费了公国40万泰勒币（Talers），却一无所获，国王一怒之下将其关押在迈森的阿尔伯雷茨堡。

德累斯顿迈森的阿尔伯雷茨堡　作者摄2014年

1708 年　约翰·波特哥和契尔恩豪斯研制的紫砂壶仿制品　作者摄 2013 年

1705 年初，在契尔恩豪斯的建议下，约翰·波特哥被转移到德累斯顿，这位在炼金上一事无成的化学家，最终却变成了契尔恩豪斯中国陶瓷研究组的骨干，戴罪立功。1706 年春，在布吕尔平台（Brühl's Terrace）这个有着欧洲阳台之称的王宫广场上，奥古斯特一世为两人搭建一间名为维努斯巴斯泰（Venusbastei）的陶瓷实验室，它也成为日后萨克森皇家瓷器厂的雏形。除此之外，国王还调派了公国的物理学家雅各布·巴特梅（Jacob Batermei）和矿业顾问哥特弗莱德·范·奥哈因（Gottfreid pabst von ohain），在萨克森境内部寻找合适的泥料和矿石，送至实验室进行分析、配比和试验。

1706 年 3 月，在纽伦堡附近，哥特弗莱德发现一种红色泥料（Nuremberg Red），这种泥料可塑性极强，且耐高温。波特哥运用它制作了上百件胚胎进行实验，在密闭的窑炉里，他发现，这种黏土烧制的温度越低其成色越红，温度稍高则呈现棕红色，而一旦温度过高胎体则呈棕灰色。1706 年底，经过数百次的实验，一批成功的红色硬质炻器问世。为了仿制中国宜兴紫砂的效果，波特哥将出炉后的器皿交由玻璃雕刻师（Glass Engraver）进行雕刻、抛光和打磨，其成品可以说与中国宜兴的紫砂相差无几。朱红色炻器的问世是波特哥陶瓷之路上的重要里程碑，它为釉面瓷器的出现奠定了坚实的基础。后来，为了纪念这个伟大的发明，人们将这种朱红色的炻器（red stone ware），称之为波特哥炻器（Böttger'stoneware）。

1706 年 11 月，就在红色炻器诞生后不久，物理学家雅各布·巴特梅在萨克森州茨维考近郊的考第茨（Colditz）发现了陶瓷黏土（White Burning Clay）；而哥特弗莱德则在北豪森（Nordhausen）发现了蜡石（Alabaster）矿和滑石矿（Chalk），这些矿藏的发现与开采对于契尔恩豪斯和波特哥来说无疑是雪中送炭。因为他们十分清楚像"梅第奇"那

1708 年　约翰·波特哥向慈恩豪斯展示最新的陶瓷研究成果
德累斯顿迈森阿尔伯雷茨堡　作者摄 2014 年

样用玻璃和粉末状岩晶是烧不出中国瓷器的，那种瓷器总是有点透明。

1708 年 1 月，荷兰工匠彼得·艾格布雷希特（Peter Eggebrecht）参与到波特哥的团队。在接下来的实验里，他们将考第茨的瓷土与其他矿区采集的蜡石粉、滑石粉和雪花石粉等进行混合，塑造各种器型，进而置入窑炉高温焙烧。这个过程的难度在于寻找瓷土与其他矿物质的合理配比，再将瓷土烧制成可吸收的饼干状，然后用浸渍的方法将瓷胎涂成液态状，这种液态可以在瓷土胚胎烧制时及时堵住胎体的气孔，即人们常说的釉水，这种方法和中国传统制瓷方式已十分相像。

1708 年 7 月 5 日，这支由化学家、物理学家、炼金师、陶艺家和矿业师组成的精英团队经过上千次的实验，终于为欧洲生产出第一件带釉面的白瓷。奥古斯特一世闻讯后十分欣喜，亲自视察了易北河畔的陶瓷实验室；为了进一步模仿中国釉下彩瓷，他甚至下令将自己收藏的宝石运用于陶瓷实验中，诸如碧玉、黑玛瑙、红玛瑙、蓝玛瑙等。尽管还

1709年3月20日　约翰·波特哥向奥古斯特一世呈送的成功研制白瓷样本清单及配方 德累斯顿迈森阿尔伯雷茨堡　作者摄 2014 年

有部分泥料在焙烧后出现开裂或渗水现象，但是将来自考第茨泥料与硅酸盐进行混合，并在高温下进行焙烧，其胎质已逐步达到中国硬质瓷器的标准。

令人扼腕的是，1708 年 10 月，就在萨克森皇家瓷器厂行将问世之前，契尔恩豪斯与世长辞，这位伟大的欧洲制瓷先驱，未能见到胜利的果实。此后，波特哥继续主持陶瓷实验室的工作。1709 年 3 月 20 日，约翰·波特哥向奥古斯特一世汇报，他已成功地研制出硬质瓷的配方，并且能够制造带有上等釉水的中国白色瓷器。这一天在欧洲历史上也被称为瓷器的诞生日。

1710 年 1 月 23 日是一个值得纪念的日子，由奥古斯特一世亲自签发的专利授权对外宣布，正式成立皇家萨克森陶瓷制造厂（Royal Saxon Porcelain Manufacture）。同年 3 月 7 日，皇家萨克森陶瓷制造厂搬至德累斯顿近郊的迈森，设立于因禁约翰·波特哥达五年之久的阿尔伯雷茨堡，亦称皇家迈森陶瓷制造厂（Royal Meissen Porcelain Manufacture）。

同年的复活节，在莱比锡展览会上，皇家萨克森陶瓷制造厂首次对外展示了该厂生产制造的上等瓷器，包括形形色色的中国式碗、盘、花瓶、罐子等，以及西式的橡树叶杯、烟斗头等。由国王亲自签发和颁布的专利授权被翻译成拉丁语、英语、法语和荷兰语，昭告天下：

……我们的工匠也能够提供足够的白瓷样本了，有的上釉，有的不上釉，这足以证明我们的土壤提取的材料，能够用以制造瓷器，这种瓷器的透明度和其他品质，可以与东印度的瓷器相媲美；所有的一切使我们坚信，只要经过适当的处理，这种白色瓷器将能够超过东印度的瓷器，正如红色陶器已经证实的那样，不仅在美观上，而且在形状的多样化和制造大型器物如雕像、石柱和套装餐具的能力上，均已超过东印度的红陶和白瓷……①

皇家迈森陶瓷制造厂成立之初，并没有立即投入产品的量产和销

1710 年 1 月 23 日　奥古斯特一世亲自签发专利授权，正式成立皇家萨克森陶瓷制造厂（Royal Saxon Porcelain Manufacture）　德国迈森阿尔伯雷茨堡　笔者摄 2014 年

售，而是潜心于中国瓷器的深度研究。事实上，当年萨克森公国经历数年的战争之后，其财政并不宽松，不过奥古斯特一世仍然要求波特哥放

———————

① 引自《艺术与科技——中国瓷器研究》，1913 年出版，德文翻译德国洪堡大学梅丽莎博士。强者奥古斯都的宣告词将瓷器的产地说成是"东印度"，应是受荷兰和英国东印度公司的影响。

弃生产和盈利，而去提升产品的质量。根据斯坦因·布吕克（1710—1712年）的工作日记，我们知悉，1710年6月，波特哥曾向奥古斯特一世借走了两件中国茶杯，一件釉上彩，一件釉下彩，试图予以复制。[1] 然而，来自德累斯顿考第茨的瓷土在烧制时萎缩率较大，故而烧成后的茶杯常常变形或粗糙。无奈之下，波特哥委托雅各布·巴特梅在萨克森境内寻找更为细腻稳定的瓷土矿。

1711年初，在今天德国、捷克和斯洛伐克交界的埃尔茨山脉（Erzgebirge）发现了近似中国高岭土的瓷土矿脉，彻底解决了皇家瓷器厂的原材料问题。早年，考第茨的瓷土和埃尔茨山脉的瓷土曾一度在迈森瓷器中混合使用，但是在1717年之后，波特哥彻底放弃了考第茨的瓷土，仅选用高岭和长石含量较高的埃尔茨山脉瓷土作为原材料，此后该矿脉作为皇家瓷器厂专用一直开采至19世纪中叶。

1712年之后，得益于埃尔茨山脉的优质瓷土，波特哥可以游刃有余地仿制和生产各式各样的中国瓷器，特别是蓝白瓷得到了国王的高度认可。[2] 同年6月，国王正式赦免了波特哥的囚犯身份。1715年底，萨克森皇家瓷器厂的第一间商店在德累斯顿诞生，波特哥为了迎合当年的"中国风"专门设计各式各样的中式餐具、茶具和陈设具，每天来参观和购买瓷器的贵族络绎不绝，一时间迈森瓷器成为皇室贵族们争相购买的奢侈品。

然而好景不长，由于国库财政吃紧，奥古斯特一世委派的督陶官米切尔·尼米兹（Michael Nehmitz）对迈森皇家瓷器厂的研制和生产经费进行了大幅度的缩减；特别是在窑炉的扩建、焙烧的木料和匣钵的泥料上资金严重短缺，大量的泥坯制品囤积在迈森的窑炉旁，迟迟未能入

---

[1]　Steinbruk, 1710-1712, *Bericht aus der statdlichen porzellan Manufaklur Mession uber das Jahr 1919*, p.19.

[2]　1715年强者奥古斯都发给波特哥1000泰勒币，奖励其个人在研究中国青花瓷器中的出色贡献。

窑焙烧。与此同时，工人的薪资也未能按时发放，1717 年，著名的陶艺师斯坦因·布吕克（Steinbruck）、荷兰工匠彼得·艾格布雷希特等相继离职；短短两年时间，皇家迈森瓷器厂从创办之初的 88 人锐减到 24人。人才的流失，更是技艺的流失，曾经和波特哥在德累斯顿奋战的元老塞缪尔·肯佩（Samuel Kempe）于 1717 年底离开迈森，他将波特哥炻器"Böttgersteinzeug"的秘方透露给北方的普鲁士，不久后一家以生产仿紫砂器著称的皇家瓷器厂在柏林近郊诞生，成为迈森最大的竞争对手。雪上加霜的是，1719 年著名的窑烧技师塞缪尔·斯托策（Samuel Stolzel）离开迈森，加入了一个名为克里斯托弗·科纳德·汉格尔的同行公会，转战邻国维也纳，协助当地皇室创办瓷厂与迈森展开竞争。不久，塞缪尔·斯托策又奔赴威尼斯协助维齐（Vezzi）兄弟创办威尼斯瓷器厂，生产蓝白瓷器。一个个坏消息接踵而至，波特哥终日怅怅不乐，只能借酒消愁，身体每况愈下。1719 年底，这位欧洲陶瓷界的巨匠，在失意颓丧中离开了人世。

约翰·波特哥的一生是传奇的、颠沛的，更是令人敬佩的。这位半路出家的化学家和炼金师，没有半点的陶瓷基础，却能在短短的 10 年时间创造出一整套有别于代尔夫特的制瓷技艺。尽管由他设计和发明的窑炉还较为原始，但却能满足瓷器焙烧所需要的高温和耐热性，这一窑炉技术彻底打败了同一时期来自法国、意大利和奥地利等国的竞争对手。在对中国瓷器一无所知的情况下，波特哥和他的团队能在萨克森找到相似的泥料和配比，甚至在烧成后的硬度和颗粒纯度上还超越了前者。18 世纪的欧洲，在"中国风"影响之下，瓷器注定是上层社会所追捧的艺术品；约翰·波特哥的惊人一举，虽然没有给奥古斯特一世带来所谓的"点金术"，但萨克森公国所收获的声誉以及此后百年的经济效益却远远地高于金子。1720 年之后，由于皇家瓷器厂恪守工艺秘密，并严格管理生产工艺，所以迈森瓷器一直是欧洲上层社会哄抢的产品，瓷器行业曾一度成为萨克森王国丰厚的财政来源之一。

2. 仿制与革新——迈森的思考

皇家迈森陶瓷制造厂催生了欧洲的现代瓷器产业，其诞生与发展反映了 17—18 世纪欧洲对中国瓷器模仿与再现的过程。从 1705 年仿制的第一批紫砂陶器开始，奥古斯特一世几乎仿制了所有收藏的瓷器门类，包括德化窑白瓷、克拉克瓷、五彩瓷、粉彩瓷、斗彩以及伊万里瓷器等。迈森瓷器厂至今仍保存了历史上所有生产产品的 3 万多种模具。凭借这些模具，顾客甚至可以订购 200 多年前瓷厂曾经生产过的瓷器。这些保存完好的模具实际上就是一部完整的德意志瓷器发展史。

皇家迈森陶瓷制造厂创办之初，在约翰·波特哥的主持下，主要以仿制中国瓷器为基础，寻求烧制技艺的创新；故而早年仿制的门类，主要以宜兴紫砂和德化白瓷为主，釉色与胎质上呈现白色和红褐色。

德累斯顿茨温格尔宫博物馆收藏的一组"波特哥观音立像"，共有三尊，体态神情一致，观音头梳螺式发型，双手戴玉镯，胸脯堆贴宝相花纹饰，身着宽袖长袍，随风飘动，立于波浪云纹座上，双脚外露，脸稍长，眼微合，慈祥端庄。有趣的是，这几尊瓷塑均来自同一个模型，但人物的比例和尺寸却各不相同。最大的一尊高度 43 厘米，最矮的一尊只有 28 厘米，并且有一尊观音是紫砂胎质的，这在中国外销瓷的品类中极为特殊。事实上，这几尊观音是迈森皇家陶瓷厂在三个特殊时期的产物。紫砂观音是波特哥初期以红陶仿制中国瓷器的产品，其生产时间约为 1710—1713 年；中间最高的观音则是康熙中晚期德化窑的外销产品，它是另外两尊观音的原始胚模；最小的这尊白瓷观音是大约 1713 年迈森仿德化窑自制的白瓷观音。由于瓷器在焙烧过程中会有 20% 的体量萎缩，所以根据原模翻制的迈森"观音"，在烧成后就比原来的德化观音小得多。

"波特哥塑像"还有一种经典样式，即白瓷佛坐像，这是一尊以清代德化窑布袋和尚为蓝本进行仿制的迈森白瓷塑像，通高 18 厘米，白瓷胎透明釉，人物席地而坐，笑口大开，蹙额大腹，袒胸露乳，其原型

左：1710/1713 年　迈森仿制的紫砂《立云观音》　编号：P.E 201　高度 37 厘米
中：清代　康熙《立云观音》德化　编号：P.O.8638　高度 44.2 厘米
右：1713 年　迈森仿制的白瓷《立云观音》　编号：P.E 2188　高度 37 厘米
德累斯顿国家艺术收藏馆陶瓷部供图

来自康熙时期的德化窑外销的布袋和尚。该塑像在神韵上虽不及德化本土的布袋和尚，但却别有一番异国风味；尤其是佛像的五官塑造上可以感受到欧洲喜剧人物的影响。奥古斯特一世对于 17 世纪意大利的喜剧颇感兴趣，他曾在宫中设立多处意大利喜剧舞台。著名象牙雕刻师威廉·克里格（Wilhelm Kriger）和约翰·克里斯托夫·科布勒（Johann Christoph Kobler）就曾以意大利喜剧《乞丐》为母本创作白瓷塑像，而"波特哥佛像"的神情则与之十分相似。或许是为了迎合欧洲人的审美，或是让东方佛像更具本土化，波特哥对东来的佛像进行了"西化"，使

约 1708 年《波特哥佛像》仿德化白瓷佛像
编号：P.E 378　高度 9.8 厘米
迈森陶瓷博物馆藏　作者摄 2014 年

约 1715 年　上金的《波特哥佛像》
德国杜塞尔多夫赫琴斯博物馆藏
作者摄 2010 年

其更能为欧洲皇室和贵族们所接受。

在德国西部的杜塞尔多夫赫琴斯博物馆（Hetjens-Museum）就收藏了一尊同样的"中国僧侣"，从馆藏清单上看这尊瓷塑来自普鲁士的贵族威廉家族，1723 年在德国南部的斯图加上金；并曾经一度陈设于柏林郊区的奥拉宁堡宫殿，1983 年移至杜塞尔多夫陶瓷博物馆。英国维多利与阿尔伯特博物馆和法国凡尔赛宫也收藏了几件类似的"波特哥佛像"，足见该塑像在当年深受欧洲贵族的追捧。

清代初期，德化窑渔篮观音作为外销产品远渡重洋，成为欧洲皇室的收藏珍品。1713 年，随着迈森白瓷烧制技艺的成熟，波特哥根据其原型模仿并再塑了欧洲版本的"渔篮观音"，虽然没有脚踏鳌座，但观音头髻发束，胸饰璎珞，左手提篮，右手挽裙，却与清初德化窑渔篮观音有异曲同工之妙。波特哥曾数次尝试为"渔篮观音"加上蓝彩，但久试未果。直到他过世后的第

1720 年 迈森仿德化《渔篮观音》釉下
蓝彩 编号：P.E 3783 高度 23 厘米
德累斯顿国家艺术收藏馆陶瓷部供图

1713 年 波特哥仿德化白瓷《渔篮观音》
编号：P.E 2180 高度 22.3 厘米
德累斯顿国家艺术收藏馆陶瓷部供图

1713 年 迈森仿德化白瓷《东方朔偷桃》
编号：P.E 2179 高度 30.3 厘米
德累斯顿国家艺术收藏馆陶瓷部供图

二年，大卫科勒和约翰梅尔才真正实验成功，而这尊仿德化窑的釉下蓝彩"渔篮观音"很可能是目前已知的欧洲最早使用釉下蓝彩装饰的瓷器。

东方朔是德化窑明末清初的代表作之一，也是17—18世纪中国外销瓷的重要产品。约翰·波特哥将其称为"中国圣人（Chinesischer Heiliger）"，极有可能是将其误以为是中国的孔子，毕竟这个时期孔圣人在西方影响颇大。1713年，根据萨克森宫廷的收藏，波特哥复制了一批德化窑的东方朔塑像，头戴方巾，宽颅高额，包斜双目，嘴半张开，面部笑肌隆起，笑意略带一丝讥诮；身着宽袖长袍，皮带束腰，右托仙桃于胸前，左手护之；足穿云头履，立于岩石之上，其高度约为30.3厘米，与北京故宫博物院收藏的东方朔塑像在神情与造型上相仿。或许在当时的欧洲人看来，这位滑稽足智、诙谐搞笑的西汉名士，更能符合他们对于东方智者的认知，迈森的销售资料显示，奥古斯特一世曾将其作为高贵的礼品馈赠给邻国的奥地利。

酒具是康熙外销瓷器中数量较多的品类，在奥古斯特一世的收藏中也颇为常见。皇家迈森陶瓷厂在创建之初，通过原物翻模的方式，复制了不少康熙时期的酒具。譬如著名的康熙宜兴窑狮龙酒壶，器高22.4厘米，腹部形圆如壶，圆而下垂，侧面走水，饰鱼化龙，四周浮雕堆贴梅兰竹菊，底足内侧饰如意纹；上如棒槌，直如筒，筒身饰有走龙，呼之欲出；嘴有一盖，卧一

清代　康熙《狮龙酒壶》　宜兴
编号：P.O.3973　高度22.4厘米
德累斯顿国家艺术收藏馆陶瓷部供图

螭龙，可谓复杂多样，变化多端。此类酒壶原本是外销日本用以品尝温米酒或清酒的器具，康熙中晚期开始销往欧洲。1721 年奥古斯特一世的收藏名录里，宜兴窑狮龙酒壶被称为"中国红 / 带有动物头饰的清酒壶"（Chinesisches Rotes Sakeflasche mit Tier Kopf）。[①] 可以推断的是，该酒壶早在 1710 年就已成为皇室收藏的一部分，1711—1712 年约翰·波特哥根据这件藏品复制了一批类似的迈森酒壶，除了盖子上的螭龙替换为波浪纹的盖钮外，其他部分几乎一模一样。更有意思的是，1719 年 8 月，作为迈森皇家陶瓷厂的献礼，这批"中国红"酒壶成为弗里德里希·奥古斯特二世和奥地利公主玛丽亚·约瑟芬的盛大婚礼的酒具，出现在欧洲各国皇室的面前，由此彻底走红。

此外，来自德化窑的蟠螭龙执壶也出现在萨克森王子的婚宴上，它们是波特哥受国王之托予以仿制的。原器型为直筒形竹节壶身，外缠大小二螭龙，另有一龙卧于盖上，化为盖钮。然而波特哥并未全盘抄袭德化工匠，而是以紫砂红泥的质地予以塑造，他别出心裁地对筒身进行了修饰，使其略显圆润。壶盖上一头屈身伏卧的戏狮取代了原本的小螭龙，脑袋微微仰起，表情活泼可爱。壶身中间以两股束腰的绶

1710—1712 年 《狮龙酒壶》迈森
编号：P.E2314　高度 19 厘米
德累斯顿国家艺术收藏馆陶瓷部供图

① Johann Friedrich Bottger zu Ehren,*Msissen Fruhzeit and Gegenwart*, Staatliche, p.54. Kunstsammlungen Dresden, 1982.

带装饰，壶壁两边的两头螭龙只保留了出水的那头，执把的螭龙则以鲵鱼（Molch）的造型替代了；螭龙仰首朝上，四肢紧贴壶壁，尾巴卷曲，螭首外伸，躯干为流，口部为嘴；鲵鱼俯身朝下，身躯呈弓形为壶柄。三神兽神态各异，高低错落，逗趣追逐，妙趣横生，它们"各司其职"，又围绕壶身组合为和谐的统一体，在合理之中见意趣。如此匠心独具的设计，或许是波特哥有感于东西方纹饰的独特魅力，也或者是出于巴洛克艺术的怪诞表达，但不论如何，这件酒壶的诞生恰恰说明了迈森制瓷工匠并不是简单地采撷中国风格最表层的"外衣"，而是基于欧洲传统的文化场域去审视和再现瓷器艺术的美感和情趣，并由此催生了新时期的陶瓷艺术风格。

在饮茶风气广泛流行的 17—18 世纪，江苏宜兴的紫砂茶具引起了德国、英国和荷兰的陶瓷艺术家的兴趣，并且仿造生产。萨克森公国对于紫砂茶具的追慕由来已久，1667 年，荷兰代尔夫特已出现仿宜兴的

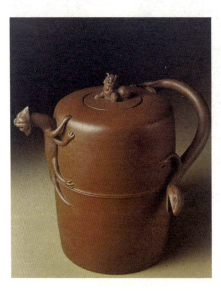

1713 年　波特哥仿德化《蟠螭龙执壶》
编号：P.E 767　高度 14.8 厘米
迈森陶瓷博物馆藏

晚明　《蟠螭龙执壶》　德化　高度 15.4 厘米
中国德化顺美海丝陶瓷历史博物馆藏

茶壶，著名陶艺师兰博特斯克莱弗斯在1672年发现了仿制东印度公司朱泥壶的方法；1672年前后，代尔夫特仿制了第一批成功的朱泥茶具。17世纪末，迈森早期创办人之一契尔恩豪斯曾经在代尔夫特和德累斯顿仿制过类似的器具，但都失败了。1709年3月28日的一个纪念仪式上，约翰·波格特哥向奥古斯特一世提交了六项重要发明，其中包括仿宜兴的"红色瓷器（中国红陶）"。在第二年春天的莱比锡博览会中，波特哥首次公开展示其伟大发明，当地报章中一段报道说："有以下数类器皿出售，第一类是各式餐具，如壶、茶杯。一些作品泥色呈暗红色及鲜红，有些胎质坚硬而富于光泽，打磨工细，可与宝石相比。第五类是比较便宜的器具，有点像东印度的陶器（即宜兴陶器），独特含蓄的外形却自成一格，看来比较像红蜡而不像泥，而且特别坚固耐用，如果加以修饰及打磨，真可媲美东印度陶器。"①1982年，德累斯顿曾经举办过如此规模盛大的纪念约翰·波特哥诞辰300年的展览，从展览的作品中不难看出，当时迈森仿制的宜兴紫砂壶已经具备较高的水准。1710—1713年复制的紫砂壶，大多以奥古斯特一世的收藏品作为模板，其泥质细润，器型工整，模印清晰，具有较为浓烈的东方气息。1714—1719

清代 康熙《紫砂茶壶》 宜兴 编号：P.O.3870/3903 高度（左）9.7厘米 （右）10.4厘米 德累斯顿国家艺术收藏馆陶瓷部藏 作者摄2014年

① Johann Friedrich Bottger zu Ehren, *Msissen Fruhzeit and Gegenwart*, Staatliche, p.65. Kunstsammlungen Dresden, 1982.

1710—1712 年　波特哥仿宜兴《紫砂茶壶》
编号：P.E6859　高度 14 厘米
迈森陶瓷博物馆藏

年复制的紫砂壶，则在原有的基础上进行诸多的创新，色泽上以朱砂、暗褐、赭色还有黑色为主，壶形上则既有宜兴紫砂的特点又兼具欧洲的审美风格，不少出水口还融入了古代希腊与罗马的神话人物。尤其是在紫砂茶壶的出水、壶盖、执把等部件上的镶铜或镶金装饰，使得原本质朴的茶壶因黄铜和黄金的镶饰而显得光亮夺目，色调富丽，形式俱佳，可以说是欧洲饮茶史上由银器向陶瓷过渡的重要代表与体现[①]。

在德累斯顿茨温格尔宫收藏有一些仿中式的茶杯和小碟，它们是专供饮茶或饮酒的杯具。有意思的是，这部分器型却参考了德化窑的外销瓷，也就是说用类似宜兴的朱色泥料来仿制德化窑的白色茶杯或酒杯。以康熙花叶式杯为例，外观呈叶形，壁厚中空，叶柄被设计为杯把，可用于握捏。叶子底部有花叶纹饰，几片树叶和花瓣巧妙地凸起，在体现其精巧的同时也作为杯子的底足，起到支撑的作用。原本晶莹剔透的德化小茶杯却被波特哥用古朴醇厚的红泥予以复刻，其上手后的感觉是不媚不俗，不瘟不火，别有一番风味。

值得一提的是，波特哥本人并没有什么艺术天赋，也没有接受过专门的陶艺训练，故而在器型设计与艺术装饰方面，国王指派了专业的高

---

① *The Dresden Porcelain Collection. China Japan Meissen*. Ulrich Pietsch. Anette Loesch. Eva Strober. Staaliche Kunstsammlungen Dresden. 2006.

清代 康熙《花叶式杯》德
化 高度 4.5 厘米 德累斯
顿国家艺术收藏馆陶瓷部藏
作者摄 2014 年

1712 年 波特哥仿德化外销茶杯（左）炻器（red stone ware） 高度 4.5 厘米
迈森陶瓷博物馆藏

手。譬如宫廷银匠约翰·雅各布·伊明格尔（Johann Jacob Irminger）负
责设计陶瓷器型，荷兰陶艺师彼得·埃格布雷希特（Peter Eggebrecht）
则负责瓷器的浮雕装饰，象牙雕刻师范达理·芬克（Dali Funke）负责
西洋塑像设计，等等。至于那些表面平坦的花瓶，通常都是些大尺寸仿
中式的器型，奥古斯特一世则邀请代尔夫特的设计师希厄斯（Hithrow-
ers）根据荷兰巴洛克风格进行微妙的改造，其效果令人惊艳。一些小口
径的中式葱头瓶和玉壶春瓶则被设计为黑釉的底色，一位叫马丁·施奈

尔（Martin Schnell）的德国漆匠于 1712 年受雇于迈森，他的任务就是给这些黑釉或黑底的花瓶描绘漆彩，根据记载他是工厂里收入最高的员工之一。

　　1719 年波特哥去世后，国王组建了一个新的管理委员会，认真地整顿了迈森皇家瓷器厂，并赋予它充分的权力，可以在任何急需情况下提取资金。奥古斯特一世罢免了督陶官米切尔·尼米兹和另一位原理事会成员邮政总局局长；这两个人都曾陷害波特哥，对工人十分刻薄，严重地伤害了年轻的迈森皇家陶瓷制造厂。斯坦因·布吕克被重金邀请回迈森，担任新的管理委员会主任，海因里希·尼米兹（Heinrich Nehmitz）[①]、科勒（Kohler）、舒伯特（Schuberth）担任管理委员。工人的薪酬和待遇有了很大的提升，波特哥生前所渴望的大型窑炉终于落

1712 年　波特哥仿宜兴外销紫砂茶壶　迈森陶瓷博物馆供图

----

　　① 1719 年底，约翰·波特哥在弥留之际将其毕生的陶瓷秘诀口授于妹夫海因里希·尼米兹，也就是督陶官米切尔·尼米兹的弟弟。

成，这些改革措施很快就产生了效果，迈森瓷器的销售业绩迅速得以改善，仅 1719 年 10 月的销售量便已超过前 9 个月。

1721 年，迈森郊区西本伦（Siebenlehn）发现的长石（Feldspathic stone）取代了波特哥时代的雪花石膏；新材料的使用让瓷器的胎体变得更加洁白坚固，而过去仿制德化窑观音中所出现的泛黄和泛青现象得以避免。为了防止欧洲其他国家盗用萨克森皇家瓷器厂的专利，海因里希·尼米兹建议为皇家迈森陶瓷制造厂引入商标。1722 年 3 月，一个带有迈森原产地的标志"A.R"（Augustus Rex）开始出现在餐具的底部；1723 年 4 月 7 日，在《莱比锡邮报》上 "K.P.F"（Kongigliche Porzellan Fabrik）和 M.P.M（Meissner Porzellan Manufaltur）这样的标识正式问世；半年后，奥古斯特一世将两把交叉的蓝色宝剑正式作为该厂瓷器的商标，这两把交叉的利剑是萨克森王国公爵的族徽，象征着其贵族血统。

迈森瓷器厂 300 多年来的双剑标志　作者摄 2014 年

迈森制造的瓷器在第一遍素烧后，由工人手工绘制墨绿色的双剑，然后再上釉进行第二遍烧制，双剑就变成了永不褪色的蓝色。这个知名商标

300 年来仅有过很小的改动。

　　1720 年之后，奥古斯特一世常在易北河畔的宫殿里举办各种奢华的宴会，最初的餐具主要来自国王购买的各种中国的外销瓷，尽管中国瓷器在艺术上精妙绝伦，但在使用上却有诸多不便。早年中国瓷器运抵欧洲，不少器型由于不符合欧洲人的生活习惯而滞销，为了解决这个问题，荷兰东印度公司常将欧洲的铜或银制餐具带去中国让景德镇的工匠直接模仿。皇家迈森瓷器厂成立后，除了仿制中国或日本的瓷器外，奥古斯特一世更热衷于去改造或制造符合欧洲宫廷奢华生活的日

1723 年　奥古斯特一世定制的迈森红釉餐具　皇家迈森陶瓷制造厂
德累斯顿国家艺术收藏馆陶瓷部藏　作者摄 2010 年

用器具。

　　根据迈森 1720—1730 年的生产报告，其自主生产的欧式餐具、茶具和咖啡器具等达 1000 多套，瓷器的售价也翻了 3 倍。1730 年，一套 16 头的餐具可售价 26930 泰勒币，相当于现在 22000 英镑，除了中国瓷器，几乎没有能与之匹敌的对手。这一时期生产的迈森餐具不仅有纯欧式的造型，也有中西合璧的创新器型，它们的出现，为 18 世纪欧洲皇室与贵族的生活注入了新的活力。

　　1720 年 5 月，随着之前曾在维也纳担任瓷器彩绘师的约翰·格里高尔·赫罗尔德（Johann Gergor Herold）的加入，迈森的彩绘瓷器开始变得丰富多彩。赫罗尔德出生于德国著名小镇耶拿，年轻时受过微型绘画和蚀刻版画的训练，虽然他不是当时一流的创意画家，但在瓷器彩绘方面的独特天赋让他在迈被委以重用，并深得奥古斯特一世的赏识。1723 年，他被授予宫廷画家的头衔，这个称谓过去只能留给专业的画家与雕塑家。此后，赫罗尔德笔下的中国风情常常出现在迈森出品的茶

1723 年　斯坦因·布吕克监制的仿中国风餐具　皇家迈森陶瓷制造厂
德累斯顿国家艺术收藏馆陶瓷部藏 作者摄 2010 年

壶、咖啡壶和餐具上，这使得当年酷爱东方情调的国王和贵族都格外喜欢。

德累斯顿茨温格尔宫博物馆藏有一套1723年生产的红釉餐具，共由16件组成，通体以白地红釉彩绘中国龙凤题材。该套餐具为奥古斯特一世定做的，督陶官斯坦因·布吕克监制。其体量最大的是一个中式的煲汤罐，高29厘米，该器型来源于中国清代的盖罐，为了方便提盖，将盖钮设计成公鸡的造型，别出心裁；另外，各有两个西式的带盖汤罐，高21厘米，双耳系钮以牛头装饰，盖钮以宝珠石装饰，该器具为16世纪欧洲典型的铜质汤罐造型。工匠为了配合西餐所使用的胡椒粉和调料，将中国传统的蒜头瓶、贯耳瓶和天球瓶改造成各式各样的酌料瓶。此外，该餐具还为国王本人特制了一把汤匙以及造型别致的汤匙盒，形体考究，世所罕见。

茨温格尔宫中还有一套迈森制造的五彩仕女餐具更为特别，生产时间同样为1723年，是迈森的宫廷画师约翰·格雷戈里乌斯·海洛德仿"中国风"的代表作。餐具共由5件组成，一件五彩仕女牡丹盘，此类造型原为中国的笔洗，海洛德将其高度提升后做成了水果盘；一件高足杯，显然受到欧洲玻璃高足杯的影响，它的腿部被拉长了，这是为了满足贵族们喝葡萄酒的习惯；一个藤编式的盖罐，是根据意大利的陶罐改制的，它被用于盛放黄油。还有一对盒子颇有意思，一个为圆形的盖盒，它是清代中国仕女的粉盒造型，在这里它是一个方糖盒；另外一个盒子造型极为别致，呈心形，它是用来存放细糖的。

1723年后，以赤龙和黄狮为装饰母题的迈森餐具开始流行起来，这种融合了东西方审美式样的欧式餐具迅速成为欧洲朝臣和贵族定制的范本。奥古斯特一世还将这种带有浓郁"中国风"的迈森餐具作为公国之间贵重的礼物馈赠给瑞典、丹麦、俄罗斯和奥地利的王子们。在巴黎，一位叫鲁道夫·勒梅尔的经销商试图成为迈森在法国的独家代理，但是都被拒绝了。奥古斯特一世已意识到迈森在欧洲的影响力，为了进

1725 年　带有芬克花边的"中国风"彩绘餐具　皇家迈森陶瓷制造厂
德累斯顿国家艺术收藏馆陶瓷部藏　笔者摄 2010 年

一步提升迈森的竞争力，他一方面通过保持严格的高质量标准来保证迈森的声誉；另一方面则通过对高岭土的严格管控和保护来宣示迈森的独特地位。

当然，这一时期最引人注目的莫过于全镀金的"芬克花边"与迷人的梦幻般的伪中国场景的结合，其母本来自于 1719 年在奥格斯堡出版的马丁·恩格尔（Martin Engelbrecht）的"中国风"版画，它将富有中国特色的卷轴画作为背景，以红色和金色为基调，描画中国的梅、兰、竹、菊；以铁红色为底子，白色勾勒各类吉祥纹饰；还有以黄色做底子，青色勾勒中国龙凤纹样。有时赫罗尔德会加入一些带有想象和漫画性质的东西洋对话场景，诸如一位亭亭玉立的中国少女和一位欧洲的贵族人物在郁金香花园偶遇，一位风度翩翩的欧洲绅士出现在中国的港口与市场，等等，此类东方彩绘不像 17 世纪荷兰的风俗静物画那样，将中国青花瓷器与诸如橙子、骷髅、银灯、残烛等象征西方物质享受的东西放在一起，虽然栩栩如生、触手可及，但却富有更深意味的哲理。赫罗尔德笔下的"中国风"彩绘更像是当年日常生活的写照，目睹和享用这些昂贵瓷器的贵族们，则可以更加真实地感受到弥漫在他生活中的那份高雅与浪漫的东方情趣。

1731 年，赫罗尔德正式被任命为厂长和国王的全权代表（Hofcommissar），薪水达 1000 泰勒币；同年，著名的雕塑建模家坎德勒（Kaendler）被任命为迈森皇家陶瓷制造厂的雕塑艺术负责人。不少学者认为，这一年是迈森瓷器史上的分水岭，即所谓的"赫罗尔德时期"的结束，以及另一个时期的开始，即以人物、动物造型和浮雕装饰占主导地位的"坎德勒时期"的到来。事实上，这种划分仍有一定的局限性，因为赫罗尔德本人仍然为国王服务了许多年。①

"坎德勒时期"的出现与奥古斯特一世在德累斯顿斥资修建的一座巨型瓷器宫殿息息相关。当年为了陈设萨克森宫廷的东亚瓷器收藏，同时展示迈森瓷器的艺术成就，这座原本属于荷兰人的华丽宫殿被进一步扩建，空间几乎是原来的两倍。国王计划一楼的墙上修建一个小教堂，用迈森的瓷浮雕来装饰讲坛、祭坛和管风琴，还有用同样的材料制作 12 个几乎和真人一样大小的使徒。楼上有一个专门陈设迈森瓷器的画廊，里面摆满了各式各样的大花瓶、大盘子和巨大的动物塑像。大厅里要做一套瓷钟，院子里要用各种东方风格的大器皿装饰。为了帮助国王完成这些宏伟蓝图，一位年轻的雕刻家被委以重任。约翰·约阿希姆·坎德勒，一位曾经为国王设计绿穹隆宫殿的雕刻家，在接下来的 20 余年时间里，他成为迈森瓷塑人物的实际创造者。这一时期的经典

---

① 1725 年，萨克森神秘学家大卫·科勒在皇家迈森瓷器厂研制出中国釉下蓝彩的配方，最初青花的发色仍不稳定，往往有偏黑或发灰，但有部分瓷器的发色已达到中国瓷器的标准。可惜的是，那年冬天大卫·科勒染疾而逝，临终前他曾口授配方给助手，但这个秘诀似乎已丢失了一部分，此后再也未能成功烧制。1732 年，经过赫罗尔德多年的努力钻研，迈森的釉下蓝彩才真正得以恢复。

1728—1730 年 《逼真动物瓷塑》 皇家迈森陶瓷制造厂
德累斯顿国家艺术收藏馆陶瓷部藏 笔者摄 2014 年

瓷塑层出不穷，譬如著名的《宝塔上的中国人》《奥古斯特一世像》等，当然最为精彩的莫过于巨型的动物塑像。1919 年苏富比拍卖会上，"坎德勒时期"的公山羊塑像以全场最高价落槌，创造苏富比欧洲瓷器拍卖的纪录，其逼真的雕刻，以及巨型的尺寸（4.3 英尺）令人过目不忘，该塑像被英国维多利亚与阿尔伯特博物馆收藏。1728 年后，国王订制了 400 个逼真的动物塑像。这些塑像最初是由模型设计师戈特里普·基希纳（Kirchner）制作的；1731 年，坎德勒修建了两个特殊的大窑炉专门用于烧制巨型的动物塑像，包括后来大家熟知的犀牛、猴子、熊、山猫、水牛、鹈鹕和老鹰等。

总的来说，基希纳和坎德勒的烧制动物造型是灵动和优美的，其构图清晰，线条起伏有力，充分考虑到光在釉面上的作用。他们也被誉为继丢勒之后德国最伟大的动物雕塑大师。

除了动物塑像，人物塑像也是"坎德勒时期"的拿手好戏。迈森皇家瓷器厂的产品记录显示，这一时期共留下各式各样的人物模型172件，其中很大一部分都陈设于德累斯顿和莱比锡的宫廷和教堂，其形象较为夸张，显示了古怪的巴洛克风格，不少使徒和信徒的模型是为了满足国王的个人需求而定制的。除了德累斯顿藏品出售的几件复制品外，在欧洲甚至世界的其他博物馆都难以找到与此相关的作品。

坎德勒在1732年创作完成的"东方肖像"，作为其后期作品的主要风格，在此也值得一提。德累斯顿茨温格尔宫珍藏有一对真人大小的"中国人半身像"，这是他根据日本宫内庭立柱上的中国砂岩人半身像而创作的瓷塑；由于该时期对于中国人种的模糊认识，所以这对谈笑风生的夫妇，看起来既像中国人，又像西亚人；然而也正是因为这种想象上的误区和差错，使得这两具胸像变得颇具特色。他们长着硕大的耳朵，嘴唇饱满，躯干丰腴，尤其是那对迷离的眼神，不论是从哪个角度去欣赏，都能感受到男女主人公开怀的憨笑以及古怪不拘的形象；很显然，其造型风格受到了晚期巴洛克风格的影响，这种袒胸露乳的形象，来自坎德勒对于森林之神萨蒂尔和山林仙女之间的暧昧关系的想象，而将古代希腊的神话故事与世界另一端的东方古国进行嫁接，无疑彰显出18

1732年 《中国男女半身像》坎德勒 男高度64厘米 女高度66厘米原作已毁坏（1910年前后翻模重制） 德累斯顿国家艺术收藏馆陶瓷部供图

世纪迈森瓷器的包容性与开放性。

"坎德勒时期"的迈森瓷器给人的总体印象是一种伟大的辉煌和活力，而不是矫饰主义时期的僵硬与浮华，这确实构成了它本质上的一部分巴洛克特征。一方面，它有色彩绚丽的东方风格的大花瓶，还有在国王宫殿里排成一列的奇形怪状的巨型雕像；另一方面，那些小巧玲珑、色泽典雅、稀奇古怪的有趣餐具和东方佛像，今天仍成为收藏家柜子里的雅玩。尽管它们是奢侈品，但在装饰的基调与内容上，它们仍具有强烈和不带感情色彩的阳刚之气。

坎德勒时期，奥古斯特一世似乎已经把远在东方的中国、日本和印度与华丽的排场视为一体了。对东亚物品的偏好一方面是因为它们象征性地体现了专制集权；另一方面也是因为东方奢侈品，如瓷器、漆器和丝绸，充满了魅力，使得他竭尽全力地模仿与再造，而最终当迈森瓷器与中国瓷器在欧洲宫廷平分秋色时，一场对于巴洛克晚期的宫廷装饰改造运动也随之拉开序幕。

第四章　瓷起笔伏——清代外销瓷与
启蒙时代的萨克森宫廷

第一节　荷兰宫、中国宫与日本宫——奥古斯特
一世的瓷器宫殿

　　德国学者蔻杜拉·比绍夫（Cordula Bischoff）在《萨克森花园的"中国风"》（"Chinoiserie am Sächsischen Hof"）一文中谈道，这些按照不同材质被命名为瓷器厅、镜厅或漆器厅的"中国风"陈列室最早出现在葡萄牙，17 世纪中叶出现在荷兰北部，由奥兰治王室的女性成员传到了德国、瑞典、法国、西班牙、奥地利和英国王室。[①] 荷兰莱顿大学教

---

　　① 1646 年，荷兰奥兰治家族的两位公主嫁给柏林北部的两位权贵，蕙丝·亨利塔（LouiseHenriette）嫁给布兰德堡—普鲁士选侯威尔汉姆一世（FrederickWilhelm Ⅰ），阿尔伯蒂娜·艾格尼丝（AlbertinaAgnes）嫁给拿骚迪茨的威廉·弗里德里克（William Frederick）。她们把瓷器珍藏和以之炫耀的喜好一路带到德国，两对夫妇还专门建造了中国瓷器室来展示和收藏，分别位于柏林近郊的奥拉宁堡宫（Schloss Oranienburg）和宁芬堡宫（Schloss Nymphenburg）。2011 年，笔者考察德国柏林郊区的奥拉宁堡宫（Oranienburg）时，在瓷器室的顶棚看到几幅非同寻常的油画，其中一幅描绘了高举中国克拉克瓷和青花瓷罐的裸童，游走于天界，显然是把圣天子的画像进行了艺术化的改造。资料显示，这组油画是弗里德里希三世在 1690 年重建奥拉宁堡的瓷器室时，委托奥古斯都·特维（AugustusTerwesten，1649—1711 年）绘制的。同一时期的著名画家克里斯多夫·皮兹勒（Christof Pizzler）认为，这是"寓意着欧洲正享用

17 世纪　石湾窑外销瓷　德累斯顿国家艺术收藏馆陶瓷部藏　作者摄 2014 年

授克里斯蒂安·约赫（Christiaan Jörg）则认为，欧洲王宫贵族开始把瓷器收藏和建筑融合起来，这种倾向最早可能出现在 17 世纪初。葡萄牙里斯本的桑托斯宫（原为葡萄牙法国总督宫，现为法国驻葡萄牙大使馆）的锥形拱顶上，密密麻麻地装饰了数百件明代中国的青花瓷，大小不一，图案各异，堪称一绝。此后，法国和荷兰的贵族争先仿效，把瓷器永久性地固定在木架上，成为财富和荣耀的实质证明。①

　　17 世纪晚期，随着中国和日本瓷器收藏的增多，东亚瓷器的摆设扩散到欧洲宫廷的各个角落，这些房间就成为一个个设计独特的奢华陈列室。欧洲的建筑师和艺术家们通过利用中国瓷器表面特有的釉面光泽、房间内的镜子以及乌金色漆器家具的反光相配合，在室内造成一种

东方的果实"。

　　①　海德堡大学亚非研究中心 (Cluster of Excellent Asia and Europe in a globe context) 博士生余雨森在其论文"Chinese Porcelain Cabinets in Persian Courts:Iran and ottoman Turkey"中提出，欧洲 17 世纪的瓷器装饰墙很可能受到了 15 世纪伊朗皇宫陶瓷室和玻璃室装饰的影响。这种说法不无道理，但仍需找到文献和实物的佐证。

1730 年　约翰-克里斯蒂安-基希纳 (Johann Christian Kirchner)（被认为是其作品）
日本宫 (Japanischen Palais) 内院的中式头部塑像　作者摄 2014 年

错综的光影效果，这种新型的室内艺术装饰效果迅速在欧洲流行开来。
从法国凡尔赛宫到德国波茨坦的桑苏西宫，从葡萄牙里斯本的法国总督
宫到英国的汉普顿宫，再从德累斯顿茨温格尔宫到瑞典斯德哥尔摩的多
挺汉宫，中国瓷器的精巧滑润、玲珑剔透和丝绸的绚丽色彩、神奇闪
光，配上彩绘花鸟纹样的变幻无穷的曲线趣味，使习惯了整齐对称的几
何图形的西方人产生了对自然的全新感受，瓷器和丝绸制品给欧洲人带
来的柔和舒展感觉，不但使他们的生活发生了不小的变化，而且也大大
丰富了他们的审美情趣。

　　出于对东方的迷恋，奥古斯特一世成为当时欧洲贵族时尚的表率，
他对于此类异国奢侈品的热衷，使瓷器和珍宝的收藏从质量到数量上都
达到了空前水平；不过直到 18 世纪初，他的中国奢侈品陈列室才像欧
洲其他宫殿一样变得规范起来。按照修建于 1670—1672 年的法国巴黎

小特里亚农瓷宫的模式，奥古斯特一世委托设计师在德累斯顿的易北河畔修建了一座独立的瓷器宫殿，用于展示和炫耀他个人的中国与日本瓷器收藏。[①] 由于 17 世纪末瓷器厅、镜厅或漆器厅流行的时候，正好是日本瓷器在东印度公司一枝独秀的时期；特别是柿卫右门瓷令人耳目一新的亮丽色彩，使日本瓷器摆脱附属装饰的地位，成为衬托整个欧洲贵族展厅装潢的主角。虽然奥古斯特一世收藏的大部分瓷器都来自于中国，但最终他给规划修建的瓷器宫殿取名为"日本宫"。

这座美轮美奂的宫殿，原本是萨克森公国的陆军元帅兼内阁最高行政长官雅各布·范·弗莱明伯爵在易北河畔兴建的一座城堡，用于出租给尼德兰的外交大臣约翰·范·哈尔索特；然而不幸的是，该大臣于 1716 年辞世了。1717 年，奥古斯特一世以德累斯顿的另一座宫殿向弗莱明伯爵置换了尼德兰公使的行宫。1727 年，国王产生了建造大型瓷器宫的构想，并在不久后亲手绘制了一幅宫殿底层藏品的分布

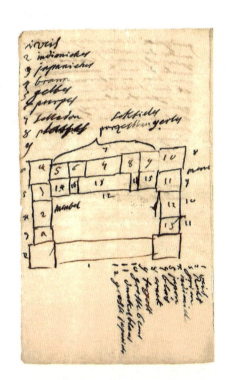

1728 年　奥古斯特一世亲手绘制的德累斯顿瓷器宫殿（日本宫）藏品分布草图
德累斯顿州立古迹保护局档案中心供图

①　Daniela Antonin: Neue Erkenntnisse fiber die Meigener Porzellane der Kaiserinwitwe Wdhelmine Amalia（1673-1742）: die Geschenke Konig Augusts III. yon Polen sowie weitere Porzellanbestelhngenseine Schwiegermutter in WierL In: Keramos, Bd. 197, 2007, pp.69-76.

达尼埃拉·安东尼：《关于威廉米娜·阿玛丽亚 (1673—1742 年) 皇太后所藏迈森瓷器的新认识》；《波兰国王奥古斯都三世赠送的礼品以及他为其居于维也纳的岳母订制的瓷器》，《陶瓷》2007 年第 197 期，第 69—76 页。

草图，他将各个房间进行编号，并对应显示在草图上方的列表中。在同一幅草图中，他还添加了另一组编号，并在图纸底部记录了图例。他把花园一侧的所有房间用一个大括号合并成一条长廊，而对易北河侧翼庭院一侧的房间却没有做任何说明。由此可知，这第二个图例与第一个图例只有两处重叠，是适用于上层结构的。这也包括在编号 12（指易北河侧翼的庭院立面或阳台护栏）下，列出了"大型日本"瓷器，这与同时期的正视图是相一致的。而在侧翼的另一面，根据草图上的文字信息，计划建为"萨克森瓷器花园（seksiche porzellan gerten）"。

在这张草图之后是一幅底层设计图，图中对瓷器组的分布顺序提出了另一种不同建议，其中部分用墨水写上的字迹后来被奥古斯特一世用铅笔划掉并修改。在后来制定的一份清单中可以看到一个重要的变化，即明确规定瓷器宫殿的底层只用于陈列亚洲瓷器。根据其草图标题："最尊贵的国王陛下对日本宫（瓷器宫）第一层房间按以下描述方式进行修改的建议规格（Specificatio derjenigen Zimmer，welche Ihro Majth. der höchstseeligste König glorwürdigsten Andenckens，im Japanischen Palais，und zwar in der Ersten Etage [= Erdgeschoss; Anm.d.Verf.] auf nachbeschriebene Arth aus meubliren zu laßen，allergnädigst intentiniret

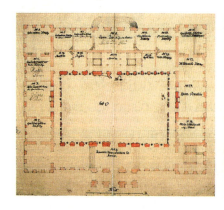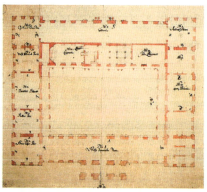

1730 年 德累斯顿瓷器宫殿（日本宫）底层与二层藏品分布草图 柏培尔曼（Pöppelmann）和克诺费尔（Knöffel） 德累斯顿州立古迹保护局档案中心供图

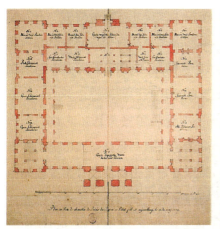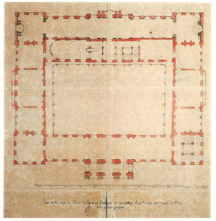

1735 年　德累斯顿瓷器宫殿（日本宫）底层与二层藏品分布图　龙格鲁尼（Longuelune）
德累斯顿州立古迹保护局档案中心供图

gewesen）"，根据德累斯顿内廷总监办公室的草案文本，我们可以肯定
该平面图的制定时间为 1730 年。[①]

　　第二层的设计规划以此前提到的奥古斯特一世的草图为基础，在这
张草图中，两层楼的瓷器都是根据颜色，而不是根据其来源地（亚洲或
迈森）进行区分。部分文字内容虽然确实提供了其来源地的线索，例如
底层图中的说明"日本瓷器"和上层的"克拉克瓷器"，然而其他名称
却不太容易区分是中国、日本或者是迈森的瓷器。故而以"黄色""灰
绿色（Celladon）""白色（Blancdechine）""红色"等颜色来进行布置，
这种将亚洲瓷器和迈森瓷器混合陈列的形式，似乎代表了奥古斯特一世
的某种特殊的意图。

　　第二层的平面图显示，瓷器宫殿首次在城市一侧的大回廊规划了

----

　　① 从 1733 年开始，关于瓷器宫殿上层的详细书面清单与高级内廷总监办公室的计划和
图样一起被保存下来，与此前提到的同年的底层描述一样，与 1730 年底的规划状况不再有任
何区别。由宫廷内务总管扎卡里亚斯·龙格鲁尼重新命名为"1733 年 5 月 31 日，日本宫（瓷
器宫殿）美丽的底层平面图，不包括预定的回廊内部（Plan du bel etage di Palais du Japon en
l'etat quil est aujourdhuy le 31 de May 1733 exepto le dedans de la Galerie projette）"。

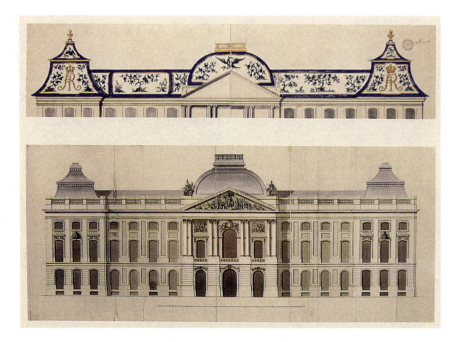

1728 年　德累斯顿瓷器宫殿（日本宫）正视效果图
德累斯顿州立古迹保护局档案中心供图

"带有形形色色动物图案的红釉彩绘瓷器或棕色瓷器（allerhand Thiere mit Roth Laquirten Porcellain oder braunen porcellan）"。1730 年 10 月，德国启蒙主义学者约翰·格奥尔·凯斯勒（Johann Georg Keyssler，1693—1743）在其旅行报告中也记录了德累斯顿瓷器宫殿的状况，其描述与平面图的规划仅有少许的出入。

　　除了严谨而细致的平面图外，数十幅宫殿的建筑立面、屋顶改造和室内装饰图纸都保存在萨克森州档案馆的文件夹中。慎重而全面的规划再次展示了国王对这个项目的重视程度，当年内廷高级建筑顾问让·德·博特（Jean de Bodt）于 1732 年写的一封信中曾提及，因为当时有许多建筑项目同时进行，他于 1729 年雇佣了绘图师约翰·亚当·罗特（Johann Adam Rothe），而这位绘图师又是为宫廷建筑师柏培尔曼（Pöppelmann）和克诺费尔（Knöffel）工作的；建筑师只是画出室内设计的草图，然后由绘图师进行详细的设计，这种做法与实践相当一致，所以这批图纸可以记在皇宫的三位建筑师的名下。

值得注意的是，在这座宫殿的两个主楼层的 32 个房间中，只有少数几个房间的功能是明确界定的。根据清单和平面图，计划有三间卧室、一间小教堂、一间餐厅，以及设置在长廊一端瓷器柜里的王座。其余的 3 个大长廊和 23 个房间，可以看作是纯粹代表身份的空间，前厅和大厅相对成行排列，即使对于当时的国事厅而言数量也是极多的。德累斯顿的州立古迹保护局（Landesamt für Denkmalpflege）在装有瓷器宫殿设计图的文件夹中发现了一张宫殿地下室的平面图，其中有关于厨房和地窖的各个不同房间的文字描述，但该图只能隐约辨认，无法复制。然而，从该图可以看出，后勤服务室是为大型宫廷庆典活动而设计的。

墙壁设计图可分为两组。第一组由上层房间的设计图组成。这 25 张图都是用墨水绘制，偶尔用粉色（墙面部分）和黄色（镜面）进行强

1728 年　德累斯顿瓷器宫殿（日本宫）穿过侧翼的第一批计划系列的外形图
德累斯顿州立古迹保护局档案中心供图

1730 年前　德累斯顿瓷器宫殿（日本宫）侧翼中央大厅的窗墙设计第一批计划系列
德累斯顿州立古迹保护局档案中心供图

烈的突出对比，除提及相应瓷器组的标题之外，图中还带有一个数字和一个字母。这个数字可能是对应在 1730 年之前不久制作的一份底层平面图中的房间编号，该平面图中的字母表示正视图所展示的相应的墙壁。墙壁设计的再现具有相对丰富的细节描述。例如，陈列在门和镜子之间的墙体的第三层的两个花瓶仍然可以被解释为在欧洲精工制作的鎏金青铜框架的中国版本，而位于其下方的两件藏品则让人联想到梅索尼埃（Meissonier）的设计风格。早期洛可可风格的花瓶最初是采用贵金属制成的，然而在第一组藏品计划时期就已经有了印刷设计图形，所以绘图师可以借此证明他对当时法国设计语言的了解。

总建筑师柏培尔曼不仅在 1715 年看到过沃尔芬堡附近萨尔兹达鲁姆宫（Schloß Salzdahlum）的瓷器柜（可能还画了草图），1718 年，还被奥古斯特一世派往柏林，对国王 1709 年在夏洛腾堡宫访问时看到过的瓷器厅进行深入研究。同样，在对日本宫最密集的规划阶段，其被秘密地与两名绘图师于 1730 年 1 月 30 日被派往柏林，其任务是绘制瓷器柜和小教堂的图纸。

　　1733 年奥古斯特一世逝世后，弗里德里希·奥古斯特二世没有再对其父亲制定的平面规划大修大改。① 不过在瓷器墙的装饰上，新任国王却要求设计师扎卡里亚斯·龙格鲁尼（Zacharias Longuelune）给出一套新的方案，其中每个房间都要有两份平面图和所有四面墙的副本。此外，大型易北河侧翼回廊（王座厅）、小教堂和重要的装饰品墙壁都应该有更翔实的图样。新的设计图完成于 1735 年，与前一个系列草图在时间上相差几年，但却显示出对瓷器布置完全不同的观点。通过对两幅都是针对易北河侧翼回廊上层窗户对面的同一面墙绘制的草图进行比较，即可看出这一点。

　　在 1730 年左右绘制的草图

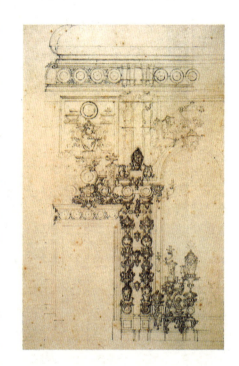

1730 年前　马图斯·丹尼尔·柏培尔曼
德累斯顿瓷器宫殿（日本宫）上层墙面设计
的铅笔草图未完成 第一批计划系列
德累斯顿州立古迹保护局档案中心供图

----

　　① 这一点可以从现存的最后一张带有底层瓷器分布说明的平面图中得到证明，该平面图由内廷事务主管扎卡里亚斯·龙格鲁尼标注了日期："1735 年 5 月 31 日的日本宫底层平面图状态（Plan au Rez-de-chaussee du Palais du Japon en l'etat quil est aujourdhuy le 31 de May 1735）"。

中，这些瓷器被分配到雕刻图案丰富的多层托架的上部结构中，它们被集中堆放在大镜面的下三分之一范围内。镜子之间的墙面上分别带有三个这样的上部结构，其中两个设置在垂直面板之前的相同高度位置，一个设置在位于其上方的横向椭圆形面板之前。在其周围，瓷器以松散的形式单独或成对地散布在整个墙面上。在图纸中，在高脚镜的上部区域实现了一种静态的平衡。它们通过打断这些小规模的上部结构，给整个墙面带来一种动态的节奏感，当然不能忘记的是，在真实的设计结构中，对面窗、墙的装饰元素会显示在镜面中。

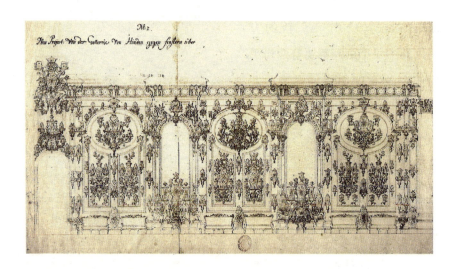

1730 年前　马图斯·丹尼尔·柏培尔曼日本宫易北河侧翼回廊设计草图　第一批计划系列（片段）德累斯顿州立古迹保护局档案中心供图

　　德国学者菲西特纳（Fichtner）将第一组图样归为柏培尔曼的手笔，他指出，绘图师不仅专注于相应的墙壁，而且还试图设想身处于该空间中，并对房间位置的具体条件进行合理的处理："对艺术创作有趣的见解被带入了室内的立面图；它让人可以感觉到，在考虑瓷器布置时，并不是取决于各个藏品的价值，而是根据对空间的感觉，在较暗的背光窗户侧放置更大型、更显眼的花瓶；而将光线充足的后墙设计为各种大小

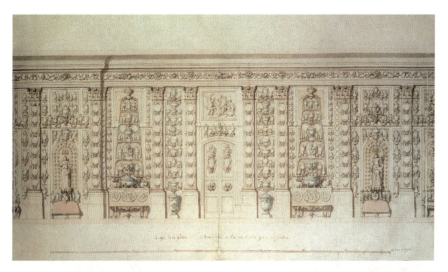

1715 年　德累斯顿日本宫瓷器走廊的设计手稿　扎卡里亚斯·龙格鲁尼　德累斯顿州立古迹保护局档案中心供图

不一的丰富瓷器藏品的展示区。"① 相比之下，龙格鲁尼 1735 年的设计则更加强调线性的几何结构。在南面长廊中，按照他的设计应将每一面墙都均等地陈列瓷器，而按照第一种设计草图，窗墙处应只展示少量较大的花瓶。在龙格鲁尼的图纸上，来自中国和日本的瓷器沿着建筑镶板成链状排列，或分布在单独分配的单层托架和托台上。壁柱和盒式框架的轮廓将这些瓷器布置框在其中，通过各个藏品的布置可以获得设计师需要的节奏。此时，亚洲和欧洲的瓷器藏品已经存放在日本宫的房间里，因此龙格鲁尼对其外观和数量有准确的了解，在确定瓷器的分布时主要考虑到了视觉上的重要因素，即花瓶的容器尺寸从下往上逐渐减少。通过各个单独托架的作用和辅助功能体现瓷器的站立重量，甚至由于自由悬挂的盘子，沿着表面的划分而形成的排列顺序，使它们看起来似乎本身就是站立着的。基于这种具有仪式感的分布顺序，龙格鲁尼

---

① Die Galerie der Mei8ener Tiere，*Die Menagerie Augusts des Starken ftir das fapanische Palais in Dresden*，Samuel Sittwer，p.42.

1735 年　扎卡里亚斯·龙格鲁尼　德累斯顿瓷器宫殿（日本宫）二层房间效果图
2013 年制作　德累斯顿州立古迹保护局档案中心供图

使瓷器墙的设计具有静态效果。

　　按照龙格鲁尼的设计方案，瓷器的排列分布只出现在最后的凹线中。所有这些组成部分都被移动的、雕刻的支架和托架所包围，正是基于这个原因，这种墙体设计虽然不像其他示例中具有明显的建筑构造结构，但仍然是"稳定"的效果。雕刻的部分覆盖了墙壁的每一个部分，就像一张网，将瓷器固定在其中。从视觉上看，这些瓷器的重量并不单独依靠任何支撑物，而是"粘贴"在表面上，仿佛是从这些表面"自然滋生"的那样；将瓷器从覆盖在墙上的装饰中凸显出来，并通过其显现效果决定性地塑造了房间的色彩。在此之前，柏培尔曼的计划是将最大的容器作为重点放置在特别显眼的位置，例如在镜墙前的托架结构的顶部，在其拱形末端的天顶，或位于镜面之间的面板中心处。这样布置的结果是，放置在墙壁上部的视觉感官上较重的瓷器甚至比在下部的更多。与龙格鲁尼井然有序的欧洲构图相比，这种对瓷器的俏皮处理打造了一种生动的起伏效果，展现了一种具有异国情调的轻松魅力。在第一组计划中，并不是用瓷器填充房间，而是共同打造房间氛围。

然而，第二组计划中将瓷器作为内衬层的一部分的这种构想，一方面要求有足够数量的各种尺寸和类型的餐具；另一方面龙格鲁尼也意识到了迈森工厂的生产困难，因此在设计易北河侧翼上层的王座长廊时对其提出的方案这样解释道："[...] 瓷器的组成应当是可以增加或减

1721 年　普鲁士夏洛腾堡宫中国瓷器室　作者摄 2010 年

1718 年　约翰·弗里德里希·欧桑德·冯·戈特
(Johann Friedrich Eosander von Göthe) 柏林普鲁士夏洛腾堡宫中国瓷器室设计手稿

少瓷器的数量，而不改变一般的组成（Et le tont est compose de la ma-
niere que l'on pourra augmenter ou diminuer le nombre des Porcelaines sans
changer la Composition generale）［...］"。① 他非常清楚加法式布置方法
的弱点，因此在许多房间里加入了其他流派的醒目的装饰元素："［...］
我们把［大花瓶］放置在窗户的对面，以避免总是重复摆放花瓶和简单
的布局，从而将更多丰富的元素呈现给眼睛和头脑，并有心思去做一
些有趣的事情（On a mis ［...］ vis a vis des fenetres des Statuts, et des Me-
daillons, pour ne pas toujours repeter des Vases, et eviter un simple arange-
ment, qui auroit trop l'air d'un riche Magazin, et pour presenter aux yeux, et
a l'esprit des objets amusants, et qui/: pour ainsidire:/ parle）"②。恰恰是这句
话的最后部分表明，作为当年德累斯顿更多代表着法国古典主义风格的
建筑师，龙格鲁尼并没有赋予瓷器足够深度的意义。他不是把餐具看作
是整个房间的组成部分，而是把它们看作是单独的物体，并为它们创造
一个摆放框架。通过这种方式，他迈出了重要的一步，即从第一组计划
的设计草案所包括的巴洛克式的瓷器和镜子柜的摆放思路中摆脱出来，
并设想在日本宫的底层按照"原生态博物馆（protomuseale）"的方式摆
放亚洲瓷器藏品。

现在的问题是，奥古斯特一世本人在多大程度上为设计过程贡献了
创意，或者其灵感来自何处。在此有两件事情不应忘记：奥古斯特一世
对柏林的访问和普鲁士艺术家向萨克森州的转移。1709 年，奥古斯特
一世与丹麦国王腓特烈四世（Friedrich IV.）一起前往柏林的普鲁士宫
廷，以便与腓特烈一世（Friedrich I.）共同达成对抗瑞典的联盟。在此
次三位国王的会晤中，举行了众多的庆祝活动。此外，他们还参观了奥
拉宁堡、卡普特和夏洛滕堡的宫殿，其中包括三个最重要的、具有政治

---

① 德累斯顿的州立古迹保护局（Landesamt für Denkmalpflege）档案，编号 BA,IAa,18,Fol.363a。
② 德累斯顿的州立古迹保护局（Landesamt für Denkmalpflege）档案，编号 BA,IAa,20,Fol.51a。

意义的普鲁士瓷器室。奥古斯特一世曾在日本宫规划阶段想到了该处的瓷器展厅，并于1730年派遣绘图师前往柏林，这在此前已提及。

1713年腓特烈一世去世后，威廉一世（Friedrich Wilhelms I.）开始倡导节俭而简约的宫廷生活。于是普鲁士宫廷的司仪约翰·冯·贝塞尔（Johann von Besser）转向奥古斯特一世的麾下，并担任同样的职务。建筑师约翰·弗里德里希·欧桑德·冯·戈特是夏洛腾堡瓷器柜的创造者，他也于1713年离开柏林，并于1722年前往德累斯顿，虽然他没有参与这个项目，

1735年　扎卡里亚斯·龙格鲁尼　德累斯顿瓷器宫殿（日本宫），易北河侧回廊的立柱设计，带有用于放置瓷器的小型托架
德累斯顿州立古迹保护局档案中心供图

但肯定遇到了老熟人。这不仅在冯·贝塞尔（Johann von Besser）身上得以实现，因为扎卡里亚斯·龙格鲁尼也于1713年从普鲁士来到了萨克森宫，而让·德·博德（Jean de Bodt）最终也于1728年在德累斯顿定居。①

龙格鲁尼的设计受北方普鲁士瓷器室的影响颇深。一方面，在他的王座厅设计中，立柱凹槽充满了小支架和小瓷器，这是对奥拉宁堡的瓷器室的直接参考；另一方面，在最重要的房间，即橙色大厅，设置有一个由向下倒挂的亚洲瓷碗组成的钟琴，如同他在迈森瓷器中通过演奏机

---

①　德累斯顿的州立古迹保护局（Landesamt für Denkmalpflege）档案，编号BA,IAa,20,Fol,302a。

1730 年前 德累斯顿瓷器宫殿（日本宫） 陈列有深蓝色瓷器的上层房间设计草图第一批计划系列 德累斯顿州立古迹保护局档案中心供图

制实施的那样，将其作为日本宫中王座的悬挂装饰物。① 如果说，建筑师对于一些设计元素必须谨慎对待创新的概念，那么，奥古斯特一世通过带有其手书的草图无疑给室内设计带来了新的思路，即将瓷器按照颜色组别排列分布。考虑到这一点，日本宫内部设计的最大意义不在于构成和展示，而更多地在于藏品本身的组织和功能化。

1729 年，当奥古斯特一世确定建造"瓷器宫"以取代荷兰宫，并且决定不仅将东亚瓷器，而且也将迈森瓷器纳入展示规划之后，皇家藏品与迈森制瓷厂之间便产生了千丝万缕的联系。有资料显示，奥古斯特一世在 1728 年底订购了 300 个大碗，这些碗将按照提供的样品进行制作，但只是"普通的绘制工艺"②；这些可能与开始的正视图规划直接相

---

① Die Galerie der Meissonier Tiere, *Die Menagerie Augusts des Starken ftir das fapanische Palais in Dresden*，Samuel Sittwer，p.46.

② 强者奥古斯都瓷器收藏目录，INV,Nr,N-167,W-Bei,Raubvogel,1733。

关，因为普通的（也是快速的）彩绘碗很适合放置在房间的凹线中，并按门楣状排列，而且因为是放置在将近 11 米的高度上，肉眼无论如何也无法辨别出绘画的细微之处。

1730 年后，皇家迈森制瓷厂似乎收到了更多的订单，同时也有来自皇宫转交的艺术品作为模型。例如，皇宫的内务管家马丁·特夫特（Martin Teuffert）在订购花瓶以"布置房间"时向工厂表示，他"今后会经常来这里，为工厂带来各种好的模型"①。

我们还可以通过一个具体的例子说明皇家藏品、迈森制瓷厂和日本

18 世纪 10 年代 《伊万里鸟笼花瓶》日本
编号：P.O.3801 高度 37 厘米
德累斯顿国家艺术收藏馆陶瓷部供图

1730 年 《仿日本伊万里鸟笼花瓶》迈森
德累斯顿瓷器宫殿（日本宫）旧藏
编号：P.E 805 高度 53.1 厘米
德累斯顿国家艺术收藏馆陶瓷部供图

---

① 德累斯顿的州立古迹保护局（Landesamt für Denkmalpflege）档案，编号 BA,IAa,21,Fol,188b。

宫的关系有多么密切。1727 年左右，皇宫的内务部需要运送一批亚洲瓷器到迈森，即所谓的日本鸟笼花瓶，这种花瓶和鸟笼的组合在今天看来有些怪异，但在迈森的复制过程中却付出了巨大的努力并经历了技术上的诸多困难。1730 年 3 月 28 日，经过坚持不懈的努力"……鸟笼形状的大型组合作品，在工厂达到了完美的效果，其中总共有 50 件将在国王陛下面前生产……"① 上述提到的 50 件可能是指一份未注明日期的订单，在这份订单中，皇宫的内务管家共要求购买 530 件瓷器，并列出了两种不同类型的鸟笼花瓶各 50 件，其中一种与检验员的描述相符。根据这份清单，这些花瓶将与日本原件一起放置在瓷器宫殿城市侧上层的回廊内。

1733 年，亚历山大·冯·苏尔科夫斯基伯爵（Graf Alexander von Sulkowski），作为萨克森公国最高司库大臣，开始负责奥古斯特二世时期的"日本宫"订单。在此期间，他留下一本"关于为日本宫上层第十一个房间提供所需的萨克森瓷器制定的规格摘录"②，据此可知，当年瓷器宫殿的 11 个房间共向迈森皇家制瓷厂定制瓷器 25215 件，截至 1733 年 11 月 26 日，已完成 3835 件，另有 15676 件瓷器在工厂仓库里等待上色，仍有 5704 件瓷器需要新创作。③ 当年日本宫瓷器是根据颜色组别分配到各个房间的，工厂必须知道有多少件哪种形状的瓷器需要上哪种底色或装饰类型，以及还有哪些新的模制品需要生产，所以苏尔科夫斯基伯爵制定的这份详细订单无疑提供了这方面的信息。

奥古斯特一世统治时期，他亲自参与了瓷器宫殿的项目，可以说他

---

① 德累斯顿的州立古迹保护局（Landesamt für Denkmalpflege）档案，编号 BA,IAa, 20,Fo2,12a。

② 德累斯顿的州立古迹保护局（Landesamt für Denkmalpflege）档案，编号 BA,IA、a,24, Fo1,01a。

③ 当年"日本宫"瓷器是根据颜色组别分配到各个房间的，工厂必须知道有多少件哪种形状的瓷器需要上哪种底色或装饰类型，以及还有哪些新的模制品需要生产，1733 年 11 月 26 日的这份详细订单提供了这方面的信息。

本人对建筑师的设计和瓷器展陈进行了深度的规划，偶尔自己还制定需求清单，其中有一些得以存留下来。此外，有些清单的标题还表明，这些清单是根据国王的口头命令制定的，他可能是在经由熟悉场地条件的建筑师提出建议后发出的指令。

然而，他的儿子奥古斯特二世采取了不同的做法，他委托中间人苏尔科夫斯基伯爵负责交付工作，并授予他相对自由的权力。因此，1733年之后对订单内容和范围的修正，很可能应被视为是该代理人与建筑师之间达成协议的结果。这位雄心勃勃的伯爵所面对的工厂除了完成皇家订单之外，还必须考虑到所谓的"当前产品"，即可以带来收益的生产。① 因为在此之前，交付给前任国王的所有瓷器总额的汇编记录显示，在48426 塔勒 8 格罗森 5 先令的总额中，只有 1727 年支付了一次 500 塔勒的款项；而仅在 1732 年 12 月底的"交付给荷兰宫的动物和鸟类图案瓷器"的账单金额就已达到 10134 塔勒 20 格罗森，超过了奥古斯特一世的瓷器债务的五分之一。在此背景下，工厂自身的经营在接受挑战的艺术家以及关注工厂经济状况的管理层之间出现了一条巨大的鸿沟。

1732 年初，尽管工厂很清楚存在的技术问题，但仍然表现得信心十足。在提到大尺寸瓷器时，"工厂的技师希望，通过在烧制和上釉方面采用更多和更有经验的操作技巧进行生产，可以使这些由尊贵的陛下要求的（指真人大小的使徒像）和其他大花瓶或附件在这里保持良好的状态"。在同一篇报告的后段，对新产品的承诺进一步表达了对成功的希望："部分用作钟琴的钟也正在生产中，同样，对风琴管也进行了试验，以便通过这种新发明的瓷器为尊贵的国王陛下带来更多乐趣"。

1732 年 4 月 2 日，奥古斯特一世的一封信和随附的订单清单②这样

---

① 除了巨大的数量之外，由于特殊定制产品（大型尺寸、墙面装饰、风琴管等）的生产需要首先积累经验，并进行耗费巨大的测试，这些都给工厂的生产带来了特别大的负担。

② 所附的清单列出了 910 件专门的大型器皿和雕像，并根据其在回廊内的预定摆放位置进行分组。这表明，国王至少得到了一位建筑师关于房间布置的可能性和比例的建议。此

1735 年　扎卡里亚斯·龙格鲁尼　德累斯顿瓷器宫殿（日本宫）城市侧回廊窗墙的陈设效果　德累斯顿州立古迹保护局档案中心供图

写道：

　　蒙上帝的恩典，波兰国王弗里德里希·奥古斯特，萨克森州、尤利希州、克莱夫州、伯格州、恩格恩州和威斯特法伦州的公爵们，选帝侯，最佳议员，亲爱的信徒们：我们决定，在德累斯顿附近的新城荷兰宫上层的新回廊摆放我们在以下清单中指定的瓷器，共 910 件。因此，我们诚挚地请求您下令由我们的迈森工厂制造这些瓷器，并分批生产和交货，并在账单中予以说明。此为我们的意愿和意见，致以亲切的问候。华沙①

外，这份名单并不在迈森档案馆的信件附件中，而是保存在德累斯顿国家档案馆的枢密院档案中，标注日期为"德累斯顿新城，1732 年 2 月 25 日"。也就是说，它是在国王可能在场的情况下直接在日本宫里起草的，而且，由于强者奥古斯特三天后离开德累斯顿前往华沙，所以直接转发了誊清稿本，供枢密院保留存档的清单副本留在了德累斯顿，而丢失的原件可能与国王 4 月 2 日签署的指令一起被从华沙发往迈森。

①　德累斯顿茨温格尔宫档案，Vgl,BA,Ⅲ,121。

国王的这封信可以理解为是对工厂委员会的指示，并在 4 月 19 日立即得到了回复，工厂承诺从春夏之际获益，因为白昼更长，这意味着工厂将不得不加班赶工。

1732 年 9 月 3 日和 10 日，共有 31 个装有成品的大箱子被分两批运到日本宫。其中装的几乎可以肯定是花瓶，枢密院议员海因里希·冯·布吕尔伯爵（Graf Heinrich von Brühl） 于 9 月初从华沙发来一张图纸，要求将花瓶放置在上述回廊的壁炉上方。 ① 为了能够完全满足要求，9 月 4 日和 7 日，一些未上漆的花瓶也被送到了皇宫。整件事情的目的是在国王不久从华沙回来时给他一个惊喜，像往常一样，国王不久后就到皇宫视察了工作进展。一位目击者声称，这些藏品已经布置完毕。乔纳斯·汉威（Jonas Hanway） 在本世纪中叶访问皇宫时发现："第二层的回廊已经有两个大理石烟囱，每个烟囱都装饰着近 40 件非常大的瓷器"。 ②

清代　康熙《五彩赏瓶——渔樵耕读》景德镇 编号：P.O.3318　高度 34.2 厘米
德累斯顿国家艺术收藏馆陶瓷部供图

---

① 　德累斯顿的州立古迹保护局（Landesamt für Denkmalpflege） 档案，编号 BA,IAa,244,Fo31,6a。

② 　萨克森安哈特尔州总档案馆，SachsHStaA,Loc,I341,Vol VI,fol,323ab。

奥古斯特一世于 10 月 23 日抵达德累斯顿，一天后就参观了"日本宫"。然而，他发现多件瓷器的釉面质量都有问题，因此，工厂委员会想从技师那里了解为什么会存在这些缺陷，以及这些缺陷是否可以改进。答复很明确："在 4 月 2 日尊贵的殿下发布声明后，三位技师与其他制作者一起竭尽全力对 910 件大花瓶和其他瓷器进行了加工，他们还烧制好了一些瓷器，并送到了德累斯顿新城的皇宫。然而经验表明，准备工作并不像人们一开始预期的那样成功，更不用说许多大件瓷器在炽热的火炉中烧制时直接产生了裂缝，或在烧制过程中受到其他损害［……］。技师们现在更多考虑的不是如何努力继续加工这些大的瓷器，而只是怎样逐渐实现这样的尺寸，以避免白白浪费过多的物料、工作和精力，以及努力烧制成功的小型瓷器作品"。①

　　奥古斯特一世于 11 月 8 日访问了工厂，并视察了生产车间和仓库。他似乎并不认为工厂不具备生产能力，因为在 12 月 17 日又提交了一份订单，这次只是大尺寸的动物雕塑。为了明确今后在德累斯顿的交货计划，冯·布吕尔伯爵在 1732 年 12 月 28 日的信中通知工厂管理层："根据在波兰的最尊贵的国王陛下以及萨克森侯爵的最高口头命令

---

① 德累斯顿的州立古迹保护局（Landesamt für Denkmalpflege）档案，编号 BA,IAa, 24,Fo35,8a。

[……]，今后迈森瓷器厂为陛下生产的所有瓷器都要按照中国瓷器的技术，用美丽的白色材质和少量的绘画来制作，或者如果订购了精美的珐琅，（……）同样也要在上面做少量的绘画"，就此，迈森承诺将尽一切努力，并要求增加一点时间完成生产。

奥古斯特一世于 1733 年 2 月 1 日在华沙去世。2 月 13 日，弗里德里希·奥古斯特二世就想从工厂了解他父亲到底订购了哪些东西，以及还有哪些东西没有完成。2 月底，他对工厂的请求作出回应，苏尔科夫斯基伯爵得以向迈森工厂保证更多的时间。然而，技师们请求委员会给他们"不要太短的时间"，于是弗里德里希·奥古斯特二世于 4 月 9 日亲自通知工厂，他父亲为回廊订购的 910 件瓷器的工作应该继续进行，而且他将允许工厂在 5 年内完成。

弗里德里希·奥古斯特二世在 1733 年春天批准的这次延期，必须与瓷器宫项目的重新定位联系起来看。一方面，王座继承人详细了解了规划和工作的状况，其结果是相当混乱的局面。为了将这些有效和过期的清单、图纸和实际库存的混乱状态变得井然有序，首先无论如何需要一定的时间，所以相应的承诺也符合国王的利益。另一方面，受托负责重组的苏尔科夫斯基伯爵有意将他所承担的任务变成一个有声望的项目。因此，6 个月后，11 月 26 日的订单清单不再提及用于回廊的 910 件瓷器以及批准的延期，而是不顾怨言，要求整个上层所有房间的瓷器总数达到 25215 件。弗里德里希·奥古斯特二世掌权后对该项目进行全面修整的一个明显标志是龙格鲁尼对底层和王座厅的新设计。弗里德里希·奥古斯特二世还于 1736 年 12 月 28 日发布了公告，确认他打算完成项目计划的意愿："继在狩猎宫（JagdSchloße）的狩猎小屋实施了各种建筑措施之后，我们决定在新城扩建现有的瓷器宫殿，并为此拨出总额为十万塔勒的款项。我们特此允诺以现金形式于 1737 年支付总额中的［……］6000 塔勒，1738 年支付［……］1402 塔勒 16 格罗森，用于扩建新城的宫殿［……］，或者［……］从我们自由支配的资金中负担

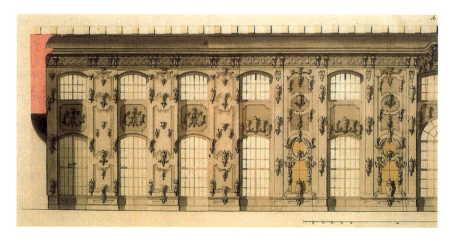

1730 年前　德累斯顿瓷器宫殿（日本宫）城市侧回廊的窗墙设计草图第一批计划系列
德累斯顿州立古迹保护局档案中心供图

和结算 ［……］"①。

　　这一新的整体计划的兴旺也解释了为什么记录显示，在 18 世纪 30 年代末迈森皇家瓷器厂方面越来越多因延迟交货而道歉，但皇家方面却始终遵守订单。② 如果要从这段简短的关于订购和交付历史的概要中得出关于瓷器宫殿装饰设计的结论，首先要确定的是，在奥古斯特一世去世时，宫殿房间里已经有几千件瓷器，在接下来的几年里，又有几倍的瓷器交付。然而，从目前已有的清单中也无法看出这些作品是如何布置呈现的。

　　奥古斯特一世在世时，曾计划把中国和日本的元素融合到迈森瓷器中去，直到 1730 年，当他将东亚瓷器放在宫殿一层，将迈森瓷器放在第二层，才产生了将迈森瓷器区别于东亚瓷器的想法。此后的数年里，

---

　　①　德累斯顿的州立古迹保护局（Landesamt für Denkmalpflege）档案，编号 BA,IAa,24,Fo305,8a。

　　②　第二次完成宫殿的尝试可能是由于受弗里德里希·奥古斯特二世委托，负责监督当地工作和订单的大臣亚历山大·冯·苏尔科夫斯基伯爵的倒台而失败，他于 1738 年 2 月 5 日被不光彩地解雇了。

迈森皇家制瓷厂根据东亚样式生产了一批批逼真的仿制品，某些本土瓷甚至超越了康熙时期的舶来品。国王对此欣喜若狂，他似乎找到了与中国对话的信心与野心，这一点无疑反映在日本宫易北画廊的天顶画中。居于中间的是萨克森和日本的化身，他们当着密涅瓦的面为各自瓷厂的优点争论起来，在他们身边的是竞赛者、品位、发明、仿制、绘画和雕塑的化身。最后，密涅瓦将一个桂冠授予来自萨克森的工匠，而来自中国和日本的工匠面带嫉妒，把货物装船运回东亚……

第二节　镜子、釉水与漆器——萨克森宫廷的"中国启蒙"

奥古斯特一世去世后，因为资金短缺，瓷器宫殿的工程始终没有完工。尽管如此，弗里德里希·奥古斯特二世还是喜欢在那里款待客人，并向他们展示瓷器收藏。德累斯顿的瓷器宫殿令世人在欣赏到数量繁多的东亚瓷器收藏的同时，也目睹了来自 18 世纪皇家迈森陶瓷厂的新艺术形式。两任的国王似乎已经把远在东方的中国、日本和印度与华丽的排场视为一体了。

英国历史学家斯蒂芬·巴里西恩（Steven Parissien）在《欧洲对亚洲的幻想》一书中探讨了 17 世纪晚期欧洲贵族突然钟情东方的原因。他指出有许多因素在起作用，但最重要的是心理因素：

"1683 年奥斯曼帝国围攻维也纳失败后开始崩溃，对欧洲大陆的威胁减弱了，从而产生一种心理上的解脱。印度莫卧儿帝国也崩溃了，这个刚刚衰落的东方成了逃避现实幻想的主题。"的确，17 世纪中后期，欧洲人开始兴致勃勃地收藏各种稀珍的中国瓷器，并辟出漆器专柜用以展示和储存瓷器，不但娱乐自身也营造出一种高雅的艺术氛围。

1701—1708 年　德累斯顿绿穹隆珍宝馆（Grüne Gewölbe）收藏的著名工艺师约翰梅尔希奥·丁灵格设计的人物组雕"莫卧儿君主奥朗则布诞辰之日的德里朝臣"

木芯、金、银、镀金、镶嵌奇石、大漆等

　　早在 1587 年，萨克森选帝侯克里斯蒂安一世就从托斯卡纳大公斐迪南一世那里得到了一件方黑漆描金的桌子，并配有文房四宝。德累斯顿的藏品目录表明，由于当时宫廷缺乏对中国漆器的了解，工匠错把漆当作皮革，而归入工艺品类。数年后，第二件漆家具礼品再次由佛罗伦萨送往德累斯顿，国王和他的工匠们才开始对漆器有所了解。

　　17 世纪初，许多欧洲作坊都试图模仿东亚的漆器和艺术品。荷兰的威廉·吉克曾于 1610 年制造出远东式样的漆器。在巴黎，埃唐·萨热也为来自美第奇家族的玛丽亚王后造出了漆家具。在伦敦，马丁兄弟则以其"马丁"牌高光亮漆而家喻户晓，威廉·史密斯则于 30 年代在英国出售漆制家具。在比利时的斯巴·雅各和格拉德·达利共同开设了一个工场，后者曾于 1687 年在北京工作过，而且因其白漆制品闻名。在德累斯顿，人们也曾试图制造漆器家具。奥古斯特一世的母亲、丹麦的安娜·索菲娅和他的夫人克里斯蒂娜·艾伯哈丁娜就曾雇佣过宫廷漆匠。正如当时许多贵妇一样，她们设立了中国漆器陈列室，甚至可能亲自参与制作。除了宫廷漆匠马丁·施奈尔（Martin Schnell，1675—1740年）的作坊外，德累斯顿和迈森至少还有另外 14 位漆匠。①

1708 年，朱红瓷质炻器的烧制为此地的漆器艺术开拓了一条道路。那些炻器是年轻的迈森工场制作的独特产品。其红褐色的表面为深黑色的闪光釉彩提供了绝佳背景，这种釉彩与漆彩非常近似，似乎就是用漆画成的。但在 1720 年以前，迈森人只知道用色素和黏合剂制成的"冷"颜料做装饰。彩色绘画大多采用金或银作为补充。它们附着在光滑的表面上，和后来采用的耐温颜料相比缺少稳定性。如今装饰图案的剥落已经极为明显，黏合剂的老化也加深了损伤程度，原先的色彩变得斑驳、依稀可见。这些炻器的形状仍仿照本地的式样，也有的仿照中国的铅釉陶器、金属餐具以及奥古斯特一世收藏的亚洲瓷器。②

从 1710 年起，宫廷漆匠马丁·施奈尔在萨克森德累斯顿研究漆器家具和瓷的收藏，他详细研究了大公收藏的中国挂毯和漆器，并将其作为绘画创作的范本使用。施奈尔为德累斯顿宫廷制造了各种各样的东方风格装饰品，其中有不少红漆花瓶是以他的名字命名，花瓶上金光闪闪的饰带显然是受到了保卢斯·德克（Paulus Decker）创作的装饰图案的启发。③ 在迈森的工资清单中，我们发现 1712 年前后，马丁·施奈尔曾受国王的指示绘制与宫廷里现有的东亚藏品互为补充的黑釉陶器。这些受中国黑漆家具启发的迈森花瓶、茶具和咖啡具，在当年具有雍容华贵的外观。在萨克森王储弗里德里希·奥古斯特二世同哈布斯堡公主玛丽亚·约瑟芬于 1719 年 9 月结婚时，在瓷器宫殿里展出了黑釉波特

---

① Arps-Aubert 1936 Kudolfvon Arps-Aubert: Sichsische Lackm6bel des 18.Jahrhunderts. In: Zeitschrift des deutschen Vereins ir Kunstwissemcha, Bd. 3, 1936, S. 342-368.

鲁道夫·冯·阿普斯 -奥伯特：《18 世纪萨克森的涂漆家具》，《德国艺术科学协会会刊》1936 年第 3 期，第 342—368 页。

② 《白鹰之光——萨克森—波兰宫廷文物精品》，紫禁城出版社 2009 年版，第 221 页。

③ Kopplin 1998 Monika Kopplin: Euro'paise kunst: ausgewihlteAtbeiten, Mitinster 1998.

约 1715 年 《红色漆桌》桌面漆画为马丁·施奈尔绘制 德累斯顿国家艺术收藏馆藏

哥陶器以及马丁·施奈尔的黑色漆器。

马丁·施奈尔甚至参与了德累斯顿瓷器宫殿（日本宫）的内部装饰设计。在德累斯顿国家艺术馆，有一张绘有中国山水画的红漆桌，桌面为杉木，框架为松木，桌腿为椴木，红漆打底，彩画宝塔、山峦和文人出行等。这张桌子极有可能同另外三张相似的桌子都陈设于瓷器宫殿日本宫中，它们同样出自马丁·施奈尔之手。当年来自亚洲和欧洲的漆器，如家具、宴会饰品套件、花瓶和独角小圆桌等，都曾与各式各样的瓷器搭配装饰。由于注重空间的整体效果，亚洲"真品"漆家具和仿制品在艺术风格和价值上并没有太大区别。欧洲复制的漆板作为宫殿瓷器墙的护壁，其表面的珍木贴片、多彩的方形、菱形贴木都被赋予极细的丝带或花叶的雕饰。华丽的漆彩家具，夺目的五彩釉瓷，在绮丽的刺绣和丝缎包衬下体现出前所未有的柔和与富丽，它打破了古典主义的平衡与齐整，它所展现的是一种异域的活泼与多变。①

实际上，瓷器宫殿（日本宫）的漆器陈设是相当丰富的，甚至有不少荷兰宫的漆家具被整合到了新建筑中，或为其进行了改造。画家伊萨克·奥古斯丁·维维尔德（Isaak Augustin Wiwild）在一封申请信中回顾时说道："他没有得到养老金，并强调了他所提供的特别服务。即为

---

① 莫尼卡·考普林：《欧洲的漆器工艺文选集》，明斯特 1998 年版。

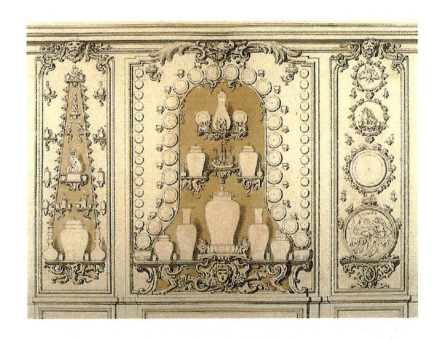

扎卡里亚斯·龙格鲁尼　德累斯顿瓷器宫殿（日本宫），底层房间的墙面设计
约 1735 年（片段）

已故国王，奥古斯特一世工作时，除了在德累斯顿的绿色穹顶大厅创作天顶壁画的之外，还为瓷器宫殿的家具绘制了带有各种东方风格的动物和鸟类等图案"。①

　　翻看龙格鲁尼在 1735 年的设计手稿，可以发现，设计师不再坚持前辈一直采用的强调纵轴线的传统，虽然还保存外观上的对称，可是内部已经可以不受纵轴线制约，比较自由地作平面安排。在设计瓷器宫殿底层的展墙时，龙格鲁尼将长方形回廊的四隅处理成平缓而圆滑的曲面，用布满浮雕的室内柱身来分割壁画，构成狭长的壁面和弓形的窗户。二楼陈设瓷器的房间里则布满了各式各样的巨型镜面，镜子上方装

---

　　① 德累斯顿的州立古迹保护局（Landesamt für Denkmalpflege）档案，编号 BA,IAa, 20,Fol,51a。

饰着带有花纹、人物、动物和铠甲的挑檐。挑檐起到了把壁面与天花板有机地连在一起的作用，它消弭了墙壁和天花板之间的明确分界，使房间各部分形成了一个浑然的整体效果。为了实现装饰风格上的统一，马丁·施奈尔对瓷器宫殿的漆家具也进行了一番改造，各种经过变形的植物叶形饰带和旋涡形卷草，绘制于仿中式红漆或黑漆家具的表面，用以制造一种温柔的动感。设计师似乎厌烦了16世纪以来屋角尖锐和笔直的外露，在内饰上多取圆弧而避方尖；一方面，吸收中国瓷器纹饰的那般细腻、柔和与轻盈的感觉；另一方面，则将其转换为各种形状的曲线，椭圆的、螺旋的、S形的、C形的花朵、草茎、棕榈、浪花和泡沫等都被运用在室内浮雕、镜面和漆家具的装饰上，形成了一种秀丽多姿的审美风尚。

18世纪初"中国风"几乎贯穿于萨克森宫廷的每一个角落，奥古斯特一世在多处的宫殿都设有"中国器物室"，专门陈列来自东方的贵重物品。德累斯顿的绿穹隆"镜厅"中就摆着价格极为昂贵的中国橱柜、桌子、瓷瓶和瓷人。在茨温格尔宫的居室壁炉架子上，陈列着数十个白瓷塑像和几百只的杯子、瓶子和碗，来自中国和日本的漆屏风代替了原有的护墙板。房间里壁画的作用不在于保持其自身独立的价值，而在于服务陈设的中国瓷器和中国家具，它不单要有美感，更要注重壁画的色彩、线、面的运动与瓷器上的装饰花纹、漆器家具上的整体色彩有机地结合；一句话，壁画无论从内容还是从结构，都必须是服从于整个房间"中国元素"，中国风是设计时就必须考虑的内容，而这种统一性离不开由东方器物带来的飘逸、柔和与欢快的现实生活气息。①

---

① Marina Bdozerskaya: "Menageries as princely necessities and mirrors of their times". In: *Oudry's painted menagerie: portraits of exotic animals in eighteenth-century Europe*, Ausst-Kat J. Paul Getty Museum, Los Angeles, ua. Los Angeles 2007, pp.59-74.

玛丽娜·贝罗策斯卡娅：《作为王室必备场所的动物园以及它们反映出的时代特征》，见奥古斯特一世从1697年被加冕为波兰国王后，便着手在华沙维斯瓦河岸高地兴建王宫。其个人的园林原本向意大利和荷兰的园林模式看齐，后来受凡尔赛宫影响又改造成法式东方风格。为了赋予更多庆典活动欢庆的气氛，又在华沙建造了更多的巴洛克式园林建筑，他首先委托建筑师马蒂亚斯·达尼埃尔·普伯曼（1662—1736年）和他的儿子卡尔·弗里德里希·冯·普伯曼（1696—1750年）扩建宫殿和花园。这种名为"萨克森花园"的园林建筑保持轴向对齐，有大沙龙、小沙龙、农庄、橘园、跑马场、用于歌剧演出的亭阁、靶场和花园剧场。早在1727年，位于园林中心的大沙龙就对市民开放了。萨克森贵族纷纷效仿王家园林的建筑风格，特别是海因里希·冯·布吕尔伯爵（1700—1763年），他把位于德累斯顿、尼施威茨、普法尔腾的布吕尔宫和位于华沙的自己的园林都布置成了中式花园。①

1705年后，奥古斯特一世在德累斯顿周边开始建造或改建休闲宫殿和中式花园。茨温格尔宫花园的木质庆典建筑于1709年改造完成，并从1711年起，分阶段扩建茨温格尔宫的橘园，以便举办竞技比赛和其他宫廷庆典。1709年，丹麦国王弗里德里希四世到访，并在此举行了盛大活动，奥古斯特一世在渲染宫廷等级差别的演出中扮演了酒馆老板。为了庆祝其子弗里德里希·奥古斯特二世和奥地利公主玛丽亚·约瑟芬订婚，1719年他在这个中式花园中举办了长达四周的庆典活动，富丽堂皇的程度在整个欧洲独一无二。

位于德累斯顿郊区的皮尔尼茨宫（Pillnitz）是纯粹的休闲花园建筑风格，人们常称其为"中国宫"或"夏宫"。1706年，奥古斯特一世把它作为礼物送给情妇安娜·冯·考泽尔伯爵夫人。但是在她1716年失

《乌德里绘制的动物园：十八世纪欧洲的异域动物画像》，《盖蒂博物馆展览图录》，洛杉矶2007年版，第59—74页。

① 德累斯顿1997年萨克森宫殿管理局编：《美丽的园林：1697—1763年波兰与萨克森的巴洛克园艺》，《格罗斯赛德里茨的巴洛克园林展览图录》，德累斯顿1997年版。

　　宠后，主人又收回了这一大方的礼物。1720 年起，宫殿改建成东方风格，更名为嬉戏宫（Spiele Palasz）。

　　总工程师马太·丹尼尔·柏培尔曼与扎卡里亚斯·龙格鲁尼主持修建了水上宫殿、山上宫殿与中国花园。他们在屋顶的设计上特别借鉴了1665 年约翰·纽霍夫（1618—1672 年）公开发表在"荷兰东印度公司使团觐见鞑靼可汗——中国当朝皇帝"中的中国皇宫的画片。

1665 年　约翰·纽霍夫"荷兰东印度公司使团觐见鞑靼可汗"

1730 年　德累斯顿近郊的皮尔尼茨宫　德累斯顿艺术图书馆供图

　　1725 年前后，在皮尔尼茨建造"萨克森的凡尔赛宫"是不可想象的，

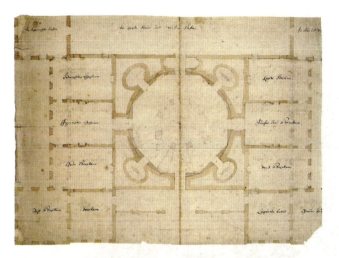

1722 年　龙格鲁尼　萨克森皮尔尼茨宫瓷器装饰平面图
德累斯顿艺术图书馆供图

而当思路集中于在瓷器宫殿（日本宫）建设时，密集的改建计划也随即启动，对此至今仍有一系列的平面图辅以佐证。这些平面图不仅具有建筑历史意义，而且还带有很多手写内容，对各个房间的功能和装饰进行了介绍。因此，它们不仅提供了关于建筑规划过程的信息，而且还提供了关于后续内部装饰的设计方案的信息。考虑到奥古斯特一世本人曾多次在平面图上做过这样的注解，或者自己画了整张草图，我们可以假设瓷器的布置方案是先于皮尔尼茨的建筑设计的；更确切地说，这意味着并不是将藏品分布到预先确定的房间顺序中，而是建筑规划本身的目的是将展示方案转化到可步入的空间中，从而使特定的布置具体可见。在奥古斯特一世时期的多项规划中均可以体现这一方法，例如将自然科学藏品分布在茨温格尔宫的回廊中，或在绿色拱顶厅的回廊中。唯独房间和回廊的各自规模受制于执行建筑师的比例规则，其结果是不断购买藏品和向迈森工厂订货，旨在达到所需瓷器的确定数量。

　　在皮尔尼茨的平面图上，沿顺时针方向可以看到瓷器按分组顺序排列红色、青色、日本餐具、日本花瓶、大型蓝白相间的花瓶、镀金花

1711 年　保卢斯·德克（Paulus Decker）的《王侯建筑大师》（*Fürstlicher Baumeister*）瓷器墙设计图

瓶，最后是克拉克瓷、深蓝瓷、白瓷和灰瓷，在瓷器宫殿扩建的第一批平面图设计草案中可以再次看到。虽然这不是一个中央式建筑，而是一个三翼的建筑群，但也有人提议在侧翼设置一排瓷器柜，而中心建筑则设置一个用于放置"大型花瓶和橙色瓷罐"的回廊，即被改造为用于培植小柑橘树的瓷制鱼池。奥古斯特一世可能是从保卢斯·德克的《王侯建筑大师》一书中获得了打造这样一个长廊的灵感，该书描绘的正是一个内部带有小柑橘树的回廊设计草案。国王在 1713 年让柏培尔曼将这本书送到了华沙。然而，这个三翼项目最迟于 1727 年被一个四翼结构建筑所取代。这一发展可能与当时的国王越来越明显倾向于的一种形式有关，即将瓷器柜按清晰的顺序排列，参观者只能按照既定的路线

约 1727 年　德累斯顿皮尔尼茨宫正立面及彩绘"中国人在棕榈树下"　作者摄 2014 年

走，而没有其他选择。

　　故而，将亚洲瓷器的藏品作为一个整体，并根据审美标准将其分配到建筑物的各个房间中，而不是在每个宫殿中设置一个瓷器柜，这种意图在皮尔尼茨宫的设计中首次体现出来。根据此设计方案，各个瓷器柜被设置在一个大型的中央房间的周围，分别用于陈列"日本瓷器（Japponisches Geschirre）""青花瓷（grün Porzellain）""冰裂瓷器（Kraak Porzelain）"，而一个长长的回廊则用来放置"大型蓝白相间的花瓶"。

　　皮尔尼茨宫的正立面呈现出极其美妙的中国风格，其中描绘了想象中留着辫子的中国人在棕榈树下的很多日常生活场景。宫殿的主人模仿1670—1687 年在凡尔赛宫建造特里亚农瓷宫时使用的中国时尚。1754年在波茨坦的无忧宫花园建造的茶室和 1769 年在莫里茨堡宫雉园中建造的宫殿表明这一时尚影响长久。建筑风格本身和令人印象深刻的亚洲瓷器收藏表明，奥古斯特一世对中国文化的接纳远远超出当时人们普遍拥有的对东亚文化的狂热，并表现了他对当时世界最强大的君主之一的兴趣。

　　除了在外表设计和景物配置方面嫁接有东方元素外，更为本质、更为深刻的东方元素应当到宫殿内部的空间设计和内饰中去寻找。设计师龙格鲁尼提倡以非构筑性和追求舒适喜悦的气氛的空间为理想，打破了旧式房间规范的矩形设计，促成了椭圆形、八角形或圆形隅角房间的诞生。小型化的房间是皮尔尼茨宫建筑的主要特点，王公贵族们追求更为舒适、更为随意、更为优雅的生活方式，而这种趣味的产生与18世纪欧洲普遍倾慕的东方情趣是分不开的，与那时人们对丝绸的典雅柔美和瓷器的精巧细洁的内心感受和接受也是分不开的。

德累斯顿皮尔尼茨宫大厅的中国壁画与瓷器　作者摄 2014 年

当年，正是来自于中国的瓷器与漆器彩绘赋予龙格鲁尼和同时代的画家们创作的灵感与启发；他们运用中国风格装饰宫苑，促进了中国风格在萨克森宫廷的传播。也正是在此影响之下，皮尔尼茨宫的内饰采用了大量的樱木雕刻，塑造出诸如鸟翼、高山、流水和飘动的丝一般的曲面和弧线，假如沿墙壁放有漆绘小桌，则桌子与墙的交会处亦遵循着由草茎与贝壳的复节花纹所形成的节奏，使人没有木头的感觉，就跟塑造的那样。镶嵌在壁面内部的镜面也被赋予流动活泼、精巧雅致的中国式边框，中国瓷器光洁莹润的质感，流畅写意的弧线，也与其曲面与家具融为一体。

当然，陶瓷并不是影响晚期巴洛克艺术风格的唯一元素，从萨克森和欧洲其他地区的"中国风"建筑中可以看出，来自中国的陶瓷、丝绸，东亚的漆器与威尼斯的镜子都是必不可少的元素，它们互为补充，你中有我，我中有你。瓷器表面神秘的釉光，蕴润如玉、晶莹透亮，在光影照射下折射出玻璃的光泽；家具上一层层的大漆髹涂，在红与黑交织的画面上形成斑驳迷离的神秘感，静穆深邃，蕴藉含蓄；而这一切又因为来自威尼斯的"大镜子"而变得活脱生动，由于硕大镜面的反射而将窗外的自然景色映入了宫中，西式园林的风光成为东方瓷器与家具的背景，东西方的艺术在此共生与共融，和谐之中追求着变化，而传统意义上的墙壁也从感知上慢慢地消失了。不难看出，以瓷器为代表的东方艺术对 18 世纪欧洲艺术风格的影响并不仅仅停留在装饰层面上，而是直入审美核心。换句话说，中国瓷器对欧洲晚期巴洛克艺术的影响已经渗入审美意识的领域，其影响并不仅仅是在形式上的变动，而是在形式的变动中蕴含着对内容的感染。

大多数西方学者认为，中国文化在 18 世纪欧洲掀起的"中国风"运动，是由于当时中国艺术的奇异和轻巧。在他们看来，此后所出现的洛可可艺术，正是基于中国美妙的装饰艺术，诸如瓷器、漆器、丝绸、绣品、扇子、壁纸以及奇怪的轿子、中国镜子等物品的影响。这种影响

209

亦基于欧洲人对东方艺术的猎奇和不加区别地运用，由此导致了洛可可风格的产生。① 但是，这种具有历史意义的艺术风格如果采撷了中国风格中最表层的"外衣"，那么，必然会促使它走向彻底衰亡。但实际上，洛可可式的风格并未在18世纪逐渐衰亡，从此不见踪迹；相反，大约在1830年以后，又重新出现了对18世纪装饰风格的崇尚。这种现象正说明了艺术的自律作用，因为自律性促使了艺术自由自在地表现艺术自身的真理。另外，艺术的真理就在于它能打破现实的垄断性，以异在的形式表现不自由的社会。中国陶瓷艺术之所以能影响西方的艺术变迁，是由艺术自身的真理所决定的。② 它恰恰以一种革命性的方式传达了18世纪的时代精神，即一种挣脱束缚、追求生活艺术的人生观念。

波兰华沙"萨克森"花园的中国建筑设计图　保卢斯·德克尔　编号：B872.1 尺寸：61.5厘米 x23厘米　德累斯顿茨温格尔宫国家艺术收藏馆藏

---

① 童炜钢：《西方人眼中的东方绘画艺术》，上海教育出版社2004年版，第33页。
② 陈伟：《文艺美学论纲》，学林出版社1997年版，第95页。

诚如德国学者利奇温（Adolf Reichwein）在《十八世纪中国与欧洲文化中的接触》中所提到，18世纪初的欧洲人对于中国的认识，不是通过文字，而是由于那些浅色的瓷器、飘逸的丝绸和静谧的漆器向他们展现了梦寐以求的美好生活的前景。正是由于中国陶瓷所潜藏的美学精神影响了欧洲人，这种美学精神充满着人文意识，从而使得当时的设计师显示出对现世人生的积极追求，以及对日常生活的深切关注。这种思想意识在艺术作品上表现为，以生动、优美、精巧、自然为特色，它从17世纪80年代开始抬头，一直持续到18世纪末叶。[1]

当我们把目光转回萨克森，18世纪30—40年代落成的瓷器宫殿（日本宫）、皮尔尼茨宫、茨温格尔宫及其一系列带有浓烈"中国风"的宫廷建筑，都充分显示了这个时期欧洲人追求人性愉悦的自我意识，它创造了"一个想象中的光明、空想、精致、娴雅和欢乐与自由的世界"。这种境界充分体现了西方人摆脱世俗社会的束缚，试图进入受过文明过滤后的理想的自由王国的愿望。这是欧洲人在追求解放自身的过程中的一种浪漫的表达方式，这种风格艺术所显示的人性美是不言而喻的，它的艺术精神是文艺复兴时期人文主义精神的延伸。它的出现背景是复杂的，并不完全受巴洛克风格所促成，因为在其内部蕴含着强大的东方文化，诚如赫德逊先生所言："瓷器特性的大量应用赋予了巴洛克室内装饰以一种新的特征，并对整个形式和色彩的意识产生强烈影响，它正符合了当时欧洲历史时期的发展趋势，并由此影响了启蒙运动。"[2]

18世纪初，当启蒙运动照亮人们的思想时，就如朱光潜先生所评论的那样："基本上削弱了教会神权和封建统治，而且把西方哲学思想发展逐渐拨上唯物主义和无神论的正轨，替资产阶级创造了一套新的意识形态，促进了资产阶级革命的发展。"[3] 但是，启蒙运动在反对新古

① 童炜钢：《西方人眼中的东方绘画艺术》，上海教育出版社2004年版。
② 赫德逊：《欧洲与中国》，中华书局1995年版，第251页。
③ 丁亚平：《艺术文化学》，文化艺术出版社1997年版，第370页。

波兰华沙"萨克森"花园的中国建筑设计图
保卢斯·德克尔　编号：B872.1
尺寸：61.5 厘米 x23 厘米　德累斯顿茨温格
尔宫国家艺术收藏馆藏

典主义时，远没有他们反对封建统治和教会权威那么明确而坚决。所以，18 世纪的文艺领域显现了新旧理论并存的局面，一方面，巴洛克晚期的新古典主义强调形式与内容、现实与理想的高度统一；另一方面，启蒙思想又赋予了 18 世纪的艺术以"人"的气息，即在建筑设计、绘画雕塑等方面刻意追求人类享受生活的效果；由于与前者（注重形式）的相互交融，致使它的风格显示了人为地营造气氛，后人经常贬其为矫揉造作，也就是我们所熟知的"洛可可"风格。正如房龙评介洛可可时代时说：

　　我认为，我们的历史学家，对待洛可可艺术风格，从来都是不公允的。洛可可时期，绝非象征轻浮、愚蠢、浮华、浪费的时期，而是人类历史在各方面最文明的时代，这一点我是深信不疑的。①

18 世纪欧洲对瓷器的痴迷与对中国的幻想可以说互相交织。在这之前蒙古人和马可·波罗称中国为"Catlhay"，这个名称源自 Khitai 一词，为"契丹"（Khitan）的后裔分支，这个部落曾控制中国北方，并建立了辽政权（907—1125 年）。马可·波罗在中国逗留期间曾在忽必烈朝中当了 17 年顾问，他的畅销书助长了人们对中国的向往。也由于

---

① ［美］房龙：《人类的艺术》，中国文联出版公司 1989 年版，第 549 页。

他的书"Cathay"在整个中世纪欧洲成为中国的代名词。

　　那时候大多数欧洲人对中国的了解都来自这本著名的游记。尽管人们对他的所见所闻半信半疑，但他的描述轻易抓住了根本无从知道真假的欧洲人的想象。如果说旅行家的见闻主导了这种观念，那么进口欧洲的商品也起了同样重要的作用，特别是瓷器。

清代　康熙《马可·波罗香炉》德化　编号：P.O.8273　高度 12.5 厘米
德累斯顿国家艺术收藏馆陶瓷部供图

清代　康熙《蟹型水注》德化　编号：P.O.8477/8478/8479　高度 4.7 厘米　长 14.3 厘米
宽 10.1 厘米　德累斯顿国家艺术收藏馆陶瓷部藏　作者摄 2011 年

17—18世纪，商品资讯和宗教文化开始双向流动，但欧洲虽然渴求亚洲的奢侈品，他们对跟东印度公司交易的不同国家却缺乏认识，因此往往把亚洲进口货统称作："印度货"或"来自印度的货"。有一个统称就够了，因为他们对这些外来奢侈品产生一种幻觉，美国甘雪莉在其述著《中国外销瓷》中谈道："那时候的欧洲坚信东方不管什么国家，都是财宝满地，神神秘秘的。那也是一个对欧洲人而言毫不重要的地方，它只是现代装饰和艺术图案上斑驳陆离的幻象而已。但到17世纪末和18世纪初，欧洲流行文化却因这种被称为'中国风格'的影响而发生突变。"①

从欧洲仿制中国陶瓷的时间来说，这个过程本身就成了洛可可艺术运动的表现方式之一。因为，17世纪及之前对中国陶瓷的订购及收藏，是洛可可风格形成的重要条件。中国瓷器不仅给欧洲人以洁净、舒适、愉快和便利，而且还给他们带来了东方艺术的享受。

故而，我们可以这么理解，来自东方的中国陶瓷、漆器等艺术进一步催化了欧洲人的启蒙主义进程，许多人文主义学者和艺术家在漂洋而来的东方瓷器上找到了更多的灵感，中庸、典雅而又包容的特点，被融入了前两者（新古典主义与启蒙思想）的思想与行动中，它也因此参与到18世纪这场伟大的人文主义变革中，这就是以陶瓷为代表的中国美学精神对西方启蒙主义运动的真正意义所在。它以艺术自身所固有的本质性渗入了西方启蒙主义的审美化历程及社会变动的历史进程之中，并最终在一场席卷全球的贸易运动中，将这股全新的艺术思潮推向了东方，一石激起千层浪，这也就是我们下个篇章要谈到的内容。

---

① 甘雪莉：《中国外销瓷》，东方出版中心2008年版，第69页。

第五章 18世纪欧洲启蒙运动与 近代早期的中国社会

——一种来自外销瓷的观看视角

中国与欧洲之间在全海航路开通之前，双方就已经有了间接的文化传播，然而由于传统社会的巨大力量，外来的文化却很难与中国产生较深层次的互动。16—17世纪的大航海时代，欧洲出于自身社会发展的需要对中国表现出极大的热情，但这种热情大多建立在有选择的一鳞半爪的了解上。正如莫朗（G. Solieclemorant）在他的《中国美术史》中对这一时期中西交流所作的总结：

> 中国与西方的关系虽然在稳步增长，但影响甚小。……西方艺术对于中国并没有中国艺术对于欧洲所具有的吸引力。①

17世纪末，一批先进的、新兴的思想家对传统封建专制制度及其精神堡垒——天主教展开猛烈抨击，口诛笔伐，此后慢慢地由法国影响到整个欧洲，这场发生在1680—1789年之间的历史事件，彻底地开启了欧洲的近代民智，为欧美资产阶级革命作了思想上和理论上的准备，一场自视为"欧罗巴思想启蒙"，并在欧洲各个国家中差异极大的精神和社会改革运动拉开了序幕。②

西方历史学家将"启蒙运动"与整个18世纪的欧洲历史画上等

---

① 赫德逊：《欧洲与中国》，中华书局1995年版，第249页。
② ［德］维尔纳·施耐德斯：《启蒙运动词典》，慕尼黑出版社1995年版，第3页。

号并不是没有原因的，当时的欧洲人就有这样的认同，尤其在法语中表现最明显。18 世纪早期的法国，人们常将"lumières"（启示）一词与一种新的哲学精神联系起来。到 18 世纪中叶让·达朗贝尔（Jean d'Alembert）和丹尼斯·狄德罗（Denis Diderot）编纂《百科全书》的时候，他们已经明确表示自己的任务就是推动"lumières"的进程。①

事实上，今天世界通用的"Enlightment"（启蒙）一词便是法语"lumières"的英文翻译，意思是"光明"。"lumières"在 18 世纪的讨论中经常出现，它既指一种思想主张，又指那些正在阐发这一思想的人。如果说 17 世纪欧洲知识界的思维体系还被宗教问题所占据，考虑任何问题都难免要着眼于与《圣经》的关系，那么步入世纪之交，知识界对于教会事务和宗教辩论的兴趣显然已经让位于对人性和政治的关注。18 世纪的哲学家对"启蒙"这个术语的运用也不尽相同。法语"lumieres"指新知识，但德语"Aufklrung"（德语的启蒙）尤其在康德的意义上更多表现的是一个启蒙的过程，有开始还要有延续。在康德看来人们自由公开运用理性、不受任何权威尤其是宗教权威的左右乃是这一启蒙过程的标志。

在这个欧洲历史上短暂的君主集权时期，欧洲看待中国的眼光以及对于东方文化的追慕也随着这一社会的变革而产生变化，人们的视野从天上落回人间，从抽象转向具体，从西方转移到东方，开始观察和学习来自中国社会的管理模式、政治制度和生活方式，凸显于热爱奢华和感官享受的巴洛克风格和东方情调，强调自我清醒与理智的世界观。

17 世纪末期，法国百科全书派启蒙思想家们均对中国的儒家文化表现出不同程度的赞赏，其中伏尔泰可以算得上是当时对中国最为景仰的欧洲人之一，出于对儒家文化的仰慕，他盛赞在中国可以对神无知，

---

① ［英］约翰·罗伯逊：《启蒙运动的再思考》，复旦大学历史系英文讲稿，关依然译，周保巍审校。

但不能对道德无知，在其著作中经常出现孔子话语，比如"己所不欲，勿施于人"，他盛赞中国说：

> 中国的风俗、法律、语言、文字，四千年来没有改变，因此，应将中国置于所有民族之上；在我们的文明刚起步的时候，他们已发明了所有的学术，……中国民族，其历史的悠久，文化、艺术、智慧、政治、哲学的趣味，无不在所有民族之上。①

1687 年　巴黎出版的《孔子像》　图片引自《中国哲学家孔子》第 116 页插图

在伏尔泰眼里，这些都是基督未曾说到的。基督禁人行恶，而孔子则劝人为善。所以儒教优于基督教，基于此他甚至反对向中国传教。出于对儒家伦理的这种好感，他特以当时已译成法文的元曲《赵氏孤儿》为蓝本写成《中国孤儿》一剧，宣扬儒家的人伦道德。德裔法国百科全书派思想家霍尔巴赫在其《社会体系》一书中盛赞中国国家管理体制中的道德成分，进而主张欧洲在这一点上要向中国学习，即将道德与政治结合在一起，取消贵族世袭制。

法国百科全书派的另一位思想家，经济学史上的重农学派创始人弗

---

① 《伏尔泰政治著作选——论各民族的风俗与精神》，剑桥政治思想史原著系列（影印本），2003 年，第 86 页。

朗斯瓦·魁奈（Francois Quesnay，1694—1774）则尤其推崇中国的天道、天理和天则思想（皇帝也必须遵守），并据此发展出了他的自然秩序论（与重商主义——强调人为因素——相反）。魁奈在其《中国的专制主义》一书的第七章中还专门与孟德斯鸠展开论争，指出中国所实行的不是专制而是德治和礼治。对于中国传统文化的热爱，不仅仅局限于法国。德国人莱布尼茨说："中国人将真理与善归因于理，犹如我们将形而上学归因于'存在'，显然中国人认为理是至高无上的存在，它亦具有优越的真理与善。"他还说，应该是中国派传教士来欧洲去传教才对，中国治理得这么好，道德又非常好，儒家的学说又非常精辟，为什么不请他们来教我们，而要我们去教他们呢？除他之外，费希特、谢林、黑格尔

左图　1731 年　《中国医生》佛朗索瓦·布歇　图片引自《仿米埃特城堡壁画（国王的房间）》铜版画　尺寸：46.5 厘米 ×31 厘米

柏林国家博物馆藏　艺术图书馆　编号：OS4191.1(1)

右图　1731 年　《中国园丁》佛朗索瓦·布歇　图片引自《仿米埃特城堡壁画（国王的房间）》铜版画　尺寸：46.5 厘米 ×31 厘米

柏林国家博物馆藏　艺术图书馆　编号：OS4191.1(2)

都直接或间接受到中国文化和哲学的影响。

可见，欧洲对中国文化的广泛热情最初是以正面解说的形态出现的，其社会背景在于当时的欧洲正处于深刻的社会转型中，即由封建君主专制转向民主资本主义。自英国产业革命后，社会上普遍形成一种寻求更佳社会制度、更佳生活方式的风气。这种风气具体所推崇的就是理性、平等和自由。

在18世纪初，神圣罗马帝国统治下的萨克森公国已经出现了早期的启蒙运动。各级的思想家、艺术家、诗人和科学家成为该运动的捍卫者，与德意志启蒙运动其他中心有着多重联系，并深受带有宗教批判倾向的西欧启蒙运动的影响。绝大多数在国家检查制度运行条件下尚能出版的神学书籍转而反对占统治地位的路德派教会和教义，但对现存的国家关系和社会关系的影响还暂时受到限制。在毁灭性的"七年战争"（1756—1763年）以后，奥古斯特家族统治的萨克森开始了所谓的"重建改革"阶段，其发端打上了专制政治的烙印，并通过单纯的经济重建来实行。

出生于萨克森公国的莱戈特弗里德·威廉·莱布尼茨（Gottfried Wilhelm Leibniz, 1646—1716年）在其著作中把中国看成"东方的欧洲"。人们猜想那里居统治地位的人是开明的宽和的，在实用哲学和国家道德方面，比欧洲更出色的制度已经在那里实现。直到进入18世纪晚期，基督教传教士的报道一直在打造着一幅理想化的中国图景，他们也希望以此促使自己的任务正当化。启蒙主义者将这样一幅中国图景用作政治上四分五裂、宗教上对立的欧洲的一个理想的对照模式。遥远的中国看来好像是一个和平、管理有序的帝国，它的居民过着富足的生活，并且遵循由人类理性制定的规则。对于中国人超凡的手工艺技术，诸如瓷器等艺术成就的尊敬也强化了对其政治和社会制度的钦佩。

17世纪末，当荷兰东印度公司把欧洲各国的瓷器订单派往中国，本土的瓷器工匠才较为全面地接受来自西方的文化与艺术濡染；无论是师承哪个学派的手艺，他们的产品最终都要齐聚广州或福州，并且毫无疑问地面向西方最大的客户群——东印度公司。所以，巨额的贸易订单带来了前所未有的改变，当西方风格绘画作品的销售市场被发现时，就有大量风格迥异的作品被生产出来；譬如巴洛克晚期单页画作在瓷盘上的拷贝、描绘洛可可时期爱情故事的青花将军罐系列、反映欧洲日常生活场景组合的瓷塑系列、根据欧洲铜版画印刷品制作的家族瓷盘、宗教盘或神话盘，当然还有东印度公司的船长们以及船只的画像瓷盘……

伴随着这场全球化的贸易，东西方之间的思想与文化交流也以令人惊异的速度进行着。18 世纪初，具有时尚意识的欧洲人在竞相设立繁杂华丽的瓷器陈列室或非同一般的中国茶室时，也将他们身边愈演愈烈的启蒙运动与启蒙思想传播到了东方，从瓷器到漆器，再到其他的艺术门类，甚至是清人生活的方方面面，启蒙思想与精神也在中国社会悄然地传播开来。

第一节　自由与联想

在清朝的官方和地方文献中，我们几乎看不到任何有关欧洲启蒙运动及其自由主义思想的记载或描述。17 世纪末地球另一端所发生的轰轰烈烈的运动，似乎对清朝政府毫无影响。尽管当时中国已有不少的传教士，甚至有些活动在康熙的周围，但是他们对于欧洲启蒙运动否定教会的做法似乎也非常抵触，不愿向中国的统治阶层传达此类信息，尤其是当时的耶稣会在启蒙运动正盛之际对中国人的理性知识与自由思想传播也基本上是空白的。①

---

① 吕章申：《启蒙的艺术》，中国社会科学出版社 2011 年版，第 98 页。

　　然而，事实并非完全如此。在 18 世纪初的中国南方，特别是沿海地带，一股由西方传来的自由和浪漫主义思潮早已悄无声息地传开。当年欧洲"中国热"的出现，促使大批的洋商人与传教士涌入中国，与之同行的是各式各样的瓷器设计蓝本以及来自西方的画稿或图样。出于对异国情调的猎奇以及巨额商业利润的诱惑，不少中国工匠开始描摹西方人的生活方式、宗教信仰和风土人情等，来自异国他乡的浪漫情调更是激发了他们的自由创作

清代　康熙《骑士风范》德化
编号：P.O.9702　高度 28.2
德累斯顿国家艺术收藏馆陶瓷部藏　2010 年

与无尽遐想。尽管东西方之间的全面对话尚未打开，但启蒙时代的思潮似乎已经伴随着这场全球化贸易渐渐地潜入中国，沁润着中国老百姓的心灵。这一点，我们从奥古斯特一世收藏的清初中国外销瓷中就能深切地体会到。

　　首先，我想介绍一组来自福建德化的荷兰人塑像，奥古斯特一世的收藏清单中称其为《骑士风范》，它恐怕是康熙时期中国外销欧洲最具代表性的瓷塑了。马上的领头人是当年荷兰东印度公司的地方长官肖像。据说还确有其人，其本名叫迪德里克·多佛尔（Diederik Duivver），青年时期曾在荷兰莱顿大学学习法律。1705 年，他被提名为印度群岛巴达维亚司法委员会的成员，并于 1706 年 1 月 4 日乘坐"格里梅施泰因"号前往巴达维亚，于当年晚些时候抵达。在 1720 年被任命为印度议会成员后，他于 1722 年和 1723 年被派去监督帕朗省的金矿和银矿；随后成为荷兰亚洲最高法院司法委员会主席。1729 年，马修斯·德·哈

恩去世，迪德里克·多佛尔接替他担任临时总督。这并没有持续太久，因为东印度公司的董事们对那里的变化速度非常不耐烦。在被指控有财务不当行为之后，尽管更有可能是作为替罪羊，但他于 1731 年 10 月 9 日还是被解雇了。不少学者认为，迪德里克·多佛尔在巴达维亚和中国的传奇经历，促成了荷兰长官塑像的生产；但是从奥古斯特一世的收藏清单中我们发现，这类被命名为《骑士风范》的荷兰长官塑像应当是在 1721 年就进入德累斯顿宫廷的，所以在时间上要比迪德里克·多佛尔抵达巴达维亚和中国来得更早。作为康熙时期德化窑外销瓷器中独具特色的一个门类，荷兰人塑像显然与荷兰东印度公司在福州城数十年的朝贡与贸易史息息相关。康熙开海之前，荷兰人曾久居福州，并与当地的官商开展灰色贸易，德化商人更是在福州上下杭设立"永德会馆"，专营瓷器和茶叶生意。[①] 所以，让德化工匠以白瓷的形式为其塑像也就理所当然了，只不过在德化的匠人看来，荷兰人的模样似乎都差不多，故而《骑士风范》很有可能是荷兰东印度公司在华贸易的形象缩影，其塑像并无具体的人物指称。

如果说英俊的荷兰人骑在马背上，戴着翘起帽檐的印度式帽子，脖子上系着领巾，这种形象是荷兰东印度公司向中国工匠的一种图式化订单，那么接下来我们所看到的这些精致小巧的塑像，很可能就是康熙德化工匠的一种自由回应了。在此荷兰人所骑的不仅仅是马，而是中国的龙、麒麟、狮子、螭龙和黄牛等，甚至还有骑在海象身上的。有件瓷塑是一对荷兰商人夫妻骑在一只巨大的狮子背上，上面还有一只小狮子，下面站着奴仆和两只狮子。有趣的是，在 18 世纪，美国纽约市的科尔兰脱家族中，有一对夫妻的相貌和画面上的欧洲人十分相似。于是，他们就用高价购买了这件德化瓷塑，并且在乾隆三十九年（1774 年）的财

---

① 黄忠杰：《城市地景与寰宇贸易——荷兰阿姆斯特丹国立博物馆藏福州城图考识》，《装饰》2019 年第 5 期。

清代 康熙《牛背上的荷兰人》 编号：P.O.8552 高度 6.3 厘米
德累斯顿国家艺术收藏馆陶瓷部藏 作者摄 2010 年

清代 康熙《麒麟背上的荷兰人》 编号：P.O.8541 高度 14.2 厘米
德累斯顿国家艺术收藏馆陶瓷部藏 作者摄 2010 年

产清单上登记了这件作品。销往英国的部分瓷塑上，还出现了"番旗"，
即欧洲国家的旗帜或横幅。但这仅仅是德化彩绘匠师潦草地乱画一通，

清代　康熙《独角兽上的荷兰人》
编号：P.O.8600　高度6.5厘米
德累斯顿国家艺术收藏馆陶瓷部藏
作者摄2010年

根本看不出是哪个国家的。

2010年，我在德累斯顿库房做研究时，中国部主任Cora展示了几件奥古斯特一世的荷兰小瓷塑，令人印象深刻。《牛背上的荷兰人》，编号P.O.8552，通高6.3厘米，手工捏制。塑造一位头戴三角帽或软帽者的荷兰人形象。头发卷曲垂披至肩，丰脸大耳，身穿骑士服，交膝盘腿骑在牛背上，右手似有所握，左手则抱住一根圆柱状的长笛。

《马背上的荷兰人》，编号P.O.3252，高16.6厘米，注浆成型，通体施白釉。塑造一荷兰绅士骑马行进的瞬间。男子身材魁梧，穿着呢子缝制的大袖长外套，腰上系一细腰带，穗子长至膝盖，脚穿长筒靴。虽是深目高鼻，若有所思，却性情温和，落落大方。左手似有所握，右手则张开，似乎拿着一份公文。虽无浓墨淡彩，却把异乡人刻画得惟妙惟肖。

《麒麟背上的荷兰人》，编号P.O.8541，高14.2厘米，素烧无施釉。麒麟背上的荷兰人似乎刚刚参加完某场宴会，身体侧倾，用手托住腮帮，目视着怀中的情人，犹如眠花宿柳，如醉如梦。有意思的是，这类瓷塑有的骑士骑坐的大多是富有中国特色的麒麟、龙、马、海狮等，有的甚至在背面釉下还写有"番旗"两个汉字。这种欧陆情调和中国风情的组合，使整个场面风趣又不失和谐，相得益彰。

20世纪60—70年代，德化屈斗宫、甲杯山、车队岭等古窑址相继

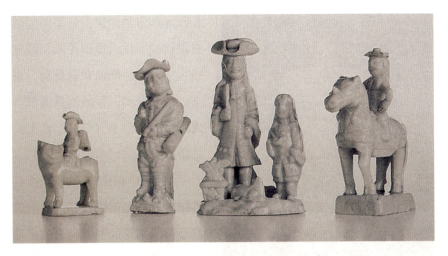

清代　康熙《德化荷兰人瓷塑像》　新加坡亚洲文明艺术馆藏

出土了类似的欧洲人物瓷雕，进一步证实了这些骑士人物的出处。奥古斯特一世的收藏清单里也明确记载了这些小人物的入库时间为 1721 年，[①] 可以推断它们的生产时间为 18 世纪初。上文所列举的这组人物小瓷塑，仅仅是冰山一角。奥古斯特一世本人也收藏了 1000 多件德化窑小摆件，当然还有诸如传教士、士兵、猴子、骆驼、大象、螃蟹等小件瓷塑等，这些形象生动有趣的小瓷雕，备受西方人的喜爱，或做居家陈设，或为儿童口哨，甚至成为王公贵族们案头把玩的精致艺术品。

　　玩意儿虽小，却道出了不小的变化。17 世纪晚期，当中国从内乱的硝烟中恢复过来，再次向世界敞开大门之时；欧洲的思想洪流随之涌入中国，西方人的所思所想被传教士和商人以文字、绘画和雕塑的形式传入中国。清人由被动地接受到主动地参与创作，这个时间跨度并不太长。当德化的陶工在作坊里埋头创作的时候，他们难以想象，自己的作品，远在万里之外却成为欧洲帝王和贵族的雅玩与珍藏。当禁锢已久的艺术灵感和创作冲动再次被艺术市场所唤醒，中国的陶工也跳出了传统

_____

① 　详见附录强者奥古斯都收藏清单，第二章，N22，N23。

清代　康熙《五彩山水人物将军罐》
编号：P.O.3973　高度 65 厘米　德累斯顿
国家艺术收藏馆陶瓷部供图

礼仪和纲常的约束，从平面的版画素材到立体的瓷塑作品，这些骑在中国龙、麒麟和各种瑞兽身上、神采奕奕、惟妙惟肖的荷兰人和传教士似乎只是信手拈来的事情。

作为康熙中国外销瓷生产的重镇之一，景德镇及其周边地区对于西方文明的吸收与借鉴更是十分普遍。德累斯顿茨温格尔宫收藏有一件康熙早期的五彩山水人物盖罐，高度 65 厘米。罐身为直口，丰肩，敛腹，平面砂底，附宝珠顶，高圆盖，造型挺拔，气魄不凡。通体彩绘青绿山水，间以红、黄、蓝、紫等色，发色清新艳丽，青翠明快。19 世纪的欧洲学者常用"Famille Verte"一词来形容此类以亮绿色调为主的釉上彩瓷。这是在釉料中加入白色铅粉的效果，使得绿釉有了宝石般的质地与光泽，康熙五彩也因此一度风靡欧洲。[①] 在罐壁图绘上，一种被称为"龟甲锦缎"的六角形花饰镶边出现在主体上，画工以娴熟的技法勾勒"西湖十景"，如苏堤春晓、三潭印月、柳浪闻莺和花港观鱼等熟悉的场景；众所周知，康熙皇帝曾经在每一个景点都立了一块石碑，碑的背面是他自己写的诗。17 世纪末，此类题材的瓷器出口无疑是中国传统文化向外输出的重要途径，当年的

---

　　① 　Famille verte 由法国艺术史学家 Albert Jacquemart 在 19 世纪 60 年代根据色彩对陶瓷进行了分类并沿用至今，famille verte（五彩）的字面意思是"绿彩家族"，别称"苹果绿"；同时还有 famillle jaune（黄彩）、famille rose（粉彩）和 famille noire（墨地彩）。

欧洲贵族大多是以被动的方式在接受着中国文化和艺术。可惜的是，欧洲人看不懂这些才子佳人的历史故事，奥古斯特一世所做的是一件有趣的事，就是将自己能看懂的插科打诨的"刀马旦"戏剧人物和轻装骑射的人物图案，按照动作先后顺序依次排列装饰于自己的宫殿墙壁上，从远处看就像会动的小人书，活灵活现。

　　1684年康熙开海之后，伴随着东南沿海的开放，东西洋的文化就不再是以往单一的中国输出，而是以一种多个国家的对话和互动形式而出现。特别是来自邻国东瀛的伊万里瓷，经过17世纪后半叶的快速发展，大胆地吸收西方艺术的造型与审美，在欧洲市场上早已和中国瓷器分庭抗礼。奥古斯特一世就曾一度痴迷于日本伊万里的五彩描金罐，这种罐子的彩绘具有一种明显的海浪形状，不规则的牡丹花卉在海浪纹黑色的边框内分布，如行云流水一般。底纹则清晰可见凤凰展翅高飞，水面上一对鸳鸯是美丽和幸福家庭的象征，河岸上有菊花、石榴、樱桃、泡桐等植物和花卉；其绘画风格有别于传统的中国瓷器，除了青花和五彩，金彩的使用令其表面图画显得光彩夺目。

　　在1721年的收藏清单中，人们将此类带盖的将军罐和花尊组成的资产尊称为Aufsatzc（德语），英语译为Garniture，意指

1690—1710年　《伊万里金彩罐》　日本
编号：P.O.6032　高度88厘米
德累斯顿国家艺术收藏馆陶瓷部供图

用于装饰墙壁的特殊艺术品。这是巴洛克晚期极具特色的一种装饰手法，其常见的摆放位置是在壁炉和各种家具上，以及房间墙壁周围的壁架或壁龛上。早期 Garniture 的组成大多是传统的中国青花或五彩瓷器，设计师在装饰构图上吸收了中国瓷器彩绘的一些章法，从表现技巧上看，无论是壁纸绸布的填彩形式的，还是家具陈设的摆放，都可以感受到浓郁的中国元素的影响。18 世纪初期，欧洲人对室内空间的色彩提出了新的需求，炫彩和华美成为新贵们追求的格调；恰逢此时，来自日本的伊万里风格瓷（Imari Style）和柿右卫门瓷（Kakiemon）迎合了欧洲权贵的品位，这种黑地金彩、白地金彩以及奶白地柿红彩的精美瓷器，带来了东方新的奢华与高贵，华丽的图绘也为其装点的巴洛克空间带来了一种浮夸的艺术效果。

18 世纪初，出于对外销市场的考虑，景德镇工匠迈出了仿制日本瓷器的第一步。一方面，传统的五彩青花瓷器不论从造型或色泽上都不太符合西方人的审美要求，尤其是伊万里风格出现后，迅速获得了西方人的青睐。为了重振旗鼓，抢占市场，中国工匠不得不改变思路，创新风格，改良工艺；另一方面，来自欧洲的启蒙思想和自由主义，也使得景德镇工匠们脑洞大开，古典的山水画、花鸟画被赋予了全新的表现方式；不再拘泥于青绿和青花的色泽之中，不再局限于"成教化、助人伦"的母题之中，而更多的是为艺术而艺术的自由想象与创作。尤其是面对来样加工的西方定制瓷，景德镇工匠更是放开了手脚，将脑海里的中国经典图式创造性地与欧洲皇室的家族徽章融合在一起，其结果是缔造 18 世纪最富想象力和艺术性的陶瓷作品。这里我需要特别介绍的是奥古斯特一世向中国定制的一组家族徽章瓷，它们的体量、图式与工艺令人啧啧称奇。

这组三件套的萨克森皇室定制瓷由两个将军罐和一个花尊组成，它们是荷兰东印度公司受德累斯顿宫廷的委托，专门在景德镇定烧的。器物表面的花饰创造性地将日本流行的奶白地五彩（柿右卫门风格）与皇

清代　康熙《五彩外销纹章瓷将军罐花尊组合》　景德镇　编号：P.O.9053/2009/9054
花尊高度 64 厘米　带盖将军罐　高度 75.5 厘米　德累斯顿国家艺术收藏馆陶瓷部供图

家主题结合起来，在器物的腰部我们清晰可见萨克森选帝侯和波兰国王奥古斯特一世的皇冠徽章以及他本人的花押名字缩写：弗里德里希·奥古斯特 FAR（Fridericus Augustus Rex），瓷器上的徽章、宝剑和勋章图案是这位波兰国王威严的体现。日本柿右卫门的彩绘瓷器在正保年间（1644—1647 年）已向欧洲输出，17 世纪末荷兰东印度公司对潇洒独特的柿右卫门彩绘非常关注，名望很高。这组由景德镇工匠创烧的欧洲皇室专属陶瓷，虽然有部分是在荷兰加彩的，但仍采用了经典的中国样式、华丽的日本彩绘和庄严的德国徽章，三者的融合巧妙而富有生机，它们生动地诠释了中国工匠在这场全球化贸易中所面临的挑战，和在挑战背后所迸发出的惊人创造力。①

---

①　与热门的中国瓷器艺术研究相比，日本瓷器的研究则逊色了许多。19 世纪中期，尽管许多学者和藏家掀起了东方瓷器艺术的研究热潮，但是古代的日本瓷器尤其是奥古斯特二世收藏的"江户时期"的瓷器却是无人关注。当时的欧洲人更感兴趣的是日本的当代瓷器，

清代　康熙《五彩花卉将军罐》　景德镇
P.O.542　编号：P.O.9053　高度 59 厘米
德累斯顿国家艺术收藏馆陶瓷部供图

从奥古斯特一世收藏的中国外销瓷器来看，有很大一部分是中国陶瓷匠师为符合西方人的生活习俗与审美要求而量身定做的。这很可能意味着销往欧美的并不全是真正的中国陶瓷，即并不全是具有纯粹中国美学精神的陶瓷。不过，在航海贸易极为频繁的 18 世纪，我们又要反问，何为真正的中国陶瓷，何为中国陶瓷的美学精神？数百年前，当蓝白相间的青花艺术由西亚经丝绸之路传入中国，那时的主流瓷器仍是青瓷和白瓷，然而仅仅经历大明一朝，青花瓷器已是西方人心目中中国瓷器与中国美学的重要体现。

所以，从这一点上看，康熙、雍正、乾隆时期中国陶瓷所出现的各种变化，并没有偏离其发展的历史主线。相反，在经历了这场跨世纪的全球化贸易之后，中国陶工从西方人身上看到了一种前所未有的自由与放松。虽然他们并不了解当时西方所发生的社会巨变，也不知道何为启蒙思想，但是从世界另一端不断传来的各种生活与消遣图像，却令他们

因为当代瓷器中简约的装饰更符合当时人们的口味。直到 19 世纪 70 年代，时任英国大英博物馆馆长的奥古斯特·法兰克（1826—1897，R.L.霍博森的前任馆长）才打开了古代日本瓷器艺术研究的大门。他在任期间，曾为大英博物馆购买了许多日本古代瓷器，构成了现在的大英博物馆日本馆的瓷器收藏。1880 年，奥古斯特·法兰克馆长出版了欧洲第一部研究日本瓷器的专著《日本瓷器》，该书对于 17 世纪日本柿卫右门瓷（kakiemon）的装饰风格研究备受学术界的关注，并将日本瓷器的研究推向了高峰。

深刻感受到欧洲社会的活跃气氛，特别是西方人看待生活的态度，对待人性的思想，甚至是最重要的基督教教义，都令不少中国人感到新奇，甚至产生了某种共鸣。

事实上，任何一种自由的艺术想象都源于现实生活，并以生活积累为材料，即使情节离奇的想象，也是作者对生活体验、理解的结果，或对其前景的设想。中国陶工对西方世界的无限遐想和灵感，都需要有来自外部世界的触发或他人语言描述、图样示意才能获得，尤其是创造性的艺术作品，瞬间发生，更需"触媒"的影响。17—18世纪欧洲的商人和传教士带给中国的不仅仅是版画、油画和各种图式，更重要的是酝酿已久的启蒙运动的思想"启迪"。这种不加约束、强调自我的思想启迪赋予了中国工匠新的思维、新的视角以及无拘无束的创作灵魂，它像一团炙热的火焰迅速在中国的市民阶层蔓延开来，为清代陶瓷和其他工艺品的创作注入新的催化剂。

第二节 自然与生活

"回归自然"是欧洲启蒙运动中哲学家和社会活动家的主要追求，也是当时人们对启蒙思想作出的积极回应。哲学家雅克·卢梭在《爱弥尔或关于艺术教育》（*Emile or on Education*）一书中提出：

> 城市是人类的坟墓，城市正在成为启蒙运动的文化主动脉；城市提供了沙龙、宫殿、博物馆和公共空间，但是城市却无法取代自然界所给予知识和幸福的源泉。[1]

17世纪末的启蒙主义学者主张大家离开封闭的室内空间，走出家

---

[1] Jean-jacques Roussau,1712-1778, *Emile or on Education*,Everyman's Library,1986.

1693 年 《晴天》 安托万·华托 布面油画 德国柏林国家博物馆藏

1701 年 《弹琴者》安托万·华托 布面油画 德国慕尼黑巴伐利亚古画陈列馆藏

门，去感受外部的自然世界，去探索自然的奥妙，同时也要挖掘属于内心的那份自然与纯真。

当时的欧洲人走出城市去运动和旅游的范围还相对狭窄，贵族们时常选择在城池旁的人工花园郊游，因为这里可以躲避许多严苛的礼仪，这种严苛的礼仪常常限制了他们的言行和举止。这一点我们从不少画家的风景画作品中便能觉察到，尤其是当时著名画家安托万·华托的"宴游图"或"游园图"，该系列作品属于一种新的风俗画，也是他后来获得国际声誉的原因所在，这些作品中常常表现了此类题材。

　　例如，《晴天》这幅作品表现了一群盛装的男女在柏林夏洛藤堡宫外的户外花园中活动的场景，贵族青年们随着妙曼的音乐，优雅地嬉戏着，袅娜多姿的动作，漫不经心的手势，翩翩起舞的姿态，这种画法甚至可以追溯到乔尔乔内以至中世纪的"爱之园"的画作风格。还有《舟发西苔岛》《弹琴者》《公元聚会》《任性的女人》等几幅经典的"游园画"，无不反映那种轻松愉快又不免忧郁色彩的梦幻世界。法国诗人戈蒂埃在《华托》一诗中也用极为赞赏的语调评论他的"游园画"：

　　　　我长久驻足栅栏门边，

　　　　凝视华托风格的庭园；

　　　　细榆、紫杉、绿篱，

　　　　笔直的小径费修饰；

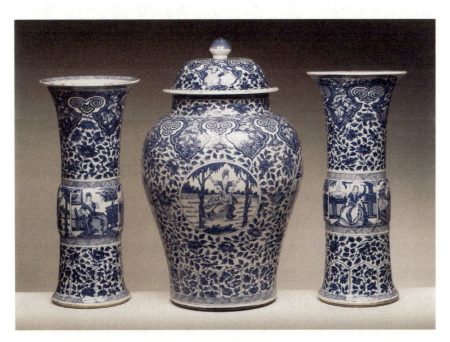

清代　康熙《景德镇青花瓷器组合》　编号：P.O.3218/3221/3219　罐高度 67.5 厘米　尊高度 51.5 厘米

这组三件套瓷器是专门为欧洲定制的，瓷器上的花式创造性地将欧洲人的田园生活与中国花卉巧妙地结合起来

走动间心情又悲又喜，

看着看着我心明矣；

我的幸福就寓于此。

不论是华托的"游园画"，或是威廉·恩斯特·迪特里希的《池塘旁的女人》，或是老朱丽叶斯·绍普的《萨尔茨堡风光》，这一时期的风景油画都有一个共同的特点，那就是自然风景在画面中的比例已经远远地超过了人物本身。

18世纪初，人们的活动不再局限于自家的后花园，而是拓展到郊区的田园，甚至是异国他乡。随着城市旅游活动的日益频繁，人们也不再满足牧羊文学和田园诗歌，认为这些东西不符合现实，而要亲身地投入到外面的世界当中，去独自漫步，去发现奇迹，去娱乐身心，去体验远离社会束缚的那份自由。人们越来越喜欢漫步并享受独自的宁静，走在大自然中，不仅让人修身养性，更体验到远离社会束缚的自由。随着在自然中漫步的流行，也出现了一股对园林改造的热潮。各种对称格式的法式巴洛克园林被改造为英式的或东方式的园林景色。在这里，各种来自世界各地的奇花异草自由地生长，人们不时地发现新的景色与道路，美丽的景色令人流连忘返。

18世纪20年代，奥古斯特一世在德累斯顿郊区修建了著名的皮尔尼茨宫和莫里茨堡，并且根据主观的意象建造了中式花园。园中修建了传教士和商人叙述的小桥、宝塔、中式茶楼和亭台楼阁等，这种建筑艺术的布景大多来自荷兰东印度公司外交使团觐见中国时的所见所闻；其中最早和影响最大的当数约翰·纽霍夫于1665年撰写的旅行报告。这是一部除了耶稣会传教团的著作以外，在很长一段时间内影响欧洲人对中国的印象的作品。直到曾于1793年随同马戛尔尼使团前往北京的威廉·亚历山大的绘画作品问世，那种一再翻版的老一套插图才新添了以亲身观察为基础的图片类型。作为18世纪欧洲宫廷园林的一个方面，中国风格表明了开明的感性文化的艺术表现形式。人们用这些奇异的图

萨克森皮尔尼茨宫　作者摄 2015 年

萨克森皮尔尼茨宫　山茶花树（Pillnitz-Kamelienhaus）　作者摄 2015 年

案装饰物体，不但意在赏心悦目，也想激发起对欧洲之外异国他乡的遐思。德累斯顿国家艺术收藏馆版画陈列室藏有一套（4 幅）康熙时期苏州丁允泰浓淡版作品《田园乐图》，作品采取了阴影透视和仿西洋铜版画法。画面透视结构严谨，细节刻绘一丝不苟。人物、亭台、远山构成近、中、远的生动场景。其中一副民居大门对联书唐代王维的《田园乐》诗句："花落家童未扫，莺啼山客犹眠"，同样表现了人与自然亲近的乐趣和闲情逸致的生活。

事实上，在奥古斯特一世当政之前，萨克森宫廷就对亚洲的自然和地理文化颇感兴趣。植物学家和旅行家格奥尔格·麦斯特（1653—1713年）把近 500 个热带植物的样本带回欧洲。1689 年，他担任德累斯顿宫廷的亚洲艺术花园和休闲花园园艺师，具体负责购买和培植大量的异域和热带植物。他献给选帝侯约翰·格奥尔格四世的旅行记录于 1692 年出版，并在短期内五次再版。

奥古斯特一世时期，皮尔尼茨宫开始成为德累斯顿宫廷的夏宫，荷兰花园也被扩建为皇家植物园。直到今天，园中的梧桐、梓树、银杏树及超过 250 年历史的山茶花（欧洲最古老的植物物种）仍然引起人们对植物学和热带植物的兴趣。1780 年，为了追赶欧洲时尚潮流，在花园中建造了一个带有亭阁的英式风景花园。 1790—1804 年，又建了一个中式花园，水池中还有鸳鸯在嬉戏。

随着启蒙运动的发展，亲近自然的情感提供了风景式花园发展的基础。这种人工建造但贴近自然的设计受到推崇。弯曲的小径，未修剪的植被，如诗如画的景色，超越花园狭窄的边界和自然风景融为一体。这种园林形式的发展同早期启蒙运动的政治、思想和道德思潮紧密相连，并将中国和欧洲完全对立。[①] 莫里茨堡（Moritz Schloss）是奥古斯特一

---

① Harald Marx: K*ontinuitait trotz Wandeh Dresdner Landschdtsmalerei zwischen Barock und Romantik*. In: Kobe/Tokio 2005, Beiheft, S.77-79. 哈拉德·马科斯：《转折中的连续：巴洛克和浪漫主义期间德累斯顿的风景画》，神户／东京，2005 年。

1733年　《德累斯顿莫里茨堡宫》　约翰·奥古斯都·科韦努斯（1682—1738）
蚀刻铜版画　长54.3厘米　宽85.7厘米　画面铭文"波兰国王—萨克森选帝侯美丽的
狩猎休闲宫殿莫里茨堡宫"

世热衷于举行狩猎庆宴的场所，
它处在一个有丰富猎物的地区，
早在16世纪时这里就建有狩猎
的住所，但是原有的住房容不下
国王的大批人马，于是从1721
年起开始改建。奥古斯特对改建
的结果很满意，把此地以罗马狩
猎女神狄安娜的名字命名为"狄
安娜堡"。无论朝哪个方向看，
狩猎的主题总是很鲜明。这里也
是他本人最喜爱的住所之一，因
为在莫里茨堡里他可以尽情地感
受皇宫之外的那份逍遥与自在。

清代　《狩猎的西洋人》　德化　编号P.O.8151
德累斯顿国家艺术收藏馆陶瓷部藏
作者摄2010年

在德累斯顿茨温格尔宫博物馆中有一类狩猎题材的瓷塑，是典型的康熙德化外销瓷。以这件名为"狩猎的西洋人"为例，馆藏编号P.O.6151，作品刻画了一组野外打猎活动的生动场面，一群手持老式霰弹枪的西洋人行走于山林间，领队的骑着马，手腕上停着一只猎鹰，处于最显眼的位置；领队背后站着一名随从，手里拿着一面小燕尾旗，看上去像一面信号旗；三只猎狗冲在主人前方，不时回头观望，而那群奔命的野兔和牡鹿则是慌不择路，四处躲藏；在岩崖上方有一座神龛，山脚下则有玲珑精致的亭台楼阁，清幽秀丽的池馆水廊，傲雪寒梅点缀其间。还有几件"狩猎的人"瓷塑在荷兰代尔夫特被绘以颜色，洋人们身穿猩红的猎装，头戴黑毡帽，骑着骏马，猎犬引路，策马扬鞭，追逐猎物，一派热闹的场面。狩猎瓷塑在当年的欧洲可谓是喜闻乐见，各大宫闱私藏均有类似的作品，虽然在细节上不尽相同，但所反映的均是欧洲贵族狩猎娱乐的生活场景。

在18世纪初的欧洲，户外的狩猎活动不仅是一种高级的娱乐消遣，更是一种逃离世俗，回归自然的过程。有趣的是，这件以狩猎为主体的瓷塑作品，其主角虽是欧洲人，但却似乎发生在遥远的东方，并且是由一位素昧平生的中国工匠来塑造完成的。由于大多数的中国工匠都没有西方的体验，所以反映在瓷器上的异域题材也常常是纯粹的臆想作品。然而颇有意思的是，这些特殊的定制瓷器在欧洲宫廷中往往被推为中国文化的典范，而中国人则将其作为理解西方世界的重要手段。以中国园林场景来展现欧洲人的愿景，来表达人们对于自然与生活的全新态度，这究竟是谁的创意？是心灵手巧的中国工匠，还是足智多谋的荷兰商人，这个问题很难在史料中找到答案。但是可以肯定的是，此时的中国陶瓷与园林已成为启蒙时期社会运动中相当重要的组成部分，古典园林很好地呈现了人与自然的亲密关系与完美融合，让欧洲人在中国园林中狩猎和宴游，这本身就是近代早期的中国人对于自然主义思潮的一种回应与共鸣，而陶瓷作为代表中国精神的艺术品，其影响绝不仅仅局限于室内装饰，它的出现正点点滴滴地陶冶着人们的精神品格。

文化的交流从来都不是单向的，17世纪末期，西方画家试图借助强烈的自然体验和情感影响来提升人的崇高性，他们运用光亮和阴暗方式将自然界中的奇木异草、奇峰怪石、电闪雷鸣和四溅的浪花固定在画布上，这些素材最终通过商贸订单的方式传

18世纪中叶　《白瓷梅花树》　德化
英国私人收藏

播到中国。① 在科学技术不发达的清代，中国的农民和工匠撇开农业生产，去旅行和探险，逾越各种自然界的屏障，似乎还有很大的困难。所以当西方人将一幅幅逼真的风景写生画面呈现在他们面前的时候，大自然无比的威力和神秘色彩给予了中国工匠一次崭新的艺术与审美体验。

这里我想举一个有关于梅花的案例。明清以来梅花题材常常出现在瓷器的装饰中，它是古人崇尚高洁与自谦的象征，德化白瓷中有大量关于梅花主题的产品，诸如梅花杯、梅花纹酒具和茶具等，它们当中有不少作为外销瓷器销往欧洲。从明代德化考古材料来分析，17世纪上半叶德化窑的梅花塑造常常呈现为一种含苞欲放的状态，以半立体浮雕的方式堆贴于器物的表面，显示出脱之欲出的生动效果，诸如20世纪70年代在德化后所和甲杯山等窑址出土的明代梅花杯大多有此特点。

18世纪初期，这类梅花题材的装饰开始有了变化，以奥古斯特一世收藏的德化窑"梅花杯"为例，它们大多是18世纪10—20年代进入德累斯顿宫廷的，其形态较之前期丰富了许多，出现了盛开的一剪梅，

① 《景德镇陶录》载："洋器，专售外洋者，有滑洋器、泥洋器之分。商多粤东人，贩去与鬼子互市，式样奇巧，岁无定样。"

17 世纪中晚期 《德化窑白瓷杯》表面大多
堆帖"一朵寒梅"或"一剪梅"
德累斯顿国家艺术收藏馆陶瓷部供图

梅花瓣的棱线也逐渐丰满，瓣面的起伏凹凸也有了不同的式样，甚至出现了半球体的花瓣和内凹形花瓣；而且花蕊的表现越来越突出，花朵的数量由一朵含苞增加到五朵绽放，枝干从单枝发展到两枝，并巧妙地转化为酒杯的底座。

18 世纪中叶，在本土和外销的德化梅花题材作品中，出现一类惊艳的梅花树，欧洲人常称其为"盛开的梅花树"。此类作品在德国、荷兰、美国、瑞典和英国的博物馆中均有收藏，树冠高达 48 厘米，如此硕大的梅花树已不再是酒杯或花瓶的装饰，而是亭亭玉立的一株实体，它扶摇直上，满树的花朵，一朵紧贴一朵，慢慢铺成一枝一枝。树下长满了各种奇珍异草，枝干上没有绿叶相托，只有满树的花儿，奇曲多姿的花枝，构成了一幅让人欲罢不能的动人景致。

从晚明的"一朵寒梅"到清初的"一剪梅"，再到如今"绽放的梅花树"，其中的转变令人欣喜，同时也发人深思。在往昔的历史中，艺术家或工匠因其记忆、理解、生活体验和艺术修养不同，艺术想象的过程和结果也就千姿百态，各呈异彩。但不论艺术想象具有何等鲜明的别他性，都离不开"时代原型"的启发。18 世纪初传入中国的西方绘画中，田园风景写生是一个重要的母题。诸如克劳德·洛兰和约翰·克里斯蒂安的油画或版画，时常描绘一个美丽而僻静的地方，前方是丘陵起伏的山地，近处高大的树冠下，水色温柔、潺潺流淌的泉水或小溪伸向远方。独立风景写生的引入，对于中国的工匠来说是一种前所未有的视觉体验，传统图式中的山水、人物和翎毛等大多依据刻版印刷的书籍或师带徒式的口传心授，形式较为单一。

近代欧洲绘画与雕塑艺术的引入，让不少中国工匠耳目一新；古典陶瓷彩绘中含蓄而内敛的表达方式，似乎已无法满足人们对于新式审美的那份冲动。德化梅花题材的突变，折射出的正是当年中国工匠对于西方图像与文明的诸多思考，其创作过程始终都交织着复杂的情感活动。只不过中国陶工并没有照搬欧洲的风景素材，而是提取了"写生"这一重要的概念；虽然中国早在10世纪的宫廷画院中就有了写生的做法，但是此后的山水画大多是文人士大夫抒发意趣的表征，而在陶瓷上则更多地作为装饰局部而出现。

从"一朵寒梅"到"绽放的梅花树"，这个过程本身就是中国美术在18世纪全球化进程中的独特表征，凝脂似玉的梅花树既有西式风景中的写实与崇高，又凝固了东方审美中的超验与优雅，其包容性与多样性是前朝所不及的，生机勃勃的梅花树是清代中国人在世界舞台上海纳百川的生动展现，也是18世纪艺术家对于西风东渐的积极回应。

第三节　仁爱与情感

18世纪初，在"世界觉醒"的渐进过程中，欧洲占统治地位的传统宗教世界观慢慢地解体了，人类越发开始从自己内心深处去探索命运的根源。与此同时，启蒙思想家也极力倡导用充满道德感的语言促进欧洲社会秩序的构建，以仁爱之心推动自由主义持续发展；在这个社会变革的过程中，男人与女人、婚姻与家庭、同志与友情的观念有了全新的变化。市民阶层日益增长的经济与文化实力已成为社会制度深刻变化的主要基础。个人的成就和个性是决定社会地位的主要因素，而不再是出身决定命运。

几百年来，欧洲各国的婚姻对象选择往往受制于政治或宗教上的考虑，无论是皇室、贵族还是市民阶层都不例外；尽管婚姻对象在性格上要求彼此相知，但是不少婚姻的主要目的还是巩固江山、国家结盟、维系家族声誉或保护即将流失的资产。男女之间的情感，就好比各自的好感和真情多是无人问津的，有时甚至被视为一种毒害。不过，这种情况在17世纪晚期得到了很大的改善，原有的经济基础可以不再是婚姻的决定性条件，个人的意愿越来越重要，爱情被视为国家与小家幸福的前提。①

当然，夫妻之间的新关系也带来了父母与子女之间关系的新变化。童年受到的前所未有的重视，对孩童的教育开始被视为人性教育的先决条件。在此之前，孩童的教育常常是与父母隔离的，特别是在皇室和贵族的教育中。孩子与父母不在同一个房屋，甚至不在同一个庭院之内，主要由专职的教师、仆人、礼仪师和管家照料。

在启蒙运动的影响下，父母的关爱尤其是母爱上升为社会与国家欣赏的美德。父母与孩子之间亲密无间的情感联系亦被推崇为理想的社会状态。除了采取关心和教育孩子的措施之外，还通过大量的绘画、书籍、小说、戏剧甚至是陶瓷艺术品来宣传家庭教育的美德和亲善。圣母玛利亚的题材常常被运用到肖像绘画与雕塑中：母亲直立抱着小孩，温情地目视前方，好比圣母与圣子；或者让一个孩子以圣婴的姿势坐在母亲的腿上，另一个孩子则像施礼者约翰一样陪伴在一旁。此类的圣母子形象在启蒙运动时代颇为流行，它寓意着："孩子才是我们的珍宝！"②

圣母子的题材同样流行于该时期的中国外销瓷中，人们常称其为"玛丽亚观音"。它的缘起需追溯到16世纪晚期基督教在日本的传教及

---

① 吕章申主编：《启蒙的艺术》，第五部"爱与情感"，中国社会科学出版社2011年版，第250页。

② 启蒙主义时期欧洲人钟爱的一个题材来自古罗马的记载，"科妮莉亚——格拉古兄弟的母亲"。讲述了一位夫人去看望科妮莉亚时，给她带去自己珍贵的珠宝首饰。当客人想看看主人收藏的珍宝时，科妮莉亚指着他的两个儿子说道："他们就是我的珍宝。"（吕章申主编：《启蒙的艺术》，第五部分"爱与情感"，中国社会科学出版社2011年版，第251页）

其被幕府封杀的历史过程。当年
"德川家康"采取一系列清除基
督教的政策，使日本基督教势力
受到了沉重打击，在日本的基督
教徒因此伪装成"佛教徒"，被
称为"潜伏的吉利支丹"。禁教
运动期间，这群伪装成佛教徒的
基督徒需要一种图像作为圣像的
替代品。荷兰、中国商人敏锐地
捕捉到了这一需求，他们通过海
船带来了"潜伏的吉利支丹"们
所需的"圣像"，来自福建德化
的观音塑像。①

　　当中国商船将德化窑观音送
到隐藏的基督徒之手后，他们以
观音代圣母秘密顶礼，传教士也
借由这种被伪装成观音的玛丽亚
像秘密传教，推动了德化窑玛丽
亚观音形象的传播，这也造成了

16 世纪末　《玛丽亚观音像》　日本东京国
立博物馆藏　图片引自昭和 47 年（1972 年）
《东京国立博物馆图版目录基督教徒遗物篇》

日本基督教徒信仰的混杂性。长崎一带的"潜伏的吉利支丹"，一方面
不得不如同其他普通民众一样定期前往佛寺参加法事，并在家中祭拜祖
先；另一方面又在家中设立祭坛，供奉"玛丽亚观音"、十字架等物品，
同时又摆设历代祖先的牌位以及遗像。② 现藏于日本东京国立博物馆的

---

　　① "明崇祯十四年七月，由中国福州输出日本的瓷器，有两万七千件，福建有许多瓷器输
出，其中当然是德化出口占多数。"（陈遵统：《福建编年史》第九辑，福建人民出版社 2009 年版）
　　② 金永明主编：《日本社会观察·2018 年》，上海社会科学院出版社 2019 年版，第
272 页。

17 世纪初 《玛丽亚观音像》 日本私人旧
藏 现藏德化顺美海丝陶瓷历史博物馆
图片引自《丝路掇白——顺美海丝陶瓷历史
博物馆馆藏精品图录》

"玛丽亚观音"像曾著录于昭和47 年（1972 年）《东京国立博物馆图版目录基督教徒遗物篇》中，该书收录的 37 尊德化窑观音皆是 19 世纪中期日本第二次禁教时从长崎的浦上地区查某的遗物，其中就有几件晚明德化窑的坐蒲团观音和披坐观音。①

17 世纪 40 年代，明清易鼎战争开始，清政府为打击遗明势力，断绝沿海地区与郑成功集团的联系，颁布了一系列禁海令。这些禁令严重阻碍了中国的瓷器贸易，瓷器出口量迅速下降。1657 年清政府控制南部港口后，中荷贸易近乎中断，"玛丽亚观音"像也渐渐淡出历史舞台。

然而仅仅过了半个世纪，这种异教结合的圣母子像又再次复苏，且流行于欧洲本土。在英国林肯郡的伯利庄园（Burghley House），著名的塞西尔家族在 1690 年的收藏清单中记录有"两座大的白色人像，孩童们坐在他们的膝头上"。② 在德累斯顿，奥古斯特一世至迟在 1710 年已拥有第一批"玛丽亚观音"像。在荷兰吕伐登普林西霍夫国立陶瓷博物馆，玛丽莲路易斯（Marilynne Louis）王后也拥有几件"玛丽亚观音"像，其收藏时间约为 1725 年；在大英博物馆、维多利亚与阿尔伯特博物馆、法国吉美国立亚洲艺术博物馆、丹麦国立博物馆等欧洲中国瓷器

① 若桑 みどり. 聖母像の到来. 东京都：青土社，2008：342。
② ［英］唐纳利：《中国白——福建德化瓷》，吴龙清译，福建美术出版社 2006 年版。

丝路瓷缘——弗里德里希·奥古斯特一世与清代中国外销瓷

244

收藏中心，我们都能发现"玛丽亚观音"像的身影，这说明该圣像在17—18世纪的欧洲深受上层社会的欢迎。

事实上，明末耶稣会向中国传教过程中，圣母圣像可以说是西方天主教引介到中国最重要的图像之一。中国国家图书馆收藏的万历滋兰堂《程氏墨苑——圣母像》则是现存的遗物中最有名的一幅。该画出现在1610年刊刻的《程氏墨苑》中，根据画面下方的题记，母本是制作于日本耶稣会学院的铜版画，纪年为1597年。程氏圣母像的原图可追溯至西班牙塞维尔大主教堂

1610年　《圣母像》　万历滋兰堂《程氏墨苑》　中国国家博物馆藏

的古像，这幅圣母像是为了纪念斐迪南三世从回教摩尔人手上夺回塞维尔城而创作的。在16世纪末的图像学中，这种古像指涉圣母为天后（Queen of Heaven），在当时的中国它最容易让人联想到的便是"送子观音"的形象。[1]

另外一幅著名的圣母圣像于20世纪初在西安发现，其母本为罗马大圣母堂圣路加式圣母抱子像（亦称罗马古像），晚明时期由利玛窦传入中国。1910年，美国人类学家索伯·罗孚（Berthold Laufer，1874—1934）从西安某家购得此圣母像，现藏美国芝加哥菲尔德博物馆，它

---

[1]　陈慧宏：《两幅耶稣会士的圣母塑像——兼论明末天主教的"宗教"》，《台大历史学报》2017年第6期，第49—118页。

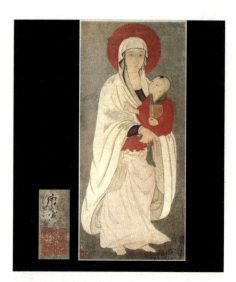

明代 《西安像》 墨彩纸本 裱装卷轴 美国芝加哥菲尔德博物馆藏 NOA114604_02D CAT 110627,photographer:John weinstein

清代 康熙《童子拜观音像》 德化 编号：P.O.8612 高度 38.5 厘米
德累斯顿国家艺术收藏馆陶瓷部供图

是目前所知唯一一件中国画家模仿的罗马古像。其材质为墨彩纸本，裱装卷轴，此画左下角有唐寅的署名和印章，但落款处有明显的白色摩擦痕迹，疑似后人托伪所作。目前国外考古学界普遍认为该画绘制于 17 世纪末或 18 世纪初，而该时期恰恰是德化窑"玛丽亚观音"在欧洲盛行之时。

在德累斯顿，奥古斯特一世收藏有一尊"童子拜观音像"，入库时间为 1720 年。观音左右两侧各有一胁侍童子，民间俗称善财童子与龙女。观音梳髻带冠，璎珞缠绕，风帽垂肩，面部丰腴，眉开眼笑，跣足坐岩，双目微笑，仪态温和，右手怀抱一孩童，手握毛笔和元宝。善财童子面带微笑侧立于观音的左边，双手合十呈礼拜状，小龙女发辫垂肩，双手捧珠。观音左后方的岩石上供着净瓶，右后方的岩石上站立一神鸟。学术界普遍认为此类塑像的源头与卫匡国在 1655 年绘制的《中国新地图集·云南》有关，身为耶稣会传教士的卫匡国为何在《中国新地图集·云南》上描绘观音令人费解，不少学者认为该区域靠近西藏，观音的出现与藏传佛教有关，这一观点有待商榷。不过可以肯定的是，云南地图中左上角的观音与奥古斯特收藏的"童子拜观音像"颇为相似，二者的区别就在于观音手中的"圣婴"。

　　还有一尊天主教化"童子拜观音"，发现于英国，亦称"童子拜玛丽亚观音像"。圣母的头发卷起，上面披着头巾，看起来同法官的假发完全一样；右手抱着的"圣婴"有着同样的卷发，一尊小圣·约翰像，站在圣母背后的岩石上，这个位置通常放着净瓶或者经书。但是所有的西方影响到此为止，脚下的岩石和左右两侧站立的善财童子则与德累

清代　康熙《童子拜圣母子像》　德化
高度43.5厘米　英国私人收藏

斯顿的"童子拜观音像"接近一致，很显然它们是同一时代的产物。

　　需要特别指出的是，日本第一次禁教时期所诞生的"玛丽亚观音"，其形式主要是以观音替代圣母，当年被迫隐藏起来的天主教徒几乎没有可乘之机，只能在表面上改宗佛教，各种观音特别是明晚德化的白瓷观音由于在宗教意义上和圣母玛利亚的相似之处，就成为后者很好的代替品。① 然而，18世纪初在欧洲盛行的"玛丽亚观音"与日本的"玛丽亚

---

　　① 　上田恭辅：《"支那"古陶瓷研究手引》，大阪屋号书店1937年版，第46页。

左　清代 康熙《立狮玛丽亚观音》
美国私人收藏
右　清代 康熙《立兽玛丽亚观音》
美国私人收藏
图片引自 [英] 唐纳利：《中国白——福建德
化瓷》，吴龙清译，
福建美术出版社 2006 年版

观音"已有所不同，观音的面相逐渐"西化"，更接近于《程氏墨苑》或《圣路加式圣母抱子像》中的圣母。除了面相的转变，更为突出地表现在怀中"圣婴"的塑造上，从 16 世纪末，日本禁教初期的"坐蒲团（圣母）观音"、"坐岩（圣母）观音"到 17 世纪中叶，卫匡国地图上的"童子拜（圣母）观音"；再到 18 世纪初，德化窑外销欧洲的"童子拜玛丽亚观音像"等，"孩童"或"圣婴"的大量出现，成为我们关注的焦点。

如左图所示，两尊"玛丽亚观音"来自美国的私人收藏，英国学者唐纳利的研究发现，该塑像制作于 18 世纪初期，其胎体工艺与奥古斯都一世收藏的观音塑像相仿；圣母抱着圣子，婴儿的形象具有晚期哥特式的风格。法国吉美国立亚洲艺术博物馆和英国维多利亚与阿尔伯特博物馆也藏有几尊同类的塑像，但圣母却是右手抱着襁褓中的婴儿。不论是左手还是右手怀抱婴儿，这种"圣母子"形象显然都不是荷兰人的要求，因为在 17 世纪末，他们都已改信新教加尔文宗，此类塑像很可能是耶稣会委托荷兰东印度公司向中国市场投放的订单。然而有趣的是，这种盛行于欧洲的"圣母子"或"观音送子"形象，虽然兼具了天主教和佛教的各种因素，但其所反映的宗教性却大不如前。如今的"玛丽亚观音"看起来更像是一对充满爱意的母子，互相依偎，彼

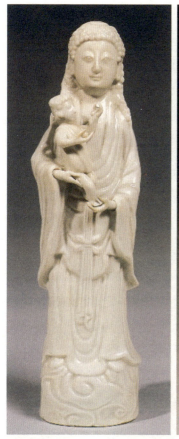

左　清代　康熙《立云玛丽亚观音》　法国吉美国立亚洲艺术博物馆藏
右　清代　康熙《立云玛丽亚观音》　英国维多利亚与阿尔伯特博物馆藏

此相爱，不论是圣母、圣婴或是观音，都具有人性的温情与爱意。

　　尽管有不少学者坚信欧洲"玛丽亚观音"的再度盛行，与耶稣会在中国的传教有关，但是我们又不禁发问，既然它是一批来自耶稣会的圣像订单，为何不严格依照耶稣会的图像进行创作呢？这种混杂了"中国风"的圣母子像又为何会在当年的欧洲受到青睐？答案是显然的，18世纪是一个理性主义和人文主义思潮高涨的时代，启蒙思想家对于包括教会、圣经和一切以宗教狂热和迷信为特征的天启宗教展开了激烈的批判与抨击；与之相对应的是，人们对于理性、道德、仁爱和情感的热切追求，从皇室贵族到普通民众，启蒙思潮的影响可谓无处不在。与其说"玛丽亚观音"的复苏是启蒙时代欧洲宗教的一种缩影，倒不如说是当年进步的欧洲人理解理性与信仰、世俗与神圣、母爱与情感的直接体现；其造型上所显现出的东西方信仰中的宗教互文，不仅是天主教在中国传教中"合儒"和"补儒"策略的体现，同时也是18世纪中国人对于"西来"启蒙图式的一种思考与回应。

明末清初的内乱和沿海拉锯战给中国造成了毁灭性的打击，民生凋敝，百废待兴。因战争带来的人口萎缩和生产力下降是清政府面临的主要困境之一。1683年，清廷收复台湾，社会步入稳定时期，人口的迅速恢复就成为社会关注的焦点；这一时期的中国绘画和工艺都不约而同地倾向了多子多福、盛世滋丁的题材表达，如康熙瓷器上常见的"四妃十六子"和"木瓜葡萄"等题材。《清史稿·圣祖本纪二》记载，1683年中国人口刚刚突破了1.5亿，随着社会的逐步稳定，从国之大家到庶

清代　康熙　五彩棒槌瓶组合《四妃十六子》　编号：P.O.6260　高度75厘米
德累斯顿国家艺术收藏馆陶瓷部藏　作者摄 2010 年

民之小家，家庭的兴旺、成员的关系与夫妻的情感也随之成为人们探讨的热点话题。恰逢此时，家庭的社会意义也在西方社会日渐增长，来自荷兰东印度公司的各种来样订单，让中国的瓷器工匠欣喜万分，生活在世界两极的人们似乎都有着同样的精神诉求。

清代　康熙《站立的仕女》　德化　编号：P.O.2915/2916/2917　高度 79.1 厘米
德累斯顿国家艺术收藏馆陶瓷部藏　作者摄 2010 年

清代　康熙《攀谈的仕女》　景德镇　高度 34 厘米
德累斯顿国家艺术收藏馆陶瓷部藏　作者摄 2010 年

　　中国古代瓷器上是很少正面或直白地表现家庭生活的，因为女性和男性的地位有着很大的区别，妇女作为家中相夫教子的角色很难登大雅之堂，并纳入画面。然而，随着西方社会关系的变化，妇女作为家庭中一个具有同等爱、同情和交际能力的角色，她们对丈夫及孩子的影响力被广泛地认识，她们可以为家务、家庭失去其经济方面的价值，但她们却可以对丈夫和家庭付出更多的感情和精力，这一观点甚至渗透到当时中国定制的瓷器上。

　　德累斯顿的宫廷收藏中有不少康熙时期德化窑外销的女性塑像，人们称其为"站立的仕女"，高度约45厘米，牙白胎，透明釉。女子头盘高髻，发辫盘于后脑，下梳燕尾，应是满汉结合的发饰。其面容姣好，厚耳垂口，眼带笑意，眸若清泉；纤纤玉手托着如意，左臂自然下垂，衣襟如行云流水一般，给人以娴静典雅、安详自若之感。还有一些女性塑像来自于景德镇窑，白胎上彩，发辫高耸，双目似弯月，饱含笑意；上裳下裙，圆领披肩，宽衣阔带，大袖广襟。或俯或仰，或低声自吟，或窃窃私语，颇为生动。这些极具东方女性神韵的塑像在18世纪的欧洲颇受欢迎，不少贵族将其陈设在房间中最为显眼的位置，以显示女性在家庭中独特的地位，这是启蒙时期进步阶层的积极表现。正如雅克·卢梭所言："这个时代的妇女作为未被扭曲的自然之物，具有爱、同情和交际的能力。她们对于丈夫与孩子有着间接的影响力。"

　　夫妻之间的新关系往往也会反映在当时最流行、最高贵的中国瓷器上。18世纪初的德化外销瓷塑中还有一类专门表现欧洲家庭生活的情景。深目高鼻的荷兰人头戴三角帽，身着对襟的上衣，宽阔的长裤，坐在石墩上；另一侧则端坐着善良的妻子，披着斗篷，围着头巾，两人举杯祝酒。男随从托着主人的烟具，女仆人手握着酒壶。一旁的宠物狗抬头盯着椅子上新鲜的美食，椅背上的浮雕是耶稣受难像，椅子前方还别出心裁地放置了一盆太湖石的盆景。西方学者研究发现，作品中男女主人公的衣着式样、配饰与18世纪尼德兰人颇为相似，特别是奥古斯特一世收藏

清代　康熙《幸福的一家》　德化　编号：P.O.3244　高度 15.1 厘米
德累斯顿国家艺术收藏馆陶瓷部供图

　　的这件作品，女主人的发髻与配饰更像是荷兰的贵族。所有这一切也说明德化的工匠们对于荷兰人的服装服饰和生活习俗等，是非常熟悉的。

　　《幸福的一家》是欧洲学者对于此类家庭塑像的统称，因其题材常给人以一种追求富足、安宁和幸福生活的状态。那么什么是幸福？启蒙运动时期把幸福的概念从基督教的来生转移到尘世的日常生活中，获得幸福成为公民生活的一个目标，个人通过工作和娱乐等正常的活动，来实现这一目标。[①] 在启蒙时代的最初数十年，幸福的概念通常由道德观念派生而来，因而幸福也意味着个人形成较为完美的人格。然而，随着 18 世纪初伊壁鸠鲁和洛克等哲学家的感觉心理学的提出，欧洲社会道德上的幸福逐渐转变为对感官愉悦的认同。

　　　　———————

　　① 吕章申主编：《启蒙的艺术》，第五部分"爱与情感"，中国社会科学出版社 2011 年版，第 140 页。

1762 年　格奥尔格·德斯玛雷斯　《宫廷医生的一家》　慕尼巴伐利亚国家绘画收藏馆
老绘画陈列馆

　　《幸福的一家》至迟在 18 世纪 20 年代已在欧洲各国盛行，它们的
存在让我们有理由相信，早在 18 世纪初，家庭的社会意义已日渐增

长，荷兰东印度公司向中国定制的家庭瓷塑，生动地记录了当时欧洲的社会变化。在它背后，我们看到趋乐避苦的基本行为并不是幸福感的全部，幸福不仅包括快乐，还应与社会功利联系起来，应具备一种明确的社会公共性和家庭伦理性，它是亚当·斯密所说的"看不见的手"，是一种高级的人生观，维系着整个社会的道德维度。所以，追求幸福是人类的自然权利，而把幸福提高到一个新的高度则是启蒙时代大部分公民的热忱追求。《幸福

清代　康熙《中国男女》德化　图片引自 Rose Kerr 的 *Blanc de chine -porcelain From Dehua*

的一家》作为启蒙时代早期反映家庭新形象的作品曾一度影响整个欧洲，在此后出现的一系列油画或版画作品中，我们都能够找到幸福家庭的身影。作为曾在欧洲大都市宫廷里进修过的洛可可肖像画家，格奥尔格·德斯玛雷斯曾创作了几幅描绘宫廷官员一家的油画，画面右下角的小狗似乎隐藏着对《幸福的一家》的致敬。

　　幸福感的追求并不仅仅是欧洲人的事，清代初期的中国，无论是男人还是女人，读书、表达情感、多愁善感等日渐成为时尚，这一点我们在文学作品中已有不少案例。不过，中国外销瓷作为欧洲新型文化观在中国的传播载体，它把文学上的意会转化为视觉上的愉悦，并结合了西方同步传入的视觉图像，创造出许多新颖的人物形象。尽管它们的尺寸或大或小，但是作品中所折射出的人们对于传统女性地位、家庭幸福及夫妻关系的观念转变却让我们深受启发。

　　18世纪销往欧洲的瓷器中，有不少反映《中国男女》的瓷塑，虽

体量不大，却颇具装饰性和伦理性。男性大多是举止温和、落落大方；而女子常是含情脉脉、温文尔雅。时而是一位男性正深情地望着身旁弹奏的女子，又或是一位男性正温情抚慰着一旁沉思的女子。这种充满深情爱意与心心相印的画面，不禁让人联想到 18 世纪欧洲的爱情绘画。画家有意识地表现无拘无束的时尚场景和自然的气氛，女性穿着古希腊罗马式的宽松裙衫，摆脱了紧身衣的束缚；男性则穿着长裤和靴子，自然下垂的发式和放在一旁的烟斗和高帽，都给人一种不拘小节的印象，这种放松的状态正是当年自由思想者的新理念。

清代　康熙《中国男女》　德化　图片引自 Rose Kerr 的 *Blanc de chine -porcelain From Dehua*

皮耶罗·安东尼奥·洛塔利来自意大利北部的维罗纳，18 世纪 50—60 年代，他曾为德累斯顿宫廷完成了无数的头像习作，这些画像不是表现特定的历史人物，而是表现一般世界的生活场景，捕捉男女之间的情绪与感觉。自文艺复兴以来，此类肖像是为了创作某些历史绘画而作的基础准备，但是皮耶罗的肖像却可以作为独立作品而进行欣赏；通过沉醉和哭泣的女孩，皮耶罗使这种画面成为一种类型，其主题是令人欢喜令人忧的爱情。有意思的是，在中国明代，类似题材的绘画或雕塑都源自《西厢记》等文学故事中的某个场景；而在 18 世纪初的中国外销瓷中，这些场景却成为独立的艺术瓷塑而进入西方世界。

　　不难看出，情感上的爱慕，已不仅是在家中闺房里遮遮掩掩的私

1750 年　皮耶罗·安东尼奥·洛塔利　《哭泣的少女》　布面油画　长 106 厘米　宽 84 厘米
慕尼黑巴伐利亚国家绘画馆老绘画陈列馆藏

事，它所表现出的情感交流可以打破等级界限和地位平等的原则，起码在涉及共同兴趣的领域。家庭的情感呵护成为艺术家创作的母题，以往人们对于男女两性在生理、心理和审美上的差异性不断削弱；女性的脆弱和无法有力地控制自身情感，得到了男性和社会的同情与怜悯。作为

18世纪荷兰东印度公司向中国的定制瓷器，这种爱情题材的瓷塑似乎已摆脱了历史故事本身的限制，人们更加关注的是场景中的男女关系，特别是男性对于女性的呵护与关爱，这种关系与其说是身体上的关系，不如说是情感或近乎精神上的亲密关系。换句话说，清代中国外销瓷已经成为了早期启蒙运动的见证与缩影，因为它们的出现要比皮耶罗等宫廷画家创作的爱情油画更早地进入欧洲宫廷和贵族生活圈。

18世纪的这种感性的变化，在某种程度上也促进了中国浪漫主义艺术的发展。康熙晚期的中国瓷器上，工匠们尝试打破传统造像的历史模式，开始描绘日常生活中夫妻之间的恩爱生活，人们在宽容的气氛下探讨有关生活的种种问题和对未来的憧憬。奥古斯特一世的收藏中有几件硕大的康熙五彩盘，其描绘的内容是一场别开生面的马球竞赛。马球兴盛于唐代时期，是否由外传入中国，至今说法不一。有人说从吐蕃传入，也有专家引经据典，说这是"本土运动"。不过，在曹植的《名都篇》中，就有"连骑击鞠壤，巧捷惟万端"，从这里至少说明马球在汉末就已经出现了。到了清朝，由于朝廷禁止百姓养马，使得这项运动基本"绝迹"了。虽然，在康熙十年（1671年）后，马球偶尔会在白云观庙会亮

清代　康熙五彩大盘《马球》　德累斯顿国家艺术收藏馆陶瓷部藏　作者摄2014年

清代　康熙五彩大盘《马球》局部　作者摄 2014 年

相，但此时的马球，已然成了一个"游戏"。奥古斯特一世收藏的五彩瓷盘上所描绘的正是康熙时期极为特殊的马球竞技，只不过画面中骑在马背上挥杆击球的不是男人，而是一群活泼洒脱的女子，男人们则在城楼上举杯喝彩，摇旗呐喊。作为中国古代贵族竞技的马球活动，历史上都是男性的专属，因为它和战事密不可分，既是练兵的好手段，也是一项强身健体的好运动。然而在此，它却成为中国男女之间一项极度浪漫的竞技游戏，没有男尊女卑，更没有夫权至上，只有充满诙谐戏谑的生活场景。

　　研究东方文化的学者 L. 比尼恩曾对 18 世纪中国艺术的精神作了精辟的概括："单单是秩序，以及对秩序的顺从，永远也不会使人们的精神完全满足。在那种精神里，欲望经常隐藏起来，经常受到压抑，然而却一直持续不断、超越自己；它变得面目皆非，它逃避，它扩张，它创造。在某种意义上可以说，这是对自身命运的对抗。而这种欲望可以通过渴望摆脱日常生活那种桎梏人的环境，这样一种形式表现出来；这就是浪漫精神，在行动的天地里激发着为冒险而冒险的精神，而在想象的领域里则渴求着美，它醉心于怪异的、遥远的、奇迹般的、不能达到的

清代　康熙《文殊、普贤和仕女像》　德化　德累斯顿国家艺术收藏馆陶瓷部供图
编号：P.O.3254/8539/3256　高度：22.8 厘米 /22.2 厘米 /22.2 厘米

东西。"① 这里，比尼恩形象地描述了中国人通过艺术作品超越自身的局限，摆脱沉重的历史包袱，让心灵浸润着世界的大我，通过艺术的媒介传达着最美、最真实的人格形象。

　　这也是中国陶瓷的艺术魅力之所在，作为勾连东西方世界的重要桥梁，中国陶瓷的人格化更是显而易见。它的外销不仅全面地阐释了中国的美学精神，展示了自身的诗意追求及美好的精神；它本身的精神内涵，很好地解释了中国陶瓷能在西方长驱直入，影响人心的缘由。当然，从艺术本身的使命来分析，中国外销瓷在 18 世纪的东西方交融中，扮演着先锋和改革的角色。伴随着欧洲启蒙运动的兴起，西方的自由主

---

　　① ［英］L. 比尼恩：《亚洲艺术中人的精神》，孙乃修译，辽宁人民出版社 1988 年版，第 79 页。

义和理性思潮也随着巨额的商业订单而潜入中国。当清代中国陶瓷的外销大军踏上欧洲本土，同时也意味着欧洲启蒙思想的浪潮已拍打着中国的海岸，没有什么艺术品可以在全球化的浪潮中不受外界条件左右。此时的中国瓷器特别是外销瓷器不可避免地接收着来自西方的"人文启蒙"；而来自德化和景德镇等地的工匠们率先肩负起解放想象和理性的职责，脱胎换骨式的瓷器创新正是这场中西思想交融中，其人文价值最有力的证明。

　　总而言之，在18世纪启蒙运动的年代，中国的物质富饶、精神高尚，给了欧洲人很大的启发，也让他们看到了希望和目标。启蒙运动思想家在中国看到了一个理性、和谐的世界，这个世界听命于自然法则，又体现了宇宙之大秩序。与此同时，中国的文人和艺匠也从欧洲汲取了诸多的创作思想，通过对欧洲绘画的解读和联想，中国的匠师获得了一次内心世界的解放。奥古斯特一世的收藏仅仅是当时欧洲皇家贵族中重要的一个单元，在英国、法国、意大利、荷兰和瑞典等国，数以百万计的中国外销瓷足以说明当时中西方文化艺术交流的深度和广度。启蒙运动所带来的西方近代文化，丰富了中国古代瓷器的"人文主义"的内涵，充实了清代手工艺品的精神基础，同时也提升了清代初期文化、艺术、政治、哲学的趣味，为清代中后期的手工艺品的发展与变革奠定了一定的社会基础。

结　语

　　奥古斯特一世一生共收藏东亚瓷器24601件，其中日本瓷器6881件，中国瓷器17720件，是17—18世纪欧洲最大的私人陶瓷收藏。在收藏与研究中国陶瓷的基础上，奥古斯特一世主持并创办了欧洲历史上第一家陶瓷厂——皇家迈森陶瓷厂，宣告了西方制瓷技艺的开始，对欧洲本土的瓷器业发展作出了巨大的贡献。迈森制瓷厂的出现，成功地将硬质瓷器的制作技术传播到欧洲各地，意大利、荷兰、英国和法国等的皇家瓷器厂犹如雨后春笋般涌现，它们的出现打破了中国人和日本人对外销瓷的垄断，掀开了世界瓷器艺术的新篇章。

　　迈森瓷器厂诞生之前，欧洲的中国外销瓷主要由荷兰东印度公司引进；当时的中国人根据欧洲传教士和商人带来的线刻版画和铜版画进行瓷器加工，风格上主要有欧洲题材中国样式、欧洲样式中国题材、欧洲样式欧洲题材和中国样式中国题材四大类。清代初期，中国外销瓷市场的打开，使得欧洲铜版画、金属和玻璃日用品等作为样品大量流入中国；一方面，景德镇工匠受欧洲铜版画的影响开始改变瓷器彩绘的技法，并随着欧洲铜版画技艺的改革而不断地创新，这对于乾隆时期中国瓷器彩绘技法的成熟具有较大的影响；另一方面，中国外销瓷销往西方也激发了欧洲人研制和生产陶瓷的动力。以奥古斯特一世为代表的研究学派，不仅收藏中国瓷器，同时也自创"迈森风格"的瓷器；后来，中国陶工又反过来模仿迈森瓷器，这个过程既是艺术相互影响的过程，同时也是中西方经济和文化交流的反映。

奥古斯特一世生活于 1670—1733 年，这个时期正是欧洲"中国风"盛行的年代，也是欧洲艺术史上由巴洛克风格向洛可可风格转变的重要时期；而奥古斯特一世收藏的中国瓷器、漆器和家具以及个人修建的茨温格尔宫、莫里茨堡宫、日本宫、荷兰宫等重要建筑群为我们研究东方文化及中国瓷器对洛可可艺术的影响提供了翔实的第一手材料和真实、具体的佐证。

茨温格尔宫第一档案室内至今还保留着一张奥古斯特一世亲手绘制的艺术馆建筑图纸。这张名为《一座理想的博物馆的设计草图》，绘制时间为 1717 年，画面左侧用粗略的硬笔勾勒出绿穹隆珍宝馆的第一层与第二层的展馆分布，以数字标识出各个房间；右侧是 1—30 号的数字清单，它们分别是：1 号厅，左上方存放古董；2 号厅存放人体骨骼；3 号厅是人体解剖室；4 号厅是科学实验室；5—6 号厅分别存放自然科学标本、矿物标本、植物等；7—8 号厅存放版画、奖章、宝石、铠甲和金银珠宝等；9—18 号厅是奥古斯特二世的文艺复兴油画走廊，画家拉斐尔的《西斯廷圣母》和卡拉瓦乔的部分作品在此展示；19—23 号厅是奥古斯特二世收藏的中国象牙工艺及象牙车璇制作工艺展示厅；24—30 号厅为书房、仪器室和图书馆。这里我们没有看到中国瓷器的展示厅，是因为奥古斯特一世将瓷器厅和研究所放在独立的行宫——瓷器馆。

虽然绿穹隆珍宝馆和瓷器宫殿最终并没有按照奥古斯特一世的图纸修建，不过图纸远远不是一个偶然为之的东西。它具有很高的象征表现力，反映出欧洲人的世界观从巴洛克时期过渡到一个新时期的变化，尽管这个新时期还不是启蒙运动的高潮，但是已经拉开了序幕。国王本身对整理其收藏拥有绝对的权威，甚至可以说，他整理的是属于他自己的宇宙。

1720 年，奥古斯特一世将监督重新整理众多收藏的职责交给大臣恩斯特·克里斯托夫·格拉夫·冯·曼托菲尔伯爵（Ernst Christoph Grafvon Manteuffel，1676—1749 年），具有启发性的是命令中的措辞，其中写道：

> 在提出自己的创意，并经过很长一段时间的考虑后，我们不仅仅通过增加现有馆藏，也通过购买获得其他有学术意义的艺术和科学的珍品，以表示我们是多么希望在自己的国家进行这种收藏；因此我们不仅仅为了满足自己的好奇心，同时也为了那些献身于学术的人进行继续研究有所帮助，作此决定……

他到底追求何种方案？他的兴趣何在？即使我们不必详细观察他的收藏，也很清楚他的想法。奥古斯特一世设计了一个体系，即物品应根据其各自特性进行汇集。他将在地下室存放的自然科学藏品和手工制作藏品以及在上层存放的瓷器艺术品和藏书分开。他也将蓝白瓷器（青花瓷）、中国白、红陶瓷（紫砂瓷）、五彩瓷、黑彩瓷分别放到不同的厅中，以便比较分析，从各自历史发展进行研究。这个很小的、看起来不太重要的设计图发展成为一个秩序的缩影，这一秩序是对这个世界存在的了不起的事物的认知。自然和艺术在博物馆范围内汇聚，并被分门别类，从而提供了观赏者专注研究的可能性。

国王的设计草图所具有的历史意义只是体现在独创性上，它意味着放弃了延续一个世纪的在珍宝馆中不分类保存各种珍品的传统。正是由于通过互不相干的物品的并存，而萌生出奇异和令人艳羡的印象，从而产生了上帝创造的万物和人类手工艺术。但是现在有统治权的国王力求为这些东西建立秩序。奥古斯特一世不仅扩大了他当时的收藏，而且将丰富的收藏创建为博物馆式机构。可能没有另外一个人能像这个国王一样如此坚定地从鉴赏和收藏的热情开始到建立公开的、系统化整理的博物馆。

奥古斯特一世生活的年代，在欧洲通常被称为"启蒙运动时期"。这个名称的由来要追溯到一场自视为"欧罗巴思想启蒙"，并在欧洲各个国家中差异极大的精神和社会改革运动。这个时期凸显的是上文所述的热爱奢华和感官享受的巴洛克风格和东方情调，强调自我解放与理智的世界观。所以，当西方风格绘画作品的销售市场被发现时，就有大量风格迥异的作品被生产出来。这一时期，东西方之间的思想与方法交流以令人惊异的速度进行着。具有时尚意识的欧洲人在竞相设立繁复华丽的瓷器陈列室或非同一般的中国茶室时，也将他们身边愈演愈烈的启蒙运动思想传播到了中国，从瓷器、漆器到壁纸和织绣，启蒙时代的思想在中国社会悄然地传播开来。

德累斯顿茨温格尔宫皇家收藏，生动地反映了17—18世纪欧洲上层阶级的美学观和文化观的变化。18世纪初，随着德累斯顿近郊的迈森皇家制瓷厂的诞生以及欧洲其他国家瓷器生产基地的出现，中国瓷器在欧洲的特殊角色与地位发生了动摇；尽管这一时期仍有大量的中国瓷器销往欧洲，但是传统中国瓷器的地位已经慢慢地被德国迈森和荷兰代尔夫特瓷器厂生产的欧洲中国样式瓷器所取代。

奥古斯特一世于1733年2月在波兰华沙离世，他的许多理想并没有最终实现。德累斯顿，这个北方文艺复兴之城，仍有诸多的建筑和艺术尚待其后世去完成。他在世期间，虽然未能与中国的皇室建立起直接的联系，但是其个人创办的迈森瓷器却早已远涉重洋与中国瓷器产生对话。奥古斯特一世的余生对于中国瓷器文化竭尽全力地研究，最终掌握了制作和烧成东方硬质瓷器的技术，将欧洲的瓷器生产业向前推进了几百年，同时缓和了欧洲本土对于中国硬质瓷器的强烈渴望。不过，其本人的贡献远不止如此，其个人对于艺术的执着与热爱，促使他疯狂地收集和展示艺术品，并把自己的皇宫设计成一座理想的博物馆，这为启蒙时代的公共文化空间交流奠定了基础，同时也为后来的现代博物馆展示提供了先进的蓝本。

如今，德累斯顿国家艺术级藏馆陶瓷部已是全世界最大的瓷器博物馆之一，奥古斯特一世不仅给后世留下了不计其数的陶瓷文化遗产。更重要的是，他和廷臣们对中国陶瓷的仿制，催生了欧洲现代瓷业。从德累斯顿的迈森到英国的斯坦福德郡，从荷兰的德尔夫特到法国的利摩日，这些今日的欧洲瓷业中心都受到了奥古斯特一世的影响。从某种角度来看，欧洲现代瓷业格局的形成得益于中国瓷器的影响，或者说，是17—18世纪中国外销瓷对欧洲的出口促成了欧洲现代瓷业的产生。奥古斯特一世收藏背后所显现的"海上陶瓷之路"不仅把千山万水的中国与欧罗巴紧密地联系在一起，更推进了中西方文化的深入交流，它是中西文明的融合体，也是世界文化交流史上不可或缺的重要篇章。

附录 1　奥古斯特一世收藏清单英文总目（1721—1727 年）

Appendix.1
1721 Inventory of the Japanese Palace, Dresden.
Oriental Porcelain Decorated In Europe (Dresden 1996)

附件 1
1721 年德累斯顿日本宫收藏清单
东方瓷器欧洲装饰（德累斯顿 1996 年首次整理）

YEAR （年份）	INV. No. 奥古斯特一世收藏清单编号	ITEM 物品	SECTION 器型类别	CHAP-TER 章节	SETS (NOW&PAST) 套数（现在与过去）		P.O.NOS 德累斯顿国立博物馆编号
Pre	N.10 □	Gugler	Krack Porcelain	II	1	(1)	P.O.7773
1721	N.22 □	Dragon Vases	Krack Porcelain	II	3	(3)	P.O.7780.81.82
	N.11 □	Armo-rial Plate	Krack Porcelain	IV	3	(6)	P.O.3121.22.23
	N.12 □	Plates	Krack Porcelain	IV	2	(3)	P.O.3135.36
	N. 23 □	Bowl	Krack Porcelain	V	1	(1)	P.O.3176

YEAR（年份）	INV. No. 奥古斯特一世收藏清单编号	ITEM 物品	SECTION 器型类别	CHAPTER 章节	SETS (NOW&PAST) 套数（现在与过去）		P.O.NOS 德累斯顿国立博物馆编号
	N.62 □	Choc. Cup& Saucer	Krack Porcelain	V	4	(12)	P.O.3155.56.57
	N.63 □	Choc. Cup& Saucer	Krack Porcelain	V	9	(12)	P.O.3165.68.3173
	N.64 □	Choc. Cup& Saucer	Krack Porcelain	V	4	(12)	P.O.3172.73.864
	N.65 □	Choc. Cup& Saucer	Krack Porcelain	V	3	(12)	P.O.3159.60
	N.66 □	Choc. Cup& Saucer	Krack Porcelain	V	3	(12)	P.O.3169.9.71
	N.67 □	Choc. Cup& Saucer	Krack Porcelain	V	7	(12)	
	N.87 □	Tea Cup & Saucer	Krack Porcelain	V	3	(10)	
Pre	N.52I	Celadon Bottle	Green Chinese Pot.		6	(6)	
1721	N.53I	Triple Gourd Bottle	Green Chinese		3	(4)	
	N.58I	4piece Garniture	Green Chinese		4	(4)	
	N.76W	Lidded Cup	B & W East Indian		2		
	N.7W	Choc. Cup& Saucer	White Saxon			(6)	P.O.3133

YEAR （年份）	INV. No. 奥古斯特 一世收 藏清单 编号	ITEM 物品	SECTION 器型类别	CHAP- TER 章节	SETS （NOW&PAST） 套数（现在 与过去）		P.O.NOS 德累斯顿国立 博物馆编号
	N.8W	Choc. Cup& Saucer	White Saxon		4	(6)	P.O.3131.3132
	N.8W	Bowl	White Saxon		1	(1)	P.O.3130
Pre							
1721	N.3P	Engraved Vase	Black Indian	…	2	(2)	P.O.3195.96
1721	…	…	…	…	…	…	…
1722	N.89+	Teabowl & Saucer	Japanese Pot.	VI	3	(12)	P.O.7842.43.44
	N.65 ↑	Choc. Cup& Saucer	Red Chinese	III	1	(14)	P.O.3159
1723	N.61+	Olio Jar & Cover	Japanese Por.	III	1	(1)	P.O.7793
1723	N.62+	Olio Jar & Cover	Japanese Por.	III	2	(4)	P.O.7791.95
	N.91+	Slop Basin	Japanese Por.	V	2	(12)	P.O.7817.18
	N.85I	Slop Dish	Green Chinese		6	(6)	P.O.7823.28
	N.85I	Square Boule	Green Chinese	III	1	(6)	P.O.660
	N.101 ↓	Square Boule	Green Chinese	III	2	(2)	P.O.354.7810
1723	N.21 ↑	Gugiet	Red Chinese		2	(2)	P.O.7771.72
	N.329W	Slop Basin	B & W East Indian	II	1	(2)	P.O.3377
	N.455W	Cup & Saucer	B & W East Indian	II	5	(12)	P.O.3201.

YEAR (年份)	INV. No. 奥古斯特一世收藏清单编号	ITEM 物品	SECTION 器型类别	CHAP-TER 章节	SETS (NOW&PAST) 套数（现在与过去）		P.O.NOS 德累斯顿国立博物馆编号
	N.456W	Cup & Saucer	B & W East Indian	Ⅱ	5	(12)	P.O.319.3200.
1724	…	…	…	…	…	…	…
1725	…	…	…	…	…	…	…
1726	…	…	…	…	…	…	…
1727	N.32 □	Square Bottle	Krack Porcelain	Ⅱ	3	(3)	
1727	N.136J	Dish with Rim	Green Chinese	Ⅲ	1	(12)	

丝路瓷缘——弗里德里希·奥古斯特一世与清代中国外销瓷

Appendix.2
1721 Inventory of the Japanese Palace, Dresden.
Oriental Porcelain Decorated In Europe (Dresden 1996)

附件 2
1721 年德累斯顿日本宫收藏清单
东方瓷器欧洲装饰（德累斯顿 1996 年首次整理）

YEAR	INV. No.	ITEM	SECTION	CHAPTER	VOL	FOUO	SEIS (NDW&PAST)	P.O.NOS
							Cup & saucer 2	P.O.7774-7777
1728-	N.104-	Garniture	Japanese	I	III	12/13	4 (5)	P.O.3149-3152
1731	N.107-	Bottle Vase	Japanese	I	III	13	4 (4)	P.O.7796-7797
	N.199+	Olio Jar	Japanese	III	III	54	2 (2)	P.O.7789.90
	N.284+	Bowl & Lids	Japanese	IV	I	60	3 (4)	P.O.7838-7839
	N.137+	Coffee Cup & Saucer	Japanese	V	III	80	4 (12)	P.O.7728-7731

续表

YEAR	INV. No.	ITEM	SECTION	CHAPTER	VOL	FOUO	SEIS (NDW&PAST)		P.O.NOS
	N.157+	Cup & Saucer	Japanese	V	III	82	8	(12)	P.O.3177-3179
	N.165+	Tea & Saucer	Japanese	V	III	82	6	(10)	
1727--1731	…	…	Krack	…	…	…	…	…	
			Porcelain						
1727-	N.199I	Square Bottle	Green Chinese	I	IV	21	1	(2)	P.O.7811
-1731	N.200I	Square Bottle	Green Chinese	I	IV	21	1	(2)	P.O.7783
	N.201I	Square Bottle	Green Chinese	I	IV	21	1	(2)	P.O.7784
	N.202I	Mug & Lid	Green Chinese	I	IV	23	1	(1)	P.O.3180
	N.123I	Slop Basin	Green Chinese	II	IV	34	1	(2)	P.O.7821
	N.131I	Teapot	Green Chinese	II	IV	35	1	(1)	P.O.3137

附录一　奥古斯特一世收藏清单英文总目（1721—1727年）

YEAR	INV. No.	ITEM	SECTION	CHAPTER	VOL	FOUO	SEIS (NDW&PAST)		P.O.NOS
	N.132I	Sugar Tazza	Green Chinese	II	IV	35	2	(2)	P.O.7812-7813
	N.135I	Tea Can-ister	Green Chinese	II	IV	35	1	(1)	P.O.3138
	N.141I	Coffer Cup & Saucer	Green Chinese	II	IV	35	4	(6)	P.O.3139-3140
	N.142I	Coffer Cup & Saucer	Green Chinese	II	IV	36	6	(11)	P.O.7835-36.37
	N.143I	Cup & Saucer	Green Chinese	II	IV	36	8	(20)	P.O.7831-7834
	N.147I	Tea Cup & Saucer	Green Chinese	II	IV	36	9	(24)	P.O.3183-3187
	N.149I	Tea Carved Saucer	Green Chinese	II	IV	36	4	(12)	P.O.3188-90.97
	N.150I	Cup & Saucer	Green Chinese	II	IV	36	8	(12)	P.O.3141-3144
	N.172I	Bowl & Stand	Green Chinese	III	IV	52/53	2	(2)	P.O.7822& 7807

YEAR	INV. No.	ITEM	SECTION	CHAPTER	VOL	FOUO	SEIS (NDW&PAST)	P.O.NOS
	N.177I	Choc. Cup. Lid. Saucer	Green Chinese	II	IV	38	4 (12)	P.O.3181-3182
	N.199I	Saucer dish	Green Chinese	III	IV	55	1 (6)	P.O.5912
1727-	N.53 ↑	Armorial Garniture	Red Chinese	I	IV	99	4 (5)	P.O.3218-3221
-1731	N.121 ↑	Cup & Saucer	Red Chinese	III	IV	113	4 (10)	P.O.6792-6793
	N.125 ↑	Cup & Saucer	Red Chinese	III	IV	114	8 (14)	P.O.7849-7852
1727-	N.523w	Stop basin	B & W East Indian	II	V	78	2 (3)	P.O.7819-7820
-1731	N.510w	Engraved Cup. Saucer	B & W East Indian	II	V	77	2 (2)	P.O.3207.68
	N.612w	Tea Cup. Saucer	B & W East Indian	II	V	83	5 (12)	
1727-	…	…	White Saxon	…	…	…	…	…

续表

YEAR	INV. No.	ITEM	SECTION	CHAPTER	VOL	FOUO	SEIS (NDW&PAST)		P.O.NOS
-1731									
1727-	N.91R		Brown Saxon		III	125	2	(2)	
-1731						113	215	(1737)	

Appendix.3

1721 Inventory of the Zwinger Palace, Dresden.
Oriental Porcelain Headings and Dated later Entires 1721-1727

附件 3

1721 年德累斯顿茨温格尔宫收藏清单
东方瓷器 标题与整体断代
（德累斯顿 1996 年首次整理）

YEAR	INVENTORY. No.	MONTH ACQUTRED	SUPPLIER	PAGE NCMBERS
		JAPANESE PORCELAIN, SYMBOL+		
		Chapter I . Garnitures Long-necked Bottles, Part Garnitures.		
1721	N.1 – N.41+			55-63
1721	N.42, 4.43+	12 June	Mlle, Basserouche	63-64
1722	N.44-N.51+	June	Raschke estate	64-66
1722	N.53-N.55+	June	Bassetouche	66 & 747
1722	N.56, N.57+	June	Count Wackerbarth	747
1722	N.58, N.59+	June	Lord Chamberlain Baron Lowendal	747-748

附录一 奥古斯特一世收藏清单英文总目（1721—1727 年）

YEAR	INVENTORY.No.	MONTH ACQUTRED	SUPPLIER	PAGE NCMBERS
1723	N.60-N.76+	July	Field Marshall Count Hemming	748-750
1723	N.77-N.85+	June	Bassetouche	750&857-858
1723	N.86+	September	Madembiselle de croogh	858
1725	N.87+	May	Valentio and Co.	859
1725	N.88+	May	Bassetouche	859
1725	N.89+	July	Landsberger and Kell	859
1727	N.90-N.92+	27 May	Landsberger and Kell	859-860(888)
Chapter II . Dolls, Chinamen and other Figures.				
1721	N.1-N.37+			67-71
1722	N.38-N.42+	June	Rasehke estate	71-72
1722	N.43,N44+	June	Princess von Teschen	72
1727	N.45+	24 May	Valenrin and Co.	72(891)
Chapter III . Orange- Olio Jars, Soup and Milk Bowls, Basins.				
1721	N.1-N.51+			73-83
1721	N.52,N.53+		Bassetouche	83
1722	N.54-N.57+	June	Rasehke estate	83-84

丝路瓷缘——弗里德里希·奥古斯特一世与清代中国外销瓷

YEAR	INVENTORY. No.	MONTH ACQUTRED	SUPPLIER	PAGE NCMBERS
1723	N.58+	July	Joel Elias Seckell	84-85
1723	N.59-N.63+	June	Bassetouche	85
1723	N.64+	August	Mr. Le Plat	85
1723	N.65+	July	Count Hemming	86
1727	N.66, N.67+	24 May	Landsberger and Kell	86
Chapter Ⅳ. Table Services and Accessories.				
1721	N.1-N.12+			87-88
1721	N.1-N.114+			88-101
1721	N.115-N.147+		Bassetouche	101-105
1723	N.148-N.186+	July	Count Hemming	105-110
1723	N.187-N.201+	July		110&763-764
1723	N.202-N.232+	July	Bassetouche	764-767
1723	N.233+	July	Count Hemming	767-768
1725	N.234-N.237+	May	Landsberger and Kell	768(897)
Chapter Ⅴ. All Kinds of Tea, Coffee and Chocolate Porcelain Accessorin				
1721	N.1-N.67+			111-120

附录一 奥古斯特一世收藏清单英文总目（1721—1727 年）

YEAR	INVENTORY. No.	MONTH ACQUTRED	SUPPLIER	PAGE NCMBERS
1721	N.68-N.73+		Bassetouche	120-121
1722	N.74-N.78+	June	Rasehke estate	121-122
1723	N.79-N.87+	July	Count Hemming	
1723	N.88-N.99+	July	Bassetouche	

1721 Dresden Inventory.
Headings and Dated Later Entries 1721-1727

YEAR	INVENTORY. No.	MONTH ACQUTRED	SUPPLIER	PAGE NCMBERS
		Chapter VI Chocolate		
1721	N.1+N.85+			123-141
1721	N.86+		Bassetouche	141-
1722	N.87- N.94+	June	Rasehke estate	751-752
1722	N.95+	June	Bassetouche	752
1723	N.96- N.110+	June	Count Hemming	752-54
1723	N.111+	June	Bassetouche	754-755
		KRACK PORCELAIN. SYMABOL □		
	Chapter Ⅰ . Old White Krack Porcelain with Gold and Sdver Mounts			
1721	N.1- N.5 □			143-151
		Chapter Ⅱ .		
1721	N.2. N.26 □			155-160
1721	N.27. N.28 □			759

续表

YEAR	INVENTORY. No.	MONTH ACQUTRED	SUPPLIER	PAGE NCMBERS
1723	N. 29- N. 35 □	June/July	Count Hemming & Bassetouche	759-760
1725	N. 36 □	May	Landsberger and Kell	760
1727	N. 37 □	24 May	Landsberger and Kell	760
Chapter Ⅲ . Olio Jars.				
1721	N. 1- N.21 □			160-165
Chapter Ⅳ . Table Services				
1721	N. 1- N.62 □			167-175
1725	N. 63- N.65 □	May	Landsberger and Kell	175-176
1727	N. 66 □	24 May	Landsberger and Kell	176
Chapter Ⅴ . Tea Things				
1721	N. 1- N.93 □			179-196
1723	N. 94 □	8 March	Princess vou Teschen	197
1723	N. 95- N.106 □	8 March	Count Hemming	197-198
1725	N. 107 □	May	Landsberger and Kell	198
1727	N. 108- N.109 □	24 May	Landsberger and Kell	198
Chapter Ⅵ . Sets of Ornaments, Flowers, and all Kinds of Decorative Porcelain.				

续表

YEAR	INVENTORY. No.	MONTH ACQUTRED	SUPPLIER	PAGE NCMBERS
1721	N. 1- N.14 □			199-203
WHUE CHINESE PORCELANIN. SYMBOL. △				
Chapter I .				
1721	N.1- N.61 △			207-217
1722	N. 62- N.72 △	June	Rasehke estate	218
1722	N. 73 △	June	Bassetouche	769
1722	N.74- N.75 △	June	Princess vou Teschen	769
1723	N. 76- N.80 △	July	Privy Councillor Rechenberg	769-770
1727	N. 81 △	24 April	From Warsaw	770
Chapter II . Bowls, Butter Dishes and Other Containers, Salt cellars, Bottles and Spouns.				
1721	N.1- N.36 △			219-225
1722	N. 37 △	June	Rasehke estate	225
1723	N.38- N.57 △	June	Bassetouche	847-849
1727	N. 58 △	24 May	Landsberger and Kell	849

1721 Dresden Inventory.
Headings and Dated Later Entries 1721-1727

YEAR	INVENTORY. No.	MONTH ACQUTRED	SUPPLIER	PAGE NCMBERS
		Chapter VI Chocolate		
1721	N.1+N.85+			123-141
1721	N.86+		Bassetouche	141-
1722	N.87- N.94+	June	Rasehke estate	751-752
1722	N.95+	June	Bassetouche	752
1723	N.96- N.110+	June	Count Hemming	752-54
1723	N.111+	June	Bassetouche	754-755
		KRACK PORCELAIN. SYMABOL ☐		
		Chapter I . Old White Krack Porcelain with Gold and Sdver Mounts		
1721	N.1- N.5 ☐			143-151
		Chapter II .		
1721	N.2. N.26 ☐			155-160
1721	N.27. N.28 ☐			759

续表

YEAR	INVENTORY. No.	MONTH ACQUTRED	SUPPLIER	PAGE NCMBERS
1723	N. 29- N. 35 □	June/July	Count Hemming & Bassetouche	759-760
1725	N. 36 □	May	Landsberger and Kell	760
1727	N. 37 □	24 May	Landsberger and Kell	760
Chapter III . Olio Jars.				
1721	N. 1 - N.21 □			160-165
Chapter IV . Table Services				
1721	N. 1 - N.62 □			167-175
1725	N. 63- N.65 □	May	Landsberger and Kell	175-176
1727	N. 66 □	24 May	Landsberger and Kell	176
Chapter V . Tea Things				
1721	N. 1 - N.93 □			179-196
1723	N. 94 □	8 March	Princess vou Teschen	197
1723	N. 95- N.106 □	8 March	Count Hemming	197-198
1725	N. 107 □	May	Landsberger and Kell	198
1727	N. 108- N.109 □	24 May	Landsberger and Kell	198

Chapter VI . Sets of Ornaments, Flowers, and all Kinds of Decorative Porcelain.

YEAR	INVENTORY. No.	MONTH ACQUTRED	SUPPLIER	PAGE NCMBERS
1721	N. 1- N.14 □			199-203
		WHITE CHINESE PORCELANIN. SYMBOL. △		
		Chapter Ⅰ .		
1721	N.1- N.61 △			207-217
1722	N. 62- N.72 △	June	Rasehke estate	218
1722	N. 73 △	June	Bassetouche	769
1722	N.74- N.75 △	June	Princess vou Teschen	769
1723	N. 76- N.80 △	July	Privy Councillor Rechenberg	769-770
1727	N. 81 △	24 April	From Warsaw	770
	Chapter Ⅱ . Bowls, Butter Dishes and Other Containers, Salt cellars, Bottles and Spouns.			
1721	N.1- N.36 △			219-225
1722	N. 37 △	June	Rasehke estate	225
1723	N.38- N.57 △	June	Bassetouche	847-849
1727	N. 58 △	24 May	Landsberger and Kell	849

1721 Dresden Inventory.
Headings and Dated Later Entries 1721-1727

YEAR	INVENTORY. No.	MONTH ACQUTRED	SUPPLIER	PAGE NCMBERS
	N.1-N.116 △			226-247
	N.112- N.113 △	June/July	Count Hemming & Bassetouche	247-250
		GREEN CHINESE PORCELAIN SYMABOL □		
		Chapter I .		
1721	N.1- N.114			251-279
1722	N.115	May	Bassetouche	279-280
1722	N.116- N.123	June	Rasehke estate	260 & 782
1722	N.124	June	Bassetouche	782
1723	N.125- N.155	June/July	Count Hemming & Bassetouche	782.817-820
1723	N.156- N.158	October		820-821
1723	N.159- N.160		Privy Councillor Rechenberg	821
1723	N.161		Bassetouche	823

附录一　奥古斯特一世收藏清单英文总目（1721—1727年）

YEAR	INVENTORY. No.	MONTH ACQUTRED	SUPPLIER	PAGE NCMBERS
1725	N.162	March		822
Chapter II .				
1721	N.1- N.72			281-294
1722	N.73- N.78	June	Rasehke estate	294 & 783
1722	N.79	15 January	From the King	783
1723	N.80- N.95	June/July	Count Hemming and Bassetouche	783-786
1723	N.96- N.108	October		786.&851-852
1723	N.109- N.111		Privy Councillor Rechenberg	852-853
1727	N.112- N.115	24 May		853
Chapter III .				
1721	N.1- N.67			295-306
1722	N.68- N.69	June	Rasehke estate	306
1723	N.70	8 March	Privy Councillor von	306
1723	N.71- N.91	June/July	Count Hemming and Bassetouche	306-309
1723	N.92- N.102	October		309-310
1723	N.103	May	Count Hemming	310

丝路瓷缘——弗里德里希·奥古斯特一世与清代中国外销瓷

YEAR	INVENTORY. No.	MONTH ACQUTRED	SUPPLIER	PAGE NCMBERS
1724	N.104- N.113	May		310.& 827-828
1724	N.114	January	From the King	828
1725	N.115- N.116	May		828
1725	N.117	May	Landsberger and Kell	828-829
1725	N.118- N.130	May	Bassetouche	829-830
1725	N.131	July	Privy Councillor Rechenberg	830-832
1727	N.132- N.142	24 May		832-833
1727	N.143- N.149	24 May		
			RED CHINESE PORCELAIN SYMBOL ↑	
		Chapter I .Garaieum		
1721	N.1- N.17			313-317
1722	N.18- N.26	June	Rasehke estate	317& 787
1723	N.27	July	Count Hemming	787
1724	N.28- N.46	July	Bassetouche	788-790
1725	N.46- N.51	May		790

1721 Dresden Inventory.
Headings and Dated Later Entries 1721-1727

YEAR	INVENTORY. No.	MONTH ACQUIRED	SUPPLIER	PAGE NCMBERS
		Chapter II . Bottles Olios Jars and Tobacco Jars		
		RED CHINESE PORCELAIN SYMBOL ↑		
1721	N.1- N.9 ↑	May	Bassetouche	318-320
1722	N.10-N.11 ↑	June	Bassetouche	321
1722	N.12 ↑	June	Minister Count Wackerbath	321
1723	N.13-N.20 ↑	June/July	CountFlemming and Bassetouche	321&863
1723	N.21 ↑	August	Princess von Teschen	863
1727	N.22 ↑	24May	Landsberger and Kell	864
		Chapter II .Table Services ,Tea Things and All kinds of Accessories		
1721	N.1- N.54 ↑			322-333
1722	N.55- N.74 ↑	June	Rasehke estate	333-334 791-792
1722	N.75	15 January	From the Green Vaults	792

附录一 奥古斯特一世收藏清单英文总目（1721—1727年）

续表

YEAR	INVENTORY. No.	MONTH ACQUTRED	SUPPLIER	PAGE NCMBERS
1723	N.76- N.79	June/July	Count Flemming and Bassetouche	792
1723	N.80- N.102 ↑	October	Bassetouche	792-794 &861
1725	N.103- N.105 ↑		Landsberger and Kell	862
1725	N.106 ↑		Privy Councillor Rechenberg	862
1727	N.107- N.108 ↑	24 May	Landsberger and Kell	862
Chapter II BLUE AND WHITE EAST INDIAN PORCELAIN SYMBOL				
1721	N.1- N.205			335-389
1722	N.206- N.208	May	Bassetouche	389-391
1722	N.209-249	June	Raschke estate	391-394 795-797
1722	N.250- N.251	June	Raschke estate	797
1722	N.252- N.253	June	Bassetouche	797-798
1723	N.254	June	From the Castle	798
1723	N.255- N.316		Count Hemming&Bassetouche &Konspruck	798-802 &877-879
1723	N.317-318	March	Princess von Teschen	879

续表

YEAR	INVENTORY. No.	MONTH ACQUTRED	SUPPLIER	PAGE NCMBERS
1723	N.319- N.323		Bassetouche	879-880
1723	N.324	January	Minister Count Vitzthum of Holland	880
1723	N.325	November	Baron Le Plat	880
1723	N.326-N.329	December	Minister Count Vitzthum of Holland	880(909)
Chapter II Tea and Coffee Things and Accessories				
1721	N.1- N.329			395-438
1721	N.329- N.335		Bassetouche	438-439
1722	N.336-N.337	May	Bassetouche	439
1722	N.338- N.369	June	Raschke estate	440-442 803-804
1722	N.370- N.371	June	Bassetouche	804
1723	N.372- N.464		Count Hemming&Bassetouche Konspruck&Eschrin	805-812 881-882
1722	N.465	January	From the Castle	882-883
1722	N.466- N.471	May	Landsberger and Kell	883
1725	N.472	July	Privy Councillor Rechenberg	883-884

续表

YEAR	INVENTORY. No.	MONTH ACQUTRED	SUPPLIER	PAGE NCMBERS
1725	N.473- N.477	July	Mad De Croagh	889(921)
		Chapter III Table Services and all Accessories such as Salt Cellars,Oil&Vingar Cruets, Butter Disher,Candlesticks and Sproons ,Sweetmeat Dishes,Bottles,Jugs and Beakers		
1721	N.1- N.346			443-485
1722	N.347- N.368	June	Raschke estate	485-488
1723	N.369- N.462		Count Hemming&Bassetouche Konspruck&Eschrin	488&865-873
1723	N.463	January	From the Castle	874
1724	N.464- N.473		Minister Count Vitzthum of Holland	874-875

1721 Dresden Inventory.
Headings and Dated Later Entries 1721-1727

附录一 奥古斯特一世收藏清单英文总目（1721—1727 年）

YEAR	INVENTORY. No.	MONTH ACQUTRED	SUPPLIER	PAGE NCMBERS
		Blue and White East Indian Countries		
		RED CHINESE PORCELAIN SYMBOL ↑		
1724	N.474- N.477	May	Wuiwode Chomcrowski	875
1724	N.478-N.479		Bassetouche	875-876
1725	N.480	May	Valentin and Co	876
1725	N.481-N.484	May	Landsberger and Kell	876(933)
		Chapter IV Oranges Jars (For orange Tree)		
1721	N.1-N.28		Landsberger and Kell	489-492
1727	N.29	24May	Landsberger and Kell	492
		WHITE SAXON PORCELAIN ,SYMBOL W		
		Chapter I Saxon Porcelain with nearly painted Sliver or Gold Decoration ;Mainly Chocolate and Coffee cups ,Small Bowls and Cups		
1721	N.1- N.63W			495-511

续表

YEAR	INVENTORY. No.	MONTH ACQUTRED	SUPPLIER	PAGE NCMBERS
1722	N.64- N.65W	June	Count Lagnasco	511-512 512-513
1722	N.66-N.67W	May	From the King	513-514
1723	N.68W	June	From the Royal Porcelain Vaults	514
1723	N.69-N.70W	October	Ditto	514
1725	N.71W	May	Ditto	514
Chapter II Plain White Saxon Garnitures ;Bottles ,Beakers, Figures and Dolls				
1721	N.1- N.92W			514-534
1722	N.93- N.94W	June	From the King	823-824
1722	N.95-N.96W	May	From the Royal Porcelain Vaults	824
1722	N.97-N.98W	May	From the Castle	824-825
1722	N.99W	May	From the Factory	825
1723	N.100-N.102W	26May	From the Factory	825
Chapter III Bowls ,Milk Jugs &Butter Dishes ,Jugs,Salt Cellars,Desk Accessories,Tea & Coffee Things				
1721	N.1-N.70W	March	Raschke estate	535-547
1722	N.71- N.73W			547

续表

YEAR	INVENTORY. No.	MONTH ACQUTRED	SUPPLIER	PAGE NCMBERS
1723	N.74-N.80W	January	From the King	547-548
1723	N.81-N.82W	November	Returned	548
1723	N.83-N.87W	December	Delivered	548-549
1723	N.88-N.91W	December	From the Factory	549
1723	N.92-N.94W	December		550-551
1725	N.9-5N.97W	December		551-552
		BROWN SAXON PORCELAIN ,SYMBOL R		
1721	N.1- N.87 R			555-556
1722	N.88 R	June	Raschke estate	567
		Terra Sigillata　Brunished Red Wares		
1721	N.1-N.96	May		573-587
1722	N.97- N.100	June	Count Hemming&Bassetouche Konspruck&Eschrin	587-588
1723	N.101- N.118	June		588-590
		Burnished White Wares		
1722	N.1-N.15			591-592
1722	N.16- N.17	May	Landsberger and Kell	592

续表

YEAR	INVENTORY. No.	MONTH ACQUTRED	SUPPLIER	PAGE NCMBERS
		BLACK INDIAN AND BLACK LACQUERED RED SAXON PORCELAIN , SYMBOL P		
1721	N.1- N.40 P	June	Raschke estate	595-602
1722	N.41- N.42 P	June	Raschke estate	602

附录 2　德累斯顿茨温格尔宫奥古斯特 一世收藏清单 第三章　中国瓷器（白瓷）

S. 207

N°. 3
Weiß Chinesisch Porcelain.

(NB. Dieses Porcelain ist durchgehends mit
dem Signo Δ. bezeichnet worden.)

Cap: I.
An Auffsäzen, Figuren und allerhand Docken.

N°. 1.	14. Stk. Oval und erhaben geblümbte lange bouteillen mit kurzen offenen Hälßen 12. Z. hoch. 4¼. Z. indiam. 3. Stk. davon sind etwas schaadhafft.
N°. 2.	Eine bouteille mit einem runden Bauche, worauff erhabene Blumen, und langen Halße. 10¾. Z. hoch. und 5. Z. indiam.
N°. 3.	Ein BlumenTopff in Form einer Bouteille mit 2. Henckeln, in Form zweyer Fische. 8½ Z. hoch. und 4. Z. indiam.
N°. 4.	2. Stk. auff Viereckigt länglichten Postamenten sizende Löwen, einer davon hat ein junges Zwischen den Tazen stehen. 14. Z. hoch. 5¼. Z. lang.
N°. 5.	Ein stück dergl. davon die
S. 208	Farbe abgesprungen. 12. Z. hoch. 4½. Z. lang.
N°. 6.	4. Stk. dergl. weiße noch kleinere Löwen. 8. Z. hoch. 3½. Z. lang.
N°. 7.	6. Stk. dergl. noch etwas kleinere. 5¼. Z. hoch. und 2¼. Z. lang.
N°. 8.	6. Stk. dergleichen. 5. Z. h. 2. Z. lang.

297

N°. 9.   2. Stk. auff länglicht eckigten Postamentern sizende geschup-
pte Thüre mit spizigen Hörnern und breiten BieberSchwänzen.
5½. Z. hoch. 2½. Z. lang.

N°. 10.   2. auff Pferdten sizende Männer, mit breiten Hüthen 1. stk.
davon ist schadhafft. 13. Z. hoch. 7½. Z. lang.

N°. 11.   Eine Docke so auff einem einem [!] Thiere, welches einiger-
maßen einem Elephanten gleichet, reutet. Der Huth fehlet an
diesem Manne. 11. Z. hoch. 8. Z. lang.

S. 209   N°. 12.   2. Stk. auff dergl. Frazen so auff Postamenten stehen, sizende
WeibsPersohnen mit Fontangen. 9¾. Z. hoch. 4½. Z. lang.

N°. 13.   2. Stk. auff Indianischen Pferden, so auff länglichten Posta-
menten stehen, sizende Männer in langen Röcken. 8. Z. hoch.
und 5. Z. weit.

N°. 1.4   2. Stk. Ochßen mit Verguldten Hörnern und schwartzen
Klauen. 4. Z. hoch 5½. Z. lang.

N°. 15.   18. Stk. auff Postamenten sizende Hunde mit HalßBändern.
6½. Z. hoch. 4½. Z. lang.

N°. 16.   Eine Ganß so am Halße abgenommen, und zu einem TrinckGe-
schirr gebrauchet werden kan. 9. Z. hoch. 6½. Z. lang.

N°. 17.   Eine auff einem Berg sizende Docke, so in der Hand ein In-
strument hält,

S. 210   zu beyden Seiten mit 2. Kindern, an denen die Hände mangeln. 18¾. Z.
hoch. 6. Z. weit.

N°. 18.   2. Stk. stehende Docken, so auff der Schooß ein Nackend Kind
haben. 15¼. Z. hoch. und 4. Z. breit.

N°. 19.   3. Stk. dergleichen Docken so den rechten Arm auff den Kopff
legen, zu den Füßen stehet ein Hündgen 14¼. Z. hoch. und
3½. Z. breit.

N°. 20.   Eine auff einem Hügel sizende Docke, dabey eine andere ges-
tanden, davon aber nichts mehrers als ein stück Vom Rock zu
sehen ist. 15. Z. hoch. und 6. Z. breit.

N°. 21.   Eine Docke so in der rechten Handt ein Kefigt hält worinnen
ein Vogel sizet. 15½. Z. hoch. und 4. Z. breit.

S. 211   N°. 22.   2. Stk. sizende WeibsPersohnen mit Fontangen, so in den
Armen ein nackend Kind halten, und zu beyden seiten ein
Kind stehen haben. 10½. Z. hoch. 4¾. Z. breit.

N°. 23.　2. kleinere stehende Bagoden mit langen Ohren. 9 Z. hoch. 4. Z. breit.

N°. 24.　2. Stk. auff Hügeln sizende Pagoden, mit langen Bärten. zur Seite stehet ein Kind. 7¼. Z. hoch. und 5. Z. breit.

N°. 25.　6. Stk. eckigte auff kleinen Hügeln stehende WeibsPersohnen mit schwarzen Haaren. 9. und 9½. Z. hoch. 3. Z. breit.

N°. 26.　2. Stk. auff Postamenten stehende Männer, so den rechten Arm auff den Kopff legen. 9. Z. hoch. 2½. Z. breit.

N°. 27.　6. Stk. sizende Frauenzimmer

S. 212　mit Fontangen. 8½. Z. hoch. 3½. Z. breit.

N°. 28.　Ein stück dergl. welcher die Lincke Handt fehlet. 8. Z. hoch. 3. Z. breit.

N°. 29.　Eine in einem Berge sizende WeibsPersohn mit einer Fontange. 8. Z. hoch. und 7. Z. weit.

N°. 30.　3. Stk. Oval runde Postamente auff deren jeder ein Mann, welcher den Huth auff hat, mit einer Frau an einem Tisch, auff welchem eine Schüßel stehet, sizet, und Theé Tassen in den Händen halten; Zu des Mannes Seiten stehet ein Junge, so einen Huth auff hat, und ein Hund, zu der Frau Seite aber stehet ein Mädgen so eine Schaale hält unten ist ein kleiner Affe und ein Geschirr, worinnen eine Blume, an dem einen Mann fehlet der Kopff und auff einem Posta-

S. 213　mente der Affe. 6½. Z. hoch. und 7. Z. breit.

N°. 31.　3. Stk. auff kleinen Hügeln sizende Männer, so auff Instrumenten spielen, zur seite stehet ein Kleiner Indianer mit einer Tobacks Pfeiffe; beyde haben Hüthe auff. 6½. Z. hoch. 4. Z. breit.

N°. 32.　3. Stk. Hügel, an welchen 3. Männer knien und auff Instrumenten spielen. 5. Z. hoch. und 4. Z. breit.

N°. 33.　4. Stk. sizende Pagoden davon 2. stk. etwas rundes in der Hand halten, bey den andern 2. stk. aber stehet ein Becher. 3½. und 4. Z. hoch. und 2½. Z. biß 3. Z. breit.

N°. 34.　9. Stk. auff Postamenten stehende gesattelte und gezäumbte Pferdgen 3½. Z. lang und hoch.

N°. 35.　21. Stk. auff Drachen rei-

S. 214	tende Männer mit Hüthen und Pfeiffgen, so aber meistens entzwey sind. 3½. Z. hoch. und 3. Z. lang.
N°. 36.	7. Stk. auff Ochßen reitende Männergen mit Pfeiffgen, so meist zerbrochen sind. 3½. Z. hoch. und lang.
N°. 37.	3. Stk. auff Postamenten stehende Papogeyen 5. Z. hoch und 2. Z. breit.
N°. 38.	10. Stk. Docken auff Postamenten, an deren 4. Stk. die Köpffe fehlen, die übrigen sind meistens schaadhafft. 5. Z. hoch. 1½. Z. breit.
N°. 39.	5. Stk. reitende Docken, 3. auff Löwen und 2. auff Pferdten. 3¾. Z. hoch. und 2¼. Z. lang.
N°. 40.	12. Stk. Postamentgen, auff deren jeden 2. Docken, davon eine einen
S. 215	SonnenSchirm hält, stehen, zur Seite ist ein Vogel, davon einer gar [?], und an 3. stk. die Köpffe fehlen. item einer Docke fehlet der Kopff. 1. Z. hoch. 2½. Z. weit.
N°. 41.	2. nackende sich embrassierende Docken. 5½. Z. hoch. 2¾. Z. weit.
N°. 42.	Ein paar an einem Schirm sich caressierende Docken, welchen ein alter Mann an der Seite zusiehet. 4½. Z. hoch und 3½. Z. breit.
N°. 43.	Ein auff einem Postamente sizendes Männgen mit einem Vogel. 3. Z. hoch. u. 2. Z. breit.
N°. 44.	Ein paar sich umarmende Docken 3. Z. hoch. 1½. Z. breit.
N°. 45.	Eine Docke auff einen kleinen Hügel. 5. Z. hoch. und 1. Z. breit.
N°. 46.	3. Männergen mit Hüthen
S. 216	und Pfeiffgen, so meistens zerbrochen. 3½. Z. hoch. und 1. Z. breit.
N°. 47.	5. Stk. auff Drachen reutende Männergen mit Pfeiffgen, so meist Zerbrochen. 2. Z. hoch. und 2. Z. lang.
N°. 48.	11. Stk. auff Postamenten stehende kleine Löwen, davon 1. stk. schaadhafft. 2. Z. hoch. 2¾. Z. lang.
N°. 49.	14. Stk. auff Postamenten sizende Docken. 2½. Z. hoch. und 2. Z. weit.

N°. 50.	5. Stk. auff Postamenten sizende kleine Frazen mit auffgesperrten Rachen. 2¾. Z. hoch. und 1¾. Z. l.
N°. 51.	6. Stk. sechseckigte Postamentgen, auff deren jeden 2. Canningen sizen.
N°. 52.	7. Stk. geschuppte Frazen so auff dem Rücken ein Loch haben. 1½. Z. hoch. 2¼. Z. lang.

S. 217

N°. 53.	15. Stk. auff Postamenten sizende, und an Pfeiffgen welche meistens zerbrochen, angelehnte Äffgen 1½. Z. hoch. und 1 [?]
N°. 54.	155. Stk. sizende Löwen, so auff dem Rücken Löcher haben. 7. stk. davon sind schaadhafft. 2. Z. hoch. und 1¾. Z. lang.
N°. 55.	15. Stk. auff Postamenten sizende Kazen. 2. Z. hoch. und breit.
N°. 56.	Eine auff einem Hügel stehende Indianische WeibsPersohn mit einer Fontange, und hat die Hände übereinander gelegt. 18½ Z. hoch und 4½ Z. breit.
N°. 57.	Ein auff einem Hügel stehender Indianischer BettelMönch, so an der Seite eine Flasche hat. 10 Z. hoch und 3½ Z. indiam.
N°. 58.	6. Berge in deren ieden 21 Indianische kleine Docken sitzen darinen aber unterschiedl. stehen 9. Z. hoch. und 7½. Z. breit
N°. 59.	Ein auf einer Schale liegender SeeKrebß, an welchen ein Bein fehlet. 2½ Z. hoch. 8. Z. lang und 6. Z. breit.
N°. 60.	2 auf Hügeln sitzende Papegoyen. 10 Z. hoch. 3½ Z. breit.
N°. 61.	4 stehende Elephanten 5. Z. hoch. 7¾ Z. lang.

S. 218

Anno 1722 im Junio haben Ihro Königl. Mayt. aus des Kriegsrath Raschkens Verlaßenschafft bekomen u. in das Palais gegeben wie folgt:

N. 62.	2 stk. auff kleinen Hügeln stehende Papegoye. 5 Z. hoch.
N. 63.	2 Postamentgen auff deren ieden 2 Docken mit einem Vogel stehen. 4 Z. hoch.
N. 64.	2 stk. auff kleinen Hügeln stehende Männer, so einen Strick in der Hand halten. 4 Z. hoch.
N. 65.	2 stk. auf Löwen reitende Kinder. 3¾ Z. hoch.
N. 66.	4 stk. postamentgen, auff deren ieden eine WeibsPerson sitzet. 2¼ Z. hoch.

N. 67.	2 stk. postamentgen auff deren iedem 2 Canningen sitzen. 1½ Z. hoch.
N. 68.	2 stk. kleine sitzende Löwen. 2. Z. hoch.
N. 69.	2 stk. ovale Wannen, in deren ieden ein nackigt Männgen sitzet. 1 Z. hoch u. 4 Z. lang.
N. 70.	2 stk. Schildkröten. 3 Z. lang.
N. 71.	Eine Erdbeere, davon der Henckel abgebrochen. 3 Z. lang.
N. 72.	Ein Schälgen in Form eines blatts, so mit einem blauen Blättgen belegt ist. 2½ Z. lang. Vid. pag. 769.

S. 219

Cap. II.dum

An Schaalen, Butter und andern Büchßen, SalzFäßgen, Bouteillen und Löffeln.

N°. 1.	2. Stk. runde Schaalen mit Vertiefften Blumen. 2¾. Z. hoch. 15. Z. indiam.
N°. 2.	3. Stk. Schaalen mit erhabenen Blättern und Blättrigten Rande. 2. Z. hoch. und 9. Z. indiam.
N°. 3.	4. Stk. runde Assietten mit erhabenen gerippten Rande, worinnen erhabene Schilder und Blumen. 1. stk. davon ist schadhafft. 1¼. Z. hoch. und 9. Z. indiam.
N°. 4.	Ein eckigt am Rand gemuschelter SpielNapff. 4. Z. h. und 10½. Z. indiam.
N°. 5.	Ein runde ButterBüchße mit erhabenen Blumen und dergl. Deckel, worauff ein blatter runder Knopff. 5½. Z. hoch. und 6½. Z. indiam.
S. 220 N°. 6.	Ein Stück dergleichen, an deßen Deckel der Knopff angeküttet ist. 5. Z. hoch. 6½. Z. indiam.
N°. 7.	Ein stück dergleichen auff deßen Deckel eine Blume statt des Knopffs ist. 5. Z. hoch. 6. Z. indiam.
N°. 8.	2. Stk. runde ButterBüchßen, mit Deckeln, so mit Blumen beleget sind, und differente Knöpffe darauff haben. 4¾. Z. hoch. und 6. Z. indiam.
N°. 9.	Eine runde ButterBüchße so mit Blumen belegt ist, und dergl. Deckel hat, worauff eine Blume statt des Knopffs. 4½. Z. hoch. 5½. Z. indiam.

| | N°. 10. | Eine dergl. etwas kleinere 3½. Z. hoch. 4¾. Z. indiam. |

N°. 10.　Eine dergl. etwas kleinere 3½. Z. hoch. 4¾. Z. indiam.

N°. 11.　Eine runde ButterBüchße mit einem Deckel, welcher mit Blumen belegt ist, und einen blatten runden Knopff hat. 3½. Z. hoch. 4. Z. indiam.

S. 221　N°. 12.　2. Stk. blatte gerippte Büchßen mit Deckeln und erhabenen Blumen. 2½. Z. hoch. und 5. Z. indiam.

N°. 13.　1. Stk. dergl. etwas kleiner. 2. Z. hoch. 4. Z. indiam.

N°. 14.　2. Stk. runde blatte Zucker Büchßen, mit erhabenen Blumen und Deckeln. 2. Z. hoch. 3¼. Z. indiam.

N°. 15.　2. Stk. dergleichen. 1½. Z. hoch. 2½. Z. indiam.

N°. 16.　3. Stk. PomadeBüchßen, mit Deckeln, worauff erhabene Blumen, und an der einen der Deckel zerbrochen.

N°. 17.　Ein Stk. dergl. runde mit einem Deckel, worauff erhabene Blumen. 1½. Z. hoch. 2¾. Z. indiam.

N°. 18.　Ein Stk. dergl. mit erhabenen Blumen, etwas gerippt, und einem dergl. Deckel. 1½. Z. hoch. 2½. Z. indiam.

N°. 19.　Ein Stk. dergl. runde auf

S. 222　den Deckel mit erhabenen Blümgen. 1½. Z. hoch. 2. Z. indiam.

N°. 20.　4. Stk. oval runde SaltzBüchßen, innwendig mit einem unterschiedt zu Pfeffer und Salz, mit erhabenen Blumen und dergl. Deckeln. 2. Z. hoch. 4¼. Z. lang.

N°. 21.　1. Stk. dergl. etwas kleiner. 1½. Z. hoch. 3½. Z. lang.

N°. 22.　Eine dergl. Büchße in Form eines Blats, mit einem dergl. Deckel, innwendig mit einer unterschiedt. 1¼. Z. hoch. 3½. Z. lang.

N°. 23.　Ein Viereckigt Salzfäßgen mit erhabenen Schildern und 4. Füßgen. 1¾. Z. hoch. 3. Z. indiam.

N°. 24.　3. Stk. runde Schaalen mit 2. kleinen Griffen und 3. hohen Füßgen, in Form eines Tigels. 3. Z. hoch. und 3½. Z. indiam.

S. 223　N°. 25.　2. runde Schälgen, so erhabene Blumen haben, mit runden Füßgen. 3. Z. hoch und weit.

N°. 26.　1. Stk. dergl. etwas kleinere innwendig mit erhabenen Blumen. 2½. Z. hoch. und indiam.

	N°. 27.	Ein klein gedrucktes Schälgen auff 3. Füßgen mit einem Henckel und hat Schildergen mit erhabenen Figuren. 2¾. Z. hoch. und 3¾. Z. lang.
	N°. 28.	4. Stk. Bouteillen mit runden Bäuchen und länglichten Hälßen, erhabenen Blumen und einen runden blatten Deckel, worauff ein Knöpffgen, an 2. Stk. davon sind die erhabenen Blumen Vergoldt, und 1. Deckel ist different, 6½. Z. hoch. 4. Z. in-diam.
	N°. 29.	2. Stk. dergl. etwas klei-
S. 224		nere. 6. Z. hoch und 3½. Z. indiam.
	N°. 30.	2. Stk. dergl. noch etwas kleinere Bouteillen ohne Deckel. 5. Z. hoch. 2¾. Z. indiam.
	N°. 31.	Eine kleine Bouteille mit einem gedruckten runden Bauche und langen Halße, umb welche sich eine Eydexe windet. 4½. Z. hoch. und 3. Z. indiam.
	N°. 32.	11. Stk. ganz kleine dergl. Bouteillen, davon 7. Stk. erhabene Blümgen haben, die übrigen aber schlecht und glatt sind. 3. Z. hoch. und 1½. Z. indiam.
	N°. 33.	2. Stk. kleine Krügelchen mit runden Bauche, einem weiten Halße und Henckel. 4. Z. hoch. 3¼. Z. indiam.
	N°. 34.	Eine runde gemuschelte Schaale. 1. Z. hoch. 6. Z. indiam.
S. 225	N°. 35.	5. Vorne spizige Löffel. 5½. Z. lang.
	N°. 36.	5. Stk. d°. runde. 4½. Z. lang.

Anno 1722 im Jun: haben Ihro Königl. Mayt. aus des Kriegs-srath Raschkens Verlaßenschafft bekomen u. in das Palais gegeben, wie folgt:

N°. 37. 2 stk. Butter-Dosen mit Deckeln in Form einer Schaalen; in ieder werden noch dergl. 4. stk. imer kleiner u. kleiner gesezet u. ist die
1)7¾ Z. hoch u. 6½ Z. in diam.
2)6 Z. — 5¼ Z. —
3)4½ Z.— 4½ Z. —
4)3¾ Z.— 3½ Z. —
5)2¼ Z.— 2½ Z. —
gehören also Zu dieser No: 10 stk.
Anno 1723 Mense Juny haben Ihro Königl. Mayt. von der Mlle Bassetouche erkauffet:

38.10. Stk. runde Schaalen mit braunen Randen, innwendig mit einem Rande a la Mosaique gemahlet. 3 Z. tieff u. 19½ Z. in diam.

39.20. Stk. dergl. 2¾ Z. tieff. 17½ Z. in diam.

40.7. Stk. runde dergl. Schüßeln. 2½ Z. tieff 19½ Z. in diam. Vid: pag. 847.

S. 226

Cap. III.
An Thee-Zeug und Zugehörigen,
als TheéPotgen, Milchkannen, SpielNäpffe, CafféSchaalen.

N°. 1.   Eine 6. eckigte Theé Kanne, mit Schildern, so mit erhabenen Figuren belegt sind, einem Handgriff, Schnäuzgen und blatten 6.eckigten Deckel, worauff statt des Knopffs, nebst einem kleinen Griff, ein kleiner Löwe lieget. 8½. Z. hoch und 7. Z. indiam.

N°. 2.   3. Stk. länglicht runde Theé Kannen mit Henckeln und Schnauzen, in Form einer Eydexe, und runden ganz blatten Deckeln, worauff kleine Frazen liegen. 1. Stk. davon hat ein Vergoldtes Kettgen. 2. stk. sind 5½. Z. und 1. stk. so etwas schaadhafft. 6. Z. hoch. und 3½. Z. und 4. Z. indiam.

S. 227   N°. 3.   Ein 6.eckigt etwas schadhafftes ZiehPotgen mit Schildern, so mit erhabenen Figuren belegt sind, 3. Füßgen, einem Schnäuzgen, und 6. eckigten blatten Deckel, worauff ein rund Knöpffgen. 5½. Z. h. 3½. Z. indiam.

N°. 4.   Ein Stück dergl. 5. Z. hoch. und 3½. Z. indiam.

N°. 5.   Ein rundes ZiehPotgen mit belegten und sauber gearbeiteten Blättern, dergleichen Deckel, einem Schnäuzgen, Henckel und 6.eckigten Füßgen. 5. Z. hoch. 4¼. Z. indiam.

N°. 6.   Ein Stk. dergl. mit einem Meßingen Kettgen. 4. Z. h. 3½. Z. indiam.

N°. 7.   Ein Stk. dergl. an welchen die auffgelegten Blätter und Zweige vergoldet sind, ohne Kettgen. 3½. Z. hoch. und 3½. Z. indiam.

S. 228   N°. 8.   Ein Stk. dergleichen so etwas schaadhafft ist. 3½. Z. hoch. 3. Z. indiam.

N°. 9.   Ein mit Meßing beschlagenes ZiehPotgen, mit einem 7.eckigten Füßgen. 3½. Z. hoch. und 3½. Z. indiam.

N°. 10.   Ein rundes glattes mit Sielber etwas beschlagenes Zieh-Potgen, mit einem Henckel, Schnäuzgen und blatten runden Deckel, worauf statt des Knöpffgens ein Fuchs lieget. 4¾. Z. hoch. 4½. Z. indiam.

N°. 11.   Ein rundes Zieh-Potgen mit belegten Blümgen, einem runden Deckel, Schnauzgen und Henckel. 4. Z. hoch. und indiam.

N°. 12.   Ein Stk. dergleichen mit einem dergl. blatten Deckel, worauff ein Rößgen statt des Knöpffgens gelegt ist. 4½. Z. hoch. und 3½. Z. indiam.

S. 229   N°. 13.   2. Stk. länglicht runde TheéPotgen, mit Schnäuzgen, Henckeln, und blatten Deckeln, worauff runde Knöpffgen, 4½. Z. hoch. und 3½. Z. indiam.

N°. 14.   Ein rundes Zieh-Potgen mit dergl. blatten Deckel, worauff ein kleiner Löwe statt des Knopffs lieget. 4½. Z. hoch. 4. Z. indiam.

N°. 15.   Ein rundes 5.mahl getheiltes ZiehPotgen mit dergl. Deckel, einem Schnäuzgen und Henckel. 3¼. Z. hoch. 3½. Z. indiam.

N°. 16.   5. Stk. runde etwas gedruckte ZiehPotgen mit erhabenen Blumen, Henckeln, Schnauzen und Deckeln, worauff runde Knöpffgen. 3¼. Z. hoch. und indiam.

N°. 17.   Ein Stk. dergl. 3. Z. hoch. und indiam.

S. 230   N°. 18.   Ein rund länglicht Zieh-Potgen mit erhabenen Blumen, einem Schnäuzgen, Henckel und runden blatten Deckel, worauff ein liegender kleiner Löwe. 5. Z. hoch. 3¾. Z. indiam.

N°. 19.   Ein rundgedrucktes ZiehPotgen mit erhabenen Blättern, einem Schnäuzgen, Henckel, Blatten Deckel, worauff ein klein Knöpffgen und einem sechseckigten Füßgen. 3½. Z. hoch. und 3¾. Z. indiam.

N°. 20.   3. Stk. Oval runde glatte Theé Potgen, mit Henckel, Schnäuzgen und blatten Deckeln, worauff runde Knöpffgen. 4¼. Z. hoch. und 3. Z. indiam.

N°. 21.   4. Stk. ineinander gedruckte runde ZiehPotgen mit erhabenen Laub, Schnauz-

S. 231   gen, Henckeln und Deckeln, mit Knöpffgen. 3¼. Z. hoch. und 1. Z. dick.

N°. 22.　2. Stk. runde ZiehPotgen, mit Schnauzgen, die Deckel können davon nicht abgenomen werden, sondern es lieget auff ieden ein Löwe und dienen Zu Auffsäzen. 3. Z. hoch. 2¼. Z. indiam.

N°. 23.　2. Stk. Milchkännigen mit erhabenen Blümgen runden Bäuchen und länglichten Hälßen, Schnäuzgen, Henckel und blatten runden Deckeln, auff deren jeden ein Rößgen lieget. 6. Z. hoch. 4. Z. indiam.

N°. 24.　3. Stk. dergl. so aber am Mundloch überschlagen sind, die Deckel haben differente Knöpffgen. 5½. Z. hoch. 3¼. Z. indiam. und 1. Z. dick.

S. 232　N°. 25.　1. Stk. Dergl. ohne Deckel. 5¼. Z. hoch. und 3¼. Z. indiam.

N°. 26.　4. Stk. dergl. mit blatten Deckeln, so auffgeküttet sind. 5¼. Z. hoch. 3. Z. indiam.

N°. 27.　1. Stk. dergl. mit einem vergoldten Kettgen. 4½. Z. hoch. 2¾. Z. indiam.

N°. 28.　2. Stk. dergl. ohne Deckel oben am Mundloch mit überschlagenen Rande. 4. Z. hoch. 2½. Z. indiam.

N°. 29.　Ein rundpaßigtes ZiehPotgen mit erhabenen Blumen, einem Henckel, langen Schnauzigen und Deckeln mit einem spizigen Knöpffgen. 5. Z. hoch. 2½. Z. indiam.

N°. 30.　12. Stk. sechseckigt paßigte Zieh-Potgen mit Schildern worinnen etlich erhabene Blümgen, Henckeln, länglichten Schnauzgen und blatten Deckeln. 4½. Z.

S. 233　hoch. 2½. Z. indiam. 1. stk. davon ist schaadhafft.

N°. 31.　Ein stk. dergleichen woran der Deckel fehlet.

N°. 32.　Ein rund am Rand gerippter SpielNapff, inn und auswendig mit erhabenen Blumen. 3¼. Z. tieff. 5½. Z. indiam.

N°. 33.　Ein runder glatter etwas schadhaffter SpielNapff 3. Z. tieff. 6¼. Z. indiam.

N°. 34.　Ein etwas gerippter und am Rand überschlagener SpielNapff. 3¼. Z. tieff. 5¼. Z. indiam.

N°. 35.　Ein runder am Rand etwas überschlagener SpielNapff. 2¼. Z. tieff. 5. Z. indiam.

N°. 36.　3. Stk. dergleichen auswendig mit eingedruckten Blumen. 2¼. Z. tieff. und 4½. Z. indiam.

| S. 234 | N°. 37. | 2. Stk. am Rand durchbrochene runde Schaalen 2. Z. tieff. 6¼. Z. indiam. |

S. 234 N°. 37. 2. Stk. am Rand durchbrochene runde Schaalen 2. Z. tieff. 6¼. Z. indiam.

N°. 38. 3. Stk. runde Näpffgen mit überschlagenen und gerippten Randen und eingedruckten Blumen 2. Z. tieff. und 6. Z. indiam.

N°. 39. Ein rund ZuckerTellergen mit doppelt überschlagenen und gerippten Rande. 1¼. Z. tieff. 6½. Z. indiam.

N°. 40. 3. Stk. runde am Randt gerippte und Verguldte CafféSchaalen, innwendig mit erhabenen Schildern und Blumen, so hin und wider Vergoldt und gemahlet sind. 1½. Z. tieff. 6. Z. indiam.

N°. 41. 3. Stk. dergl. rund 6.eckigte Schaalen, mit Verguldten Randen, innwendig mit erhabenen Blumen und

S. 235 etwas Vergoldt. 1¾. Z. tieff. und 6. Z. indiam.

N°. 42. 3. Stk. dergl. so ganz schlecht sind.

N°. 43. 6. Oval runde CafféTassen, so auff durchbrochenen Füßgen, in Form eines Astes stehen, welcher nebst den belegten Blumen, auff der Tasse auch am Randt Verguldtet ist. 1. stk. davon ist schaadhafft. 2½. Z. tieff. 3¾. Z. lang.

N°. 44. 28. Stk. dergl. CafféTassen, davon nichts vergoldet ist. 2¼. Z. tieff. 3¾. Z. lang.

N°. 45. 2. Stk. dergl. so am Rande etwas gerippt sind. 2¾. Z. tieff. und 4¼. Z. lang.

N°. 46. 3. Stk. Oval runde am Rande etwas gemuschelte und unten schmaal zugehende Tassen, so mit

S. 236 erhabenen Blumenwerck und Figuren beleget sind. 3. Z. tieff. 5½. Z. lang.

N°. 47. 12. Stk. dergleichen 2½. Z. tieff 4. Z. lang.

N°. 48. 2. Stk. dergleichen. 2¼. Z. tieff. 3¾. Z. lang. (1. stk. hiervon ist d. 4. Jan. 1725 durch die in das Zimmer gekommene Sperlingen, so durch den Rauchfang hinein gekommen zerbrochen worden.)

N°. 49. 6. Stk. dergleichen Tassen mit belegten Blumen. 2½. Z. tieff. und 4¼. Z. lang.

N°. 50. 1. Stk. dergleichen so mit 2. kleinen Blümgen belegt ist. 2½. Z. tieff. und 3¾. Z. lang.

N°. 51.	2. Stk. dergleichen 8.eckigte länglichte Tassen mit belegten Blümgen und jede mit 4. Füßgen. 2½. Z. tieff. 3¾. Z. lang. beyde aber sind schadhafft.
N°. 52.	2. Stk. dergleichen so nicht belegt sind, statt deßen aber stehen Indianische eingebrandte Caracters
S. 237	und Schrifften darauff. 2¼. Z. tieff. 3¾. Z. lang.
N°. 53.	3. Stk. dergleichen achteckigte Tassen, jede mit 4. Füßgen. 2. Stk. davon haben erhabene Blumen. 1. stk. aber ist ganz schlecht. 1¾. Z. tieff. 2¾. Z. lang.
N°. 54.	2. Stk. oval runde Tassen mit erhabenen Blümgen, jede stehet auff 2. Zweigen statt des Füßgen. 2. Z. tieff. 2¾. Z. lang.
N°. 55.	5. Stk. dergleichen. 1½. Z. tieff. 2½. Z. lang.
N°. 56.	2. Stk. runde ChocolateTassen mit belegten Vergoldten Blumen und Randen. 3¼. Z. tieff. und indiam.
N°. 57.	15. Stk. runde ChocolateTassen mit belegten Blumen. 3. Stk. davon sind schadhafft, und unterschiedl. sind von sehr schlechten
S. 238	Verdorbenen Porcelain. 3¼. Z. hoch. und indiam.
N°. 58.	6. Stk. dergl. etwas kleinere. 3. Z. tieff. und indiam.
N°. 59.	3. Stk. achteckigte auswendig durchbrochene ChocolateTassen. 2½. Z. tieff. und 3¼. Z. indiam. 1. stk. davon ist schadhafft.
N°. 60.	5. Stk. achteckigte ChocolateTassen mit etwas erhabenen Blümgen. 2¾. Z. tieff. und indiam.
N°. 61.	1. Stk. dergl. etwas schaadhaffte und aus der Form gegangene ChocolateTasse mit Schildergen, worinnen allerhand erhabene Männergen. 2¾. Z. hoch. und indiam.
N°. 62.	4. Stk. dergl. achteckigte ChocolateTassen, mit einigen belegten Zierathen am Fuß. 3. Z. tieff und indiam.
S. 239	N°. 63.
	8. Stk. dergleichen. 2¾. Z. hoch und indiam.
N°. 64.	1. Stk. dergleichen achteckigte schlechte Chocolate Tasse. 3. Z. tieff. und indiam.
N°. 65.	7. Stk. gerippte Chocolate Tassen von schlechten Porcelain. 3. Z. tieff. und 2¾. Z. indiam.
N°. 66.	2. Stk. dergl. 3¼. Z. und 3. Z. tieff. und 3. Z. indiam.

N°. 67. 1. d°. kleinere Von feinem Porcelain ohngerippt. 2½. Z. tieff. und 3. Z. indiam.

N°. 68. 3. Dzt: runde ChocolateSchaalen. 1. Z. tieff. und 5½. Z. indiam. davon 1. stk. schaadhafft, nebst 2. Dzt. 3. stk. darzugehörigen Tassen. 3. Z. tieff und 3½. Z. indiam. 3. stk. davon sind schaadhafft.

N°. 69. 6. Stk. runde ChocolateTassen. 2¾. Z. tieff. und

S. 240   3¼. Z. indiam. nebst 1. stk. darzugehörigen Schälgen ¾. Z. tieff. 5¼. Z. indiam.

N°. 70. 2. Stk. runde ChocolateTassen, mit eingedruckten Blümgen. 3½. Z. tieff und indiam.

N°. 71. 3. Stk. dergl. ohne Blumen. 3. Z. tieff. und 3¼. Z. indiam.

N°. 72. 6. Stk. dergl. davon 2. stk. eingedruckte Blümgen haben. 3. Z. tieff. und indiam.

N°. 73. 1. Stk. dergl. 2¾. Z. tieff. 3. Z. indiam.

N°. 74. 21. Stk. runde ChocolateTassen mit etwas überschlagenen Rändern. 3. Z. tieff. und 3. Z. indiam. 4. stk. sind schadhafft.

N°. 75. 6. Stk. runde ChocolateBecher, in Form einer kleinen Waßer-Kanne, mit einem Henckel. 2¾. Z. tieff. 2. Z. indiam.

S. 241 N°. 76. 2. Stk. breitgerippt runde ChocolateTassen mit erhabenen Blümgen. 2½. Z. tief. und 3½. Z. indiam.

N°. 77. 4. Stk. Schaalen Von schlechten Porcelain. 1. Z. tieff. 5½. Z. indiam.

N°. 78. Eine runde, sauber durchbrochene CafféTasse mit Schildern, und darinn erhabene Figuren, unten und innwendig ist selbige mit Goldt gefüttert. 2. Z. tieff. 4. Z. indiam.

N°. 79. 6. Stk. durchbrochene und innwendig mit Sielber gefütterte Caffé Tassen so sehr angelauffen. 2. Z. tieff 4. Z. indiam.

N°. 80. 4. Stk. runde außwendig durchbrochene CafféTassen. 2. Z. tieff. 3¼. Z. indiam.

N°. 81. 3. Stk. dergl. 2. Z. tieff. und 3. Z. indiam.

N°. 82. 38. Stk. oval runde und auff 4. Füßgen stehende (2. stk. hiervon sind den 4. Jan: 1725. durch die Zum Camin in das Zimmer gekommene Speerlinge zerbrochen worden).

S. 242	CafféTassen, mit erhabenen Blättern und Blümgen 1. stk. davon ist schadhafft. 2¼. Z. tieff. 3½. Z. lang.
N°. 83.	4. Dzt. 4. stk. runde gemuschelte Schaalen. 1. Z. tieff. 5. Z. indiam.
N°. 84.	2. Dzt. 1. stk. runde TheéSchälgen. 1. Z. tieff 4½. Z. indiam. und so Viel darzugehörige Tassen. 1¾. Z. tieff. und 3. Z. indiam. (1. stk: dieser Schälgen ist d. 4. Jan: 1725. durch die Sperlinge so zum Camin in das Zimmer gekommen zerbrochen worden.)
N°. 85.	6. Stk. runde Theé=Tassen mit etwas überschlagenen Randen. 1¾. Z. tieff. und 3. Z. indiam. nebst 4. dazugehörigen Schälgen. 1. Z. tieff. und 4¾. Z. indiam. (1. stk. von diesen Schälgen den 4. Jan: 1725. zerbrochen worden.)
N°. 86.	6. Stk. tieffe Schaalen, jede innwendig mit einem runden Knöpffgen. 1¾. Z. tieff. und 4¼. Z. indiam. nebst 4. darzugehörigen Tassen, darinnen in jeder ein Pagode stehet und
S. 243	unten ein Loch hat, aus welchen das Waßer lauffen kann. 1¾. Z. tieff. und 3. Z. indiam.
N°. 87.	6. Stk. runde CafféTassen mit überschlagenen braunen Rändern, innwendig aber mit etwas erhabenen Drachen. 2. Z. tieff. 3¾. Z. indiam.
N°. 88.	6. Stk. dergl. ohne braune Ränder, innwendig mit erhabenen Blümgen. 1½. Z. tieff. 3¾. Z. indiam.
N°. 89.	13. Stk. runde gerippte Caffé=Tassen, davon 5. stk. am Rande schaadhafft sind. 2. Z. tieff. 3½. Z. indiam. (1. stk: von denen schadhafften Tassen ist den 4. Jan: 1725. durch die in das Zimmer geflogene Sperlinge zerbrochen worden.)
N°. 90.	2. Stk. runde Tassen mit eingedruckten Randen. 2. Z. tieff. 3¾. Z. indiam.
N°. 91.	Eine runde Tasse mit etwas überschlagenen Rande. 2. Z. tieff. 3¾. Z. indiam.
S. 244 N°. 92.	3. Stk. achteckigte CafféTassen, mit etwas überschlagenen Randen, und auswendigen etwas erhabenen Blumen. 2. Z. tieff. 3¾. Z. indiam. (2. stk: davon sind den 4. Jan: 1725. durch die in das Zimmer geflogene Sperlinge zerbrochen worden.)

N°. 93.	4. Stk. runde Tassen, davon 2. stk. auswendig etwas erhabene Schilder= 2. stk. aber erhabene Blümgen haben. 1. stk. ist sehr schadhafft. 1¾. Z. tieff. 3½. Z. indiam.

N°. 94. 6. Stk. Tassen, mit etwas überschlagenen Randen und einge-druckten Blümgen. 1½. Z. tieff. und 3. Z. indiam. 1. stk. ist sehr schadhafft. (1. stk. hiervon ist wie bey No: 92. Supra zer-brochen.)

N°. 95. 4. Stk. gemuschelte Tassen. 1¾. Z. tieff. 3. Z. indiam.

N°. 96. 4. Stk. runde Tassen. 1¾. Z. tieff. 3. Z. indiam.

N°. 97. 3. Stk. dergl. etwas länglichte mit auch etwas überschlagenen Rändern. 2½. Z. tief. 3¼. Z. indiam.

S. 245 N°. 98. 6. Stk. achtmahl gemuschelte kleine Tassen, mit erhabenen Blumen. 1½. Z. tieff. und 2½. Z. indiam.

N°. 99. 2. Stk. sechsmahl gemuschelte Tassen mit erhabenen Blumen und kleinen Füßgen. 1½. Z. tieff. 2½. Z. indiam.

N°. 100. 1. Runde Tasse. 1½. Z. tief. 3¼. Z. indiam.

N°. 101. 8. Stk. dergl. 1¼. Z. tieff. 2. Z. indiam.

N°. 102. 3. Stk. runde Schälgen 1. Z. tieff. und 4. Z. indiam.

N°. 103. 6. Stk. dergl. so am Rand gerippt sind, mit eingedruckten Blümgen. 1. Z. tieff. 3½. Z. indiam.

N°. 104. 2. Stk. runde Schälgen auswendig mit etwas erhabenen Ziera-then. 1½. Z. tieff. 3. Z. indiam.

N°. 105. 1. rund Schälgen. 1½. Z. tief. 3¼. Z. indiam.

S. 246 N°. 106. 1. Stk. dergl. mit erhabenen Blümgen. 1½. Z. tieff. 3. Z. in-diam.

N°. 107. 1. rund Tägsen mit etwas überschlagenen Rande und auswen-dig erhabenen Zierathen. 1½. Z. tieff. 2½. Z. indiam. (Diese Tasse ist den 4. Jan: 1725. durch die Sperlinge so durch den Camin in das Zimmer geflogen zerbrochen worden.)

N°. 108. Ein achteckigt länglichtes Tägsen mit 4. Füßgen. 1¼. Z. tieff. 1¾. Z. indiam.

N°. 109. Ein achteckigt Schälgen, mit erhabenen Blümgen und einem Henckel. 1½. Z. tieff. 2¾. Z. indiam.

N°. 110. 6. Stk. runde Schälgen mit Henckeln. 1¼. Z. tieff. 2½. Z. in-diam. (2. stk. davon sind wie bey No: 107. zerbrochen.)

| N°. 111. | 7. Stk. Schälgen in Form eines Blatts mit einem Stiel und Blumen, worauff sie stehen. 1. Z. tieff. 2½. Z. indiam. |

N°. 112. 6. Stk. Schälgen in Form ei-

S. 247 nes länglichten Blatts mit einem Stiel und Blättern, worauff sie stehen. ¾. Z. tief. 3¾. Z. lang.

N°. 113. 2. extra feine gemuschelte runde SpielNäpffe. 4¼. Z. tieff. und 11. Z. indiam.

N°. 114. Ein runder am Rande durchbrochener nachmals widerumb mit einer durchsichtigen Glasur zugelauffener SpielNapff, in deßen mitten schwarze Blumen gemahlet sind. 3. Z. tieff. 7½. Z. indiam.

N°. 115. Ein rundes am Rande etwas überschlagenes TheéSchälgen. 1. Z. tieff. 5. Z. indiam.

N°. 116. Ein[e] runde Schaale wie bey N°. 114. 2. Z. tieff. 5. Z. indiam.
Anno 1723 im Monath Juny et July haben Ihro Königl. Mayt. von des Herrn FeldMarschalls Excell: u. der Bassetouche erkauffet:

N°. 117. 2 stk. runde an Rändern

S. 248 durchbrochene nachmals wieder lasierte SpühlNäpffe darin etl. schwartze Blumen gemahlet sind. 3 Z. tieff 7¾ Z. in diam. 1 stk. ist schadhafft.

N: 118. 2 stk. runde geblümte an Rand etwas abgesezte u. gerippte SpühlNäpffe 3 Z. tieff. u. 6 Z. in diam. 1 stk. hat ein klein Ritzgen.

N: 119. 6 stk. runde geblühmte SpühlNäpffe mit überschlagenen a la Mosaique gemahlten u. braunen Randen. 3½ Z. tieff u. 8½ Z. in diam.

N: 120. 2 stk. runde SpühlNäpffe mit braunen Randen, unter der Lasur sind allerhand blaue Blümgen gemahlet. 3¾ Z. tieff 7¾ Z. in diam.

N: 121. 12 stk. runde SpühlNäpffe mit vergoldten Randen. 4 Z. tieff 8 Z. in diam.

N: 122. 10. stk. runde gantz weiße d°. 3¼ Z. tieff u. 7¾ Z. in diam.

N: 123. 12 stk. d°. mit braunen Randen. 3 Z. tieff 6 Z. in diam.

S. 249	124.	12. stk. dergl. nebst a la Mosaique gemahlten Streiffen an Randen. 3¼ Z. tieff u. 6¼ Z. in diam.
	125.	1 runde[s] Thee Potgen mit einem Deckel u. blauen Knöpffgen. 5½ Z. hoch u. 4½ Z. in diam.
	126.	6 stk. dergl. geblümte TheePotgen mit braunrändrigten Deckeln u. weiß Knöpffgen. 5 Z. hoch 4 Z. in diam. 1 stk. ist schadhafft.
	127.	6 stk. dergl. HenckelDosen. 4½ Z. hoch 3 Z. in diam.
	128.	1 ovales Milchkrügelgen mit einem Deckel u. blauen Knöpffgen 6 Z. hoch 4 Z. in diam.
	129.	6 stk.* (* erhaben geblümte) Thee Büchßen mit runden blatten Deckeln, davon 1 stk. schadhafft. 4¾ Z. hoch 4. Z. breit.
	130.	1 stk. glatte Thee Büchße mit runden blatten Deckel. 5¼ Z. hoch 4. Z. breit.
	131.	6. stk. geblümte ovale MilchKänngen mit runden dergl. Deckeln u. weißen Knöpffgen 4¼. Z. hoch u. 2½ Z. in diam.
S. 250	132.	6 Dzt. geblühmte Tassen mit braunen Randen 3 stk. sind davon ausgebrochen. 1¾ Z. tieff u. 3. Z. in diam. u. 5 Dzt. 11 stk. Zugehörige dergl. Schälgen. 1 Z. tieff 4¾ Z. in diam.
	133.	6 stk. runde Caffé ⟨ Schaalen ⟩ Tassen. 1¾ Z. tieff 3 Z. in diam. u. 6 stk. zugehörige Schaalen, deren 1 stk. ausgebrochen. ¾ Z. tieff 5. Z. in diam.

Weiß Chinesisch.

Cap. I.
Anno 1722 im Junio haben Ihro königl. Mayt. von der Bassetouche erkauffet u. herausgegeben:

N. 73.	3 stk. auff Postamenten sitzende Löwen. 5. Z. hoch. Eodem Anno et Mense haben Ihro Königl. Mayt. von der Fürstin von Teschen bekomen und in das Palais gegeben:
N. 74.	2. stk. auff Hügeln sitzende FrauenZimmer mit Lauten Zu deren Seiten 2 Kinder mit andren Instrumenten stehen; diese Docken haben vergoldte Zierathen. 10. Z. hoch.

	N. 75.	6 stk. dergl. deren iede ein Kind auff den Armen u. 2 Kinder Zu beyden Seiten stehen hat. 1 stk. ist schadhafft. 16. Z. hoch. Anno 1723 Mense July haben Ihro Königl. Mayt. von dem Herrn Geh. Rath Rechenberg erkauffet:
	N: 76.	3 stk. Auffsatz Döpffgen von Schlangen Porcelain mit Deckeln u. Beschläge von Augsp. Silber. 6½ Z. hoch u. 2½ Z. in diam.
	N: 77.	3 stk. dergl. bouteillen u. d° beschlagen. 7. Z. 6½ u. 6 Z. hoch u. 2½ Z. in diam.
S. 770	N: 78.	2 stk. Ochßen 3½ Z. hoch 6 Z. lang.
	N: 79.	2 stk. sitzende Pagoden. 3¼ Z. hoch.
	N: 80.	12 stk. sitzende Hunde. 3 Z. hoch. AO.1727. d. 24. April. haben Ihro Majt. aus Warschau anhero geben laßen.
	No: 81.	2. stk. Ind: Pagoden, iede mit 18. Armen davon einige schadhafft seyn, an einem aber der eine abgebrochen ist, und fehlet. 10. Z. hoch.

S. 771–772 [*Leer*]

S. 773

Vorrath.

dunckelblauen Atlas darein Ind. Figuren groß mit Goldt u. bunte[*r*] Seide gestickt seyn. 5 E. 9 Z. lang 5¼ E. breit.

2.) 1 stk. dergl. 5 E. 9 Z. lang 5¼ breit.

3.) 1 stk. dergl. 5 E. 9 Z. lang 4 E. breit.

4.) Ein stk. dergl. 5 E. 9 Z. lang 4 E. breit.

5.) Eine dergl. BettDecke 9 E. lang 4 E. 3 Z. breit.

6.) Ein dergl. Crantz. 9 E. 15 Z. lang 1 E. 8 Z. breit.

7) Ein dergl. Crantz 6 E. 4 Z. lang u. 1 E. 8 Z. breit.

8.) Ein dergl. Crantz 9 E. 15 Z. lang 1 E. 8 Z. breit.

9) Ein dergl. Crantz 9 E. 15. Z. lang u. 1 E. 8 Z. breit.

10) Eine dergl. Bett- od. ... Decke. 3 E. 18 Z. lang u. 3 E. breit.

11) 4 d° dreyeckigte dergl. Rückstücken.

Im Sept: 1724 hat der H. AccisRath aus dem Grünen Gewölbe anhero gegeben

134.   Ein auff einem geschweifften fournirten Fuße stehender Schranck von OlivenHoltz

S. 774   mit meßing vergoldten beschlagen, u. 2 Thüren, darauff inwendig nebst des Schübekastens, so darinnen sind Verlibte Ind. Exercitia von Specksteinen festegemachet sind [*!*] . 3 Ell 8. Z. hoch 2. E. 7. Z: breit 19. Z. tieff.

Ao: 1724. im Feb. ist von HoffTapezier Goldmannen nachfolgendes anhero geliefert worden.

135.   68. Stück Weiße Indianisch Nettel [*Nessel*] Tuchne Gardinen mit darein buntgestückten seydenen Blumen, welche vor alle Fenster des Corps de Logis dieses Palais gehangen worden.

136.   8. paar meßinge vergoldte BrandtRöthen, so Ihro Königl. Majt. in Jan: 1725. heraus gegeben.

Eod: ao: Me: Martii ist Zum Palais erkaufft worden.

137.   Eine mit eisern Reiffen beschlagene WaschWanne von Weißen Holtze,

138.   Ein detto Zober Zum Waßer Zutragen,

S. 775   139.   Ein Platt=Tuch von 4. Ellen grauen Tuche.

140.   Ein Platt Eisen von Meßing mit 2. dazu gehörigen Eysen, iedes von 3. Pf. [*Pfund*]

Anno 1725. mense April. hat der Hoff Lacquirer Martin Schnell geliefert.

141.   25. stk: grün Lacquirte und reich ausgezierte Banden von Leinwand Zu Tapeten iede 6. E. lang u: 1¼ E. breit.

Eod: ao: Mense May. sind vom Schloße heraus gegeben worden.

142.   2. paar meßingene vergoldte BrandtRöthen von eben der Facon als die Sub No: 136.

Eod: ao: Me: Juny. sind von Schloße heraus gekommen.

143.   3. Dzt. Weiß und vergoldte Tafel Stühle, daran die RückLehnen mit Spänischen Rohr geflochten die Sitze aber mit bleum: Mohr Polstern beleget sind.

Eod: hat der HoffTäschner Sam: Birckhoff geliefert:

144.   3. LeibStühle mit rothen Leder und gelben Zwecken beschlagen,

S. 776   auch Zu iedem ein kupfferner Einsatz.

Eodem hat der Dreßler [*Drechsler*] Joh: Andreas Zittel geliefert.

145.　2. Bretspiele, so mit Nußbaumen Holtze fourniret seyn, nebst allem Zugehör an Steinen, Würffeln Leuchtern, Bechern u. Marquen.
Eod: ao: Me: July. hat der Hoff Uhrmacher Fichtner anhero geliefert:

146.　Eine Repetit u: Sing Uhr so 4. Wochen gehet in einem hohen Blau und Goldt von Schnellen Lacquirten Gehäuse, so in dem obern Saal stehet.
Eod: Ao: Mense July. sind vom Königl. Schloße herausgegeben worden.

147.　4. Dzt: gläserne geschliffene WandLeuchter, ieder mit 2. Zinnern vergoldten Armen und Tillen 1. stk: ist in der Facon different.
Eod: Ao: Me: Aug: hat der Tischler Bach anhero geliefert.

148.　8. stk: Holtzerne Gesinde BettStellen, von Weichen Holtze mit eichenen Stollen.
Eod: Ao: Me: Decemb: hat der Zinngießer

S. 777　　Rothe anhero geliefert:

149.　4. große Schüßeln von feinen Berg=Zinn, so hinten mit Alt: Dr: Pa: [*Alten-Dresdener Palais, d. h. Holländisches Palais*] bestochen seyn 1½ Z. tieff 16½ Z. in diam.

150.　8. stk: dergl. MittelSchüßeln 1½ Z. tieff 14. Z. indiam.

151.　8. stk: dergl. 1¼ Z. tieff 13. Z. indiam.

152.　4. stk: Assietten dergl. 1¼ Z. tieff 11½ Z. in diam:

153.　4. Dzt: dergl. Teller 1. Z. tieff 10. Z. in diam.

154.　4. Dzt: Zinnerne dergl. Leuchter mit breiten Füßen 6. Z. hoch 6½ Z. breit.
Anno 1726. Me. Januar: haben Ihro Königl. Majt. durch Mr. Heerwagen: aus Warschau anhero geschicket.

155.　Ein Stück BettMeuble, von Weißen seydenen Ind. feinem geblühmten Zeuge mit saubern bunten darein gestickten Blumen nebst einem daran geneheten dergl. rothen Crantze.

156.　ein Ind: SchlaffRock von Violeten Flor; darein

S. 778　　hinten und vorn von Gold u: Silber etwas eingewürcket ist.

157.　　Ein rund mit grünem Blisch überzogenes Futteral mit einem
　　　　Deckel darinnen stehen
　　　　　　　5. Jap: Thee Tassgen nebst 4 darzugehörigen Einsät-
　　　　zen　von silberner Filagran. Arbeit. 1. Tasgen ist 1½. Z. tieff
　　　　2¾. Z. indiam:

158.　　Eine dergl. roth Ledern Futteral, darinnen sich befinden.
　　　　5. geripte roth Chin: Tassen 1¾ Z. tieff 2¾ Z. indiam: und 4.
　　　　Einsätze von silbern Filugran Arbeit nebst noch einem Einsatz
　　　　von Cocos Nuß.

参考文献

一、专著类

吕成龙主编:《故宫博物院八十华诞古陶瓷国际学术研讨会论文集》,紫禁城出版社 2006 年版。

故宫博物院编:《白鹰之光——萨克森—波兰宫廷文物精品集》(1670—1763),紫禁城出版社 2009 年版。

吕章申主编:《启蒙的艺术——柏林国家博物馆、德累斯顿国家艺术收藏馆、慕尼黑巴伐利亚国家绘画收藏馆》,中国国家博物馆国际交流系列丛书,中国社会科学出版社 2011 年版。

(明)曹昭:《格古要论·古窑器论》明天顺三年王佐增订是书,易名《新增格古要论》。前者现存最早刻本为万历二十五年(1597 年)的《夷门广牍》本,后者最早刻本为天顺六年(1462 年)的徐氏善得书堂刻本。

Shirley Ganse,*Chinese Porcelain an Export to the World*, Easten Pubishl Center, Shanghai,2008.

甘雪莉:《中国外销瓷》,上海东方出版中心 2008 年版。

(明)宋应星:《天工开物·陶埏》,钟广言据原刻本详加注释,广东人民出版社 1976 年版。

(清)无名氏:《南窑笔记》,估计作者是清雍正、乾隆时人。此书仅见《美术丛书》本,原本未见。

(清)唐英:《陶冶图编次》,此书图已佚,文字保存于《陶说》中。

(清)朱琰:《陶说》,傅振伦先生对其详加注释,轻工业出版社 1984 年版。

《浮梁县志·陶政》,清乾隆本。

(清)蓝浦编著,郑廷桂补编:《景德镇陶录》,初刻于清嘉庆二十年(1815 年)。

(清)龚铽:《景德镇陶歌》。

(清)吴骞:《阳羡名陶录》,初刻于清乾隆五十一年(1786 年)。

《陶雅》初名《瓷学》，后又改名《陶瓷汇考》，成书于 1906—1911 年，1923 年由上海古瓷研究会重印，作者署名为寂园叟。

（清）许之衡：《饮流斋说瓷》，民国初年神州国光社印成二册。

刘子芬：《竹园陶说》，初刻于 1925 年，南京向经堂书店印行。

郭葆昌辑：《清高宗御制咏瓷诗录》，初刻于 1929 年，石印本。

叶鳞趾：《古今中外陶瓷汇编》，1934 年北平文奎堂书庄印行版。

杨啸古：《古月轩瓷考》，1933 年初版，雅韵斋本。

郭葆昌：《瓷器概说》，1934 年初版，石印本。

江思清：《景德镇瓷业史》，上海中华书局 1936 年版。

黎浩亭：《景德镇陶瓷概况》，重庆正中书局 1943 年版。

熊廖、熊微编注：《中国陶瓷古籍集成》，上海文化出版社 2006 年版。

吴仁静、辛安潮：《中国陶瓷史》，初版于 1936 年，商务印书馆 1954 年修订再版。

陈万里：《瓷器与浙江》，中华书局 1946 年版。

陈万里：《越器图录》，中华书局 1937 年版。

傅振伦：《中国的伟大发明——瓷器》，三联书店 1955 年版。

童书业、史学通：《中国瓷器论丛》，上海人民出版社 1958 年版。

叶喆民：《中国陶瓷史》，三联书店 2006 年版。

童书业著，童教英整理：《童书业陶瓷史论文集》，中华书局 2008 年版。

童炜钢：《西方人眼中的东方绘画艺术》（东方美学对西方的影响丛书），上海教育出版社 2004 年版。

陈伟、周文姬：《西方人眼中的东方陶瓷艺术》（东方美学对西方的影响丛书），上海教育出版社 2004 年版。

王才勇：《中西方语境中的文化述微》，上海人民出版社 2004 年版。

程金城：《中国陶瓷艺术论》，山西教育出版社 2001 年版。

胡雁溪、曹俭编著：《它们曾经征服了世界——中国清代外销瓷集锦》，中国大百科全书出版社 2010 年版。

[日] 关卫：《西方美术东渐史》，熊得山译，上海书店出版社 2002 年版。

刘晓路：《日本美术史纲》，上海古籍出版社 2001 年版。

刘幼铮：《中国德化白瓷研究》，科学出版社 2007 年版。

景德镇陶瓷馆编：《景德镇古陶瓷纹样》，人民美术出版社 1983 年版。

刘道广：《中国古代艺术思想史》，上海人民出版社 1998 年版。

[英] 马林诺夫斯基：《文化论》，费孝通译，华夏出版社 2002 年版。

[美] 希尔斯：《论传统》，傅铿、吕乐译，上海人民出版社 1991 年版。

［德］卡西尔：《人论》，甘阳译，上海译文出版社1985年版。

潜明兹：《中国神话学》，上海人民出版社2008年版。

季羡林总编，王镛主编：《中外美术交流丛书——中西美术交流史》，湖南教育出版社1998年版。

《泉州古港史》编写委员会编：《泉州古港史》，人民交通出版社1994年版。

吴幼雄：《泉州宗教文化》，福建人民出版社1998年版。

阎汝临：《欧洲文化史论》，广西师范大学出版社2007年版。

徐复观：《中国艺术的精神》，广西师范大学出版社2007年版。

［美］巫鸿：《礼仪中的美术》，三联书店2005年版。

李亦园：《李亦园自选集》，上海教育出版社2002年版。

李豫闽：《闽台民间美术》，福建人民出版社2009年版。

［英］贡布里希：《艺术与错觉》，林夕、李正本、范景中译，浙江摄影出版社1987年版。

李冀平、朱学勤、王连茂主编：《泉州文化与海上丝绸之路》，社会科学文献出版社2007年版。

李泽厚：《中国近代思想史论》，人民出版社1979年版。

［日］小野泽精一、福永光司、山井涌编著：《气的思想》，李庆译，上海人民出版社1990年版。

王振复：《周易的美学智慧》，湖南出版社1991年版。

［法］丹纳：《艺术哲学》，傅雷译，人民文学出版社1963年版。

叶朗：《中国美学史大纲》，上海人民出版社1985年版。

阎文儒：《中国雕塑艺术纲要》，广西师范大学出版社2003年版。

段建华、王杭生编著：《民间石雕》，中国轻工业出版社2006年版。

朱国荣编著：《中国狮子雕塑艺术》，上海书店出版社1996年版。

嵇若昕主编：《匠心与仙工》，台北"故宫博物院"2009年版。

叶朗：《中国美学史大纲》，上海人民出版社1985年版。

袁宝林《比较美术教程》，高等教育出版社1999年版。

钱穆：《晚学盲言》，广西师范大学出版社2004年版。

李超：《中国早期油画史》，上海书画出版社2004年版。

薛福成：《出使英法义比四国日记》卷六中，收录于钟叔河主编的"走向世界丛书"，岳麓书社1985年版。

黎庶昌：《西洋杂志》，湖南人民出版社1981年版。

李超：《中国早期油画史》，上海书画出版社2004年版。

二、参考论文

吴日华：《论任伯年与写真写实的中国画道路》，《重庆社会科学》2006 年第 12 期。

刘军利：《论任伯年肖像画的造型特色》，《陕西教育（理论版）》2006 年第 Z2 期。

侯弘：《从瑞典藏中国瓷器展看中国外销瓷》，《艺术与投资》2006 年第 2 期。

李砚祖：《纹样新探》，《文艺研究》1992 年第 6 期。

黎明：《葡萄牙人是如何涉足澳门的》，《特区展望》1999 年第 1 期。

王昭明：《鸦片战争前后澳门地位的变化》，《近代史研究》1986 年第 3 期。

刘韫：《澳门的名称和历史》，《中国地名》1999 年第 6 期。

纪毓：《澳门风云录（长篇连载之二）》，《文史春秋》1999 年第 2 期。

陈尚胜：《澳门问题的由来与澳门回归的意义》，《发展论坛》1999 年第 12 期。

莫拉·瑞纳尔迪、曹建文、罗易扉：《克拉克瓷器的历史与分期》，《南方文物》2005 年第 3 期。

余广人：《葡萄牙人入居澳门》，《湘潮》1999 年第 4 期。

徐彬：《话说澳门（节选四）》，《党员之友》1999 年第 6 期。

刘竟：《话说澳门》，《中国地名》1999 年第 3 期。

徐雅民、韩淑娟：《中国对澳门主权的丧失与复归》，《福建论坛（文史哲版）》1999 年第 2 期。

罗哲文：《抓紧对历史文化小城镇（寨）进行全面普查和保护》，《今日国土》2006 年第 Z1 期。

工凡：《坦桑尼亚出土的中国陶瓷器》，《中国科技史杂志》1993 年第 1 期。

肖波：《中国瓷器风靡欧洲二百年》，《世界博览》1990 年第 1 期。

陈刚：《从前卫到经典》，《科学大观园》2008 年第 4 期。

邱力奇：《明清瓷器与现代瓷器发展》，《科技信息（科学教研）》2008 年第 8 期。

张家荣：《平遥古城看民居》，《科学大观园》2003 年第 3 期。

李继生：《泰山遗产的特征及其价值》，《中国园林》1989 年第 1 期。

王汝雕：《唐贞观晋州地震考》，《山西地震》1991 年第 2 期。

王紫微、埃里克：《"在中国生活是最时尚的事"——〈世界博览〉对话埃里克》，《世界博览》2007 年第 12 期。

尤默：《一个绝妙的错误》，《世界博览》1984 年第 6 期。

刘洋：《二十世纪以来国内古外销瓷研究回顾》，《中国史研究动态》2005 年第 4 期。

戴鸿文：《馆藏的几件外销瓷及其相关问题》，《辽海文物学刊》1996 年第 1 期。

李晓：《从元明清外销瓷看中国人对早期海外艺术品市场的开拓》，《艺术·生活》2007 年第 6 期。

马国荣、王从钰：《古代外销瓷》，《收藏界》2003 年第 5 期。

章开元：《华盛顿和他的"中国外销瓷"》，《紫禁城》2007 年第 1 期。

陈丽莲：《外销瓷纹饰与西方典故》，《东南文化》2001 年第 4 期。

侯弘：《从瑞典藏中国瓷器展看中国外销瓷》，《艺术与投资》2006 年第 2 期。

胡雁溪：《介绍几件明末清初青花外销瓷盘》，《景德镇陶瓷》1994 年第 3 期。

邢荣波：《三个盆罐的三国风情——清代外销瓷浅谈（续）》，《艺术市场》2004 年第 8 期。

刘中卫：《海上丝绸之路 蓝色财富通道》，《华人世界》2007 年第 7 期。

陈炎：《〈海上丝绸之路〉（一）"丝绸之路"由陆地转向海洋》，《瞭望》1984 年第 36 期。

孙展、李滨：《中国水下考古 20 年——一条 800 年沉船的现实角色》，《中国新闻周刊》2007 年第 20 期。

陈炎：《〈海上丝绸之路〉（十）——开放·交流·进步》，《瞭望》1984 年第 47 期。

陈昌茂：《海上丝绸之路 蓝色梦想的历史价值》，《华人世界》2007 年第 7 期。

关向东：《南海宋代沉船之谜》，《青年博览》2007 年第 15 期。

林少蔚：《疯狂的"海捞瓷"》，《华人世界》2008 年第 4 期。

宁波：《"海上丝绸之路"学术研讨会》，《中国文化遗产》2006 年第 1 期。

王元林：《〈广东海上丝绸之路史〉评介》，《中国史研究动态》2004 年第 7 期。

江凌、董亮：《明清纹章瓷赏析》，《收藏界》2008 年第 2 期。

罗二平：《纹章瓷——中外文化艺术的结晶》，《陶瓷科学与艺术》2002 年第 6 期。

董亮、江凌：《瑰丽奇谲 中西合璧——概述明清时代中国纹章瓷》，《中外文化交流》2008 年第 2 期。

詹嘉：《漫话纹章瓷》，《河北陶瓷》1999 年第 4 期。

詹嘉：《漫话纹章瓷》，《华夏文化》1999 年第 4 期。

董亮、江凌：《浅谈日本纹章瓷》，《收藏家》2008 年第 1 期。

郑东、霍勒斯·V. 戈登：《纹章瓷的鉴定与收藏》，《东南文化》1993 年第 3 期。

冯小琦：《明清外销瓷中的"纹章瓷"》，《紫禁城》1991 年第 1 期。

李瑛：《论十八世纪纹章瓷纹章装饰对珐琅彩瓷的影响》，《中国陶瓷工业》2006 年第 5 期。

金国平、吴志良：《流散于葡萄牙的中国明清瓷器》，《故宫博物院院刊》2006 年第 3 期。

孙彬：《重现沉没的东方瑰宝》，《中外文化交流》2007 年第 12 期。

李茂荣：《270年后海上丝茶之旅复航　胡锦涛主席登上哥德堡号》，《茶博览》2007年第4期。

王焱：《"哥德堡"号商船将于2005年抵达我国广州和上海》，《集邮博览》2004年第2期。

杨卫民：《复活的古船》，《中外文化交流》2002年第12期。

侯弘：《从瑞典藏中国瓷器展看中国外销瓷》，《艺术与投资》2006年第2期。

赵志华：《从康乾年间外销瓷看中西文化的交融》，《艺术探索》2007年第2期。

王培堃：《哥德堡号万里行（二）》，《广东第二课堂（小学版）》2006年第21期。

夏鼐：《瑞典所藏的中国外销瓷》，《文物》1981年第5期。

石渝：《复活的"哥德堡"号到了广州》，《世界知识》2006年第16期。

李涛：《哥德堡的和谐基因》，《走向世界》2008年第8期。

董亮、江凌：《漫议克拉克瓷开光装饰的由来》，《陶瓷科学与艺术》2007年第4期。

张页维：《理查德·克拉克：重病默克的一剂温柔药方》，《人力资本》2006年第2期。

齐水、李金平：《海战中的蓝鲸》，《绿叶》2000年第2期。

温木盛：《克拉克博士再次来穗学术交流》，《甘蔗糖业》1986年第3期。

胡亚民：《第六届国际金属成形会议1996年6月在波兰克拉克夫市举行》，《金属成形工艺》1997年第6期。

孟夏、肖福科：《论元代青花瓷的基本特征及其造物思想》，《陶瓷科学与艺术》2008年第3期。

邵力军：《美国金伯利—克拉克公司宣布脱离卷烟纸经营》，《造纸信息》1996年第3期。

董亮、江凌：《明清中欧陶瓷贸易和交流概述》，《陶瓷科学与艺术》2007年第2期。

后 记

　　暑往寒来，时序更迭，有关奥古斯特一世与清代中国外销瓷的研究即将画上句号。回首书稿的写作过程，里面的甘苦值得终生回味。我很幸运能够遇到恩师李豫闽教授，从硕士研究生到博士研究生，他的学养为人、学术品格和治学态度，深深地影响着我；先生以严谨的治学之道、宽厚仁慈的胸怀、积极乐观的生活态度，为我树立了一个很好的榜样。做人第一，学问第二，学生谨记。

　　本书的撰写历经 10 余年，先后 20 余次赴欧美开展中国外销瓷器的专项研究，走访了 117 个博物馆和研究机构，得到了当地诸多学者和同人的热情帮助，在此我想对他们逐一表示感谢。

　　感谢博士后合作导师德国海德堡大学东亚艺术史系主任胡素馨教授和著名汉学家雷德侯教授，以及助理教授王廉明博士，他们在书稿的撰写过程中提供了诸多的研究思路，其严谨的治学态度对本人影响颇深。德累斯顿茨温格尔宫瓷器部主任克哈·伍勒梅尔博士，她无私地将奥古斯特大力王研究的前期成果及重要的文献资料提供给我，并数次陪伴我在博物馆的地宫中进行文物的甄别与图像考究；茨温格尔宫总馆长马丁·罗特和东方部主任乌里希·彼驰博士经过数次的协商，同意我对奥古斯特大力王收藏的所有瓷器进行拍摄，并让我有机会翻拍和扫描1721 年、1727 年的收藏的清单原本。再次，茨温格尔宫的劳尔·梅丽莎博士和科尔多拉·比斯切夫博士将奥古斯特大力王的古德语翻译成英语，并对许多语法和注释予以校正，这为本书的佐证材料提供了坚实的依据。

荷兰普林西霍夫博物馆的东方部主任伊娃·斯特索伯（原德累斯顿茨温格尔宫东方部主任），是我认识的第一位欧洲中国瓷器研究学者。在她的引荐之下，我才得以认识其他的著名专家，并有机会接触茨温格尔宫和荷兰阿姆斯特丹博物馆的高层机构，为博士论文的撰写提供便利。荷兰格罗宁根博物馆前瓷器部主任，荷兰远东陶瓷研究首席专家克里斯蒂安·尤赫在退休后仍带领笔者深入库房甄别中国瓷器，并为笔者提供了许多研究中国外销瓷的外国文献。阿姆斯特丹国家博物馆东方部主任简·范·比尔斯带领我们进入了库房，首次见到了荷兰威廉王朝收藏的中国外销瓷珍品及伦勃朗的诸多原作，这为本书第一章和第三章的撰写提供了大量的第一手资料。荷兰阿姆斯特丹国立博物馆中国部主任王静灵先生是我多年的好友，曾于2016年和2018年两度邀请本人赴该博物馆开展长期访问，并多次引荐荷兰当地的著名学者和收藏家，为本书的撰写提供了诸多宝贵的文献。荷籍华人李秀芬先生及其丈夫简·范·比尔斯提供了荷兰德尔福特瓷器的相关资料并引荐笔者深入比利时马斯垂克进行考察；德国柏林大学考古学博士研究生萨拉·法斯克（荷兰普林西霍夫博物馆实习生）为笔者提供了柏林夏洛腾堡宫瓷器收藏的第一手资料；荷兰乌德勒支东方瓷器研究会成员汉斯、布兰德及其家人为笔者在荷兰考察提供了诸多便利，汉斯先生亲自驾车带领笔者赴鹿特丹和海牙博物馆考察，收获颇丰。

英国维多利亚与阿尔伯特博物馆前东方部主任、剑桥大学考学系终身教授柯玫瑰博士两次邀请笔者赴英国考察，并向德国洪堡基金会提交推荐书，举荐笔者申报专项研究资助。维多利亚与阿尔伯特博物馆现任东方部主任刘明倩（祖籍广州）及其助手孟露夏博士细心地为笔者解答各种疑问。大英博物馆的瓷器部主任杰西卡·哈里逊博士是笔者第二次赴英国考察时认识的，在伦敦考察期间她两次带领笔者进入大英博物馆库房开展研究，这是千载难逢的机会。牛津大学阿斯莫林博物馆倪康思博士、剑桥大学菲茨威廉博物馆珍妮丝·斯塔卡德博士以及剑桥大学西德尼学院的珍妮丝教授为笔者的论文撰写提供了帮助。

法国吉美东方艺术博物馆的莫妮卡博士，里斯本东方艺术博物馆鲍尔·劳伦斯，哥德堡东印度公司博物馆尼尔森·斯坦伯格博士，瑞典远东陶瓷研究会主席博杰·佛希尔博士，哥德堡西方古董公司比俑（甘文乐）先生，挪威中国白收藏协会主席匡特·梅尔先生，荷兰雷登大学中国及日本外销瓷艺术研究员甘淑美博士，科隆工业艺术博物馆的罗伯特·汉斯研究员，法兰克福工业艺术博物馆的霍克尔·恩斯博士以及意大利维罗那的华人收藏家任建武兄弟等为本书的撰写提供了至关重要的帮助，在此我想致以深深的敬意和衷心的感谢。

我要郑重地感谢人民出版社洪琼主任的辛勤付出，以及福建省古陶瓷研究会原会长叶文程教授，中国美术学院吕澎教授，故宫博物院陶瓷部研究员孙悦先生，天津市博物馆研究员刘幼铮先生，泉州市历史博物馆馆长陈建中先生，景德镇陶瓷博物馆的研究员邵月英先生，德化陶瓷博物馆馆长郑炯鑫先生，德化文管会主任孙艺灵先生，德化古陶瓷研究会会长陈明良先生、副会长许回成先生，德化顺美集团郑泽洽、郑圻增、池珠香先生，德化陶瓷文化研究院郭志刚、叶志向先生，泉州侨史学会副秘书长王金雷先生，法国索邦大学艺术史博士候选人郑永松先生等所给予的诸多帮助。

最后，谨以此书献给我的父亲、母亲，还有贤内助黄玲玲，他们在背后的默默支持是我前进的动力，为了本书和研究，我没有花太多的时间陪伴他们，心中甚感愧疚。在此，祝愿他们身体健康，心情愉快！